Massimiliano Acerra

DIVENTA
MILIONARIO
PARTENDO DA
DIPENDENTE

Strategie usate dai dipendenti per raggiungere l'indipendenza finanziaria e lasciare il lavoro.

I0465296

L'analisi dell'autore è stata condotta attendendosi ad un contesto geopolitico e temporale specifico.
Per ottenere successo economico il lettore può utilizzare i concetti generali espressi nel libro, applicarli e personalizzarli
nella propria realtà.

Copertina a cura di: Onemind Srls
Fotografia di: FotoAlex Lamporecchio (PT)
Copyright 2015 by: Massimiliano Acerra
Finito di stampare nel mese di maggio 2015
Nuova edizione Aprile 2023
© Tutti i diritti sono riservati.

ISBN: 9781980657248

A tutti i componenti della mia famiglia e dei miei affetti più vicini. Solo grazie alla loro vicinanza ho trovato forza e determinazione per la crescita e il raggiungimento di questo risultato.

Ai dipendenti, coloro che ogni giorno sono stati fonte di ispirazione e di crescita con le loro storie di vita. Questo lavoro è dedicato anche a loro, affinché possa diventare la guida per una vita migliore.

Dallo stesso autore:

"La pensione quando vuoi tu". Come creare il tuo fondo in pochi anni ritirabile quando vuoi e 10 volte superiore alla pensione Statale. *(Retirement when you want" nella versione internazionale)*

"Adesso basta! Vado in pensione quando voglio". Come creare in pochi anni la struttura economica capace di finanziare la tua nuova vita di prosperità e indipendenza.

"Prestazioni Occasionali" Guida alle attività extraprofessionali dei dipendenti pubblici appartenenti alle forze armate.

"Doppio Lavoro" Manuale sulle attività extra-istituzionali dei dipendenti pubblici a ordinamento civile

INTRODUZIONE DELL'AUTORE

Questo libro contiene il segreto che hanno utilizzato centinaia di dipendenti in ogni settore professionale per raggiungere l'indipendenza economica. La ricchezza.

Probabilmente anche tu che inizi questo percorso insieme a me, hai necessità di dare una svolta alla tua vita.

Forse sei un dipendente che fatica ad arrivare a fine mese.

Probabilmente il tuo stipendio è divenuto una corda al collo che stringe lentamente ed inesorabilmente il cappio.

Forse riparti da zero, con nuove idee, nuove opportunità, nuove attività.

Probabilmente anche tu hai avuto un'evoluzione finanziaria che ti costringe a correre ai ripari, hai necessità di guadagnare di più, di avere più tempo per la tua famiglia o per te stesso.

Forse hai già una buona condizione finanziaria, ma cerchi la svolta, il colpo di coda.

Forse anche tu hai un'attività da dipendente, ma ti sta stretta, e comprendi di avere talenti, doti inespresse che ti piacerebbe finalmente sviluppare e trasformare in un business milionario.

Forse sei già un imprenditore, un autonomo, ma la tua attività non ha ancora ingranato così come ti eri aspettato.

Questo libro contiene i segreti che stavi aspettando per realizzare i tuoi sogni.

Comprenderai in questo percorso tutti i sistemi utilizzati dai dipendenti per dare una svolta drastica alla propria condizione finanziaria, per giungere alla totale indipendenza, per generare ricchezza finanziaria e moltiplicare i tuoi guadagni.

Leggerai le loro vicende reali. Storie di business nate dal nulla, realizzate con semplicità a tratti sconvolgente.

Comprenderai passo dopo passo il giusto atteggiamento mentale da attuare e perché il mondo è suddiviso tra persone che hanno successo ogni volta che propongono un'iniziativa e altre che vivono di stenti e sembrano perseguitate dalla sfortuna.

Imparerai fin da subito a percorrere la strada che porta al successo finanziario utilizzando regole attuative semplici e concrete.

Se sai come giocare vinci. Se non lo sai, non hai possibilità.

Comprenderai come sfruttare i tuoi talenti e le tue professionalità e come impiegarli per generare attività redditizie e milionarie.

Nelle mie precedenti pubblicazioni editoriali, ormai diventate dei best seller di settore, ho trattato approfonditamente il "secondo lavoro" dei dipendenti Statali Italiani.

Nel tempo ho assistito migliaia di dipendenti nel raggiungimento di grandi obiettivi finanziari.

Mi sono trasformato lentamente da maestro ad allievo. Gli stessi dipendenti, inconsapevolmente, mi hanno a loro volta insegnato trucchi, stili di pensiero, impostazioni mentali e strategie economiche, oltre ad avermi trasferito un imponente bagaglio di idee e opportunità concrete che io stesso ho sfruttato.

Ho acquisito un imponente bagaglio culturale che è opportuno condividere affinché il successo di alcuni divenga la crescita e il successo di tutti.

Da questo momento avrai gli strumenti per avverare i tuoi sogni e i tuoi progetti finanziari. Partendo da dipendente.

Se non hai progetti ed obiettivi imparerai ad averne e come realizzarli, passo dopo passo.

Mi piacerebbe spiegarti tutto subito, ma ti perderesti la straordinarietà di questo percorso dove parola dopo parola cambierai la tua vita per sempre.

Comprenderai *come* generare molteplici fonti di reddito, imparando con esempi pratici tutti i settori dai quali attingere ricchezza.

E proprio sul *"come"* è radicato questo libro.

Passo dopo passo, riga dopo riga, apprenderai i segreti di chi ha fatto il salto di qualità prima di te e *perché* lo ha fatto.

Apprenderai l'idea vincente, quella che potrebbe essere replicata e personalizzata. Imparerai come strutturarla, come creare un sistema e metterlo in pratica, partendo dall'esempio pratico di chi l'ha fatto prima di te.

Imparerai ad estrarre altissime percentuali dai tuoi investimenti, rendite che partirono dal 15% e che non hanno limitazioni nel traguardo.

Imparerai a cavalcare il cavallo da corsa finché ha fiato, con un metodo attuativo semplice ed efficace sviluppato per te passo dopo passo.

Imparerai che raggiungere l'indipendenza economica è più che mai un passaggio mentale dal quale conseguono gli sviluppi di una vita di abbondanza finanziaria.

Pagina dopo pagina, estrarrai gli spunti, inizierai a pensare diversamente. La tua mente aprirà le sue branchie.

Inizierai a camminare. Sempre più veloce.

Alla fine del libro ti assicuro che correrai senza i freni di coloro che "disturbano" il tuo successo.

Esiste un mondo di realizzazione finanziaria aperto a tutti, un mondo ricolmo di opportunità, di benessere, di abbondanza, di agiatezza e di ricchezza.

Da oggi hai gli strumenti per raggiungerlo, per vivere una vita in assoluta libertà, facendo ciò che vuoi, dovunque tu voglia e con chi vorrai.

Vedrai schemi, disegni che io stesso ho raffigurato ogni giorno. Cambierai il tuo pensiero. Uscirai dalla massa.

Comprenderai che esiste chi può lavorare al posto tuo, i sistemi che generano reddito in automatico mentre dormi, un motore inarrestabile che macina ricchezza e benessere giorno e notte.

Sistemi la cui efficacia è stata testata e dimostrata.

Imparerai come avere un piano finanziario così come hanno le grandi aziende e come gestire le tue finanze con schemi attuativi estremamente semplici.

Al termine di questa lettura sono sicuro che "partirai" per un nuovo viaggio, una nuova esistenza, una nuova rotta, quella che ha le coordinate dell'abbondanza finanziaria e del successo.

Potrai accedere in un gruppo chiuso di dipendenti che sfruttano le più grandi opportunità per triplicare le loro entrate mensili.

Ti spiegherò come centinaia di dipendenti hanno raggiunto l'indipendenza finanziaria e hanno smesso di lavorare anzitempo.

Ne più ne meno.

Scoccherà la scintilla.

Comprenderai tutto ciò che non sei riuscito a vedere fino a questo momento con i tuoi occhi.

Da oggi, i tuoi occhi *vedranno*.
Capirai che le opportunità transitano ogni giorno e le coglie solo chi è pronto e preparato a farlo.

Ti lascio alla lettura, alla tua formazione e alla tua realizzazione.
Oggi partiamo insieme, parti da qua, dal tuo stipendio.
Parti da dipendente, ma alla fine del libro la strada cambierà grazie a 25 strategie che apprenderai passo a passo.

Inizia qui il percorso rivolto alla tua svolta finanziaria.
Sarà un viaggio straordinario.
Partiamo stretti per mano. Ma durante il cammino la lascerò lentamente, gradatamente, quando capirò che stai correndo più velocemente di me.

E ricorda: *alla tua realizzazione finanziaria, se non ci pensi tu, non ci pensa nessuno.*

Massimiliano Acerra.
www.massimilianoacerra.it
(Scarica i contenuti gratuiti)

RINGRAZIAMENTI

Al termine di questo intenso lavoro, voglio ringraziare chi ogni giorno ha supportato la mia crescita ed evoluzione accettandola così come si è manifestata.

Grazie per la pazienza, per gli orari, per gli sfoghi.

Un ringraziamento speciale va a mio padre, colonna portante di un'esistenza rivolta alla positività sempre e in qualsiasi situazione.

Una vicinanza silenziosa che ogni giorno mi accompagna nel cammino straordinario della vita.

Grazie a mio figlio Matteo, che ogni giorno trasmette tacitamente la gioia dell'evoluzione con un semplice sorriso.

Grazie a Giuseppina di "FotoAlex", che con la sua energia e le sue straordinarie fotografie ha dipinto di creatività e la mia immagine colorandola con la sua generosità.

Grazie a Onemind Srls e a tutto il suo staff di grandi professionisti e amici. Grazie per la fantasia e la professionalità nella realizzazione di ogni progetto.

Un grazie davvero speciale a Mirco Infussi, grande compagno di avventura, di confidenze, di sogni e di progetti comuni.

Grazie per le idee, l'impegno, la volontà, la generosità e la voglia di andare sempre avanti contro a tutto. Grazie per i piccoli grandi insegnamenti, per la vicinanza in ogni situazione di vita.

Grazie ai dipendenti tutti, con le loro storie, le loro lacrime, i loro grandi successi, i loro straordinari percorsi di vita. Vi sarò sempre accanto.

Grazie alla vita, alla sua straordinarietà, per ogni volta in cui bacerà ancora i miei tramonti.

1. LO STATO ATTUALE

LE VECCHIE CERTEZZE NON MUOIONO MAI

Quante volte ti sarai sentito dire in adolescenza: "prenditi *un pezzo di carta* qualunque sia (inteso come titolo accademico). Ti aprirà le strade nella vita!"
Posso esserne certo: moltissime volte!
D'altronde è quello che è successo anche a me, come capirai da quello che sto per raccontarti...
Immagina l'alba dell'adolescenza.
Frequentare la scuola era divenuto un peso assai gravoso. Comprendevo i consigli dei miei genitori, dei miei nonni, degli amici e della comune società. La tradizione universale era quella di obbligarmi a studiare, raggiungere illustri titoli accademici al fine di crearmi una posizione rilevante all'interno della società. Dovevo diventare "qualcuno", tipo commercialista, avvocato, dottore o qualcosa di simile. Mi si diceva che fosse l'unica soluzione per crearsi un futuro.

All'epoca dei fatti che ti sto per raccontare ero come molti ragazzi, amante degli animali e ripetevo a me stesso: "sarò un veterinario".
Oggi, in un riflesso del passato, ravviso che il 95% delle persone si è trovata nella medesima condizione. A molti è stato ordinato di *"prendersi un pezzo di carta qualunque, l'importante è averlo"*.
Ritengo strano che questa affermazione non avesse un obiettivo concreto del tipo "prendi la laurea in medicina e poi specializzati come medico". Molto spesso per ognuno di noi l'orientamento futuristico si fermava al "pezzo di carta" da conquistare con anni e anni di studi. Qualunque esso fosse.

Mentre percorrevo a piedi la strada per recarmi a scuola, mi chiedevo quale fosse l'utilità di studiare nuovamente e altre volte ancora, materie di cultura generale già trattate nella scuola elementare e successivamente nella media inferiore. Mi domandavo quale utilità avesse, per la mia realizzazione di vita, inchiodarmi in testa la grande "impresa dei mille" di Garibaldi, le guerre di indipendenza, il congresso di Vienna, nonché la geografia localizzata di stati e regioni, nozioni ed equazioni matematiche e tanto altro.

Questa convinzione sarebbe molto confacente all'era attuale dove il titolo accademico non porta più una sicura e conseguente vita agiata da facoltoso benestante. Il titolo accademico oggi è divenuto quello che sento ventilare spesso ai giovani o meglio "una soddisfazione personale", con grandi e solenni festeggiamenti di lauree, ricevimenti ricolmi di parenti ed amici per il grande risultato prodotto.

Tale conseguimento non è un arrivo, ma solo il punto di inizio di un percorso.

Al giorno d'oggi può sopraggiungere ad un tratto il primo soggetto che presenta come livello massimo di studi una licenza media inferiore regalata per "anzianità" e non per titoli, che sbanca tutti divenendo milionario in poco tempo.

Non che la formazione non sia fattore importante, anzi. Oggi mi ritrovo a studiare molto di più di quanto non facessi a scuola tanti anni fa. Ma approfondisco materie moderne che mi portano un effettivo guadagno, che hanno il potere di variare drasticamente la mia condizione finanziaria e migliorare la reale percezione di vita.

Ho investito qualche riga scritta per farti capire che oggi, non devi obbligatoriamente impiegare anni di studi infiniti per generare ricchezza, ma puoi farlo semplicemente … partendo da dipendente con i mezzi che hai a disposizione in questo momento.

Scorrendo nella lettura capirai il perché.

Dopo gli studi, che terminai chiaramente anzitempo senza raggiungere titoli rilevanti, le "lezioni" continuavano incessanti.

Non era solo un riflesso familiare, ma un'inclinazione comune. Dopo il titolo accademico, l'auspicio era trovarsi assolutamente un posto fisso, possibilmente in un'azienda molto forte che avesse la possibilità di preservare la sua struttura per molti anni, in modo da giungere tranquillamente alla pensione senza patemi.

Tutti si barcamenavano per prevaricare in concorsi pubblici, o proponevano curriculum sempre meglio impostati per ottenere una migliore presentazione rispetto a quelli che non avevano un PC e li inoltravano scritti di proprio pugno.

Oggi, a trent'anni di distanza, dove le condizioni sono variate drasticamente, sembra strano dirlo, sembra assurdo doverlo rilevare, ma gli insegnamenti *continuano ad essere i medesimi.*

In un mondo dove non esiste più il posto fisso, si continua a cercarlo, sempre consegnando il medesimo curriculum, sempre accaparrandosi insigni titoli accademici non tanto per raggiungere un obiettivo lavorativo, ma tanto per avere "un pezzo di carta" da consegnare all'azienda di turno ed accreditare il proprio nome per un ipotetico posto fisso con una posizione più rilevante.

Strano: i tempi siano così cambiati, il mondo è divenuto una giostra ad alta velocità, ogni giorno ruotiamo sulle montagne russe, l'informazione corre alla velocità della luce... eppure gli insegnamenti sono sempre i medesimi, chiaramente non più confacenti con la realtà attuale, ma molto più adatti alle condizioni sociali ed esistenziali di almeno quarant'anni fa.

Siamo esseri prettamente tradizionalistici e terribilmente abitudinari.

Continuare a ricevere e percepire istruzione finanziaria parificata a decine di anni fa, che si tramanda di generazione in generazione, significa affossare noi stessi e i nostri figli in una sicura condizione di povertà crescente.

Ma quali sono stati e quali sono gli insegnamenti ricevuti e quali sono quelli attuali?

Come la consuetudine del pensiero si configura oggi come ieri?

La massa parte dalle seguenti affermazioni comuni. Si tratta di una sequela di consigli misti a motti anemici, frasi fatte e già confezionate nei secoli scorsi, aforismi incuneati nella nostra esistenza, sentenze già scritte per il presente, passato e futuro.

Quante volte avrai sentito pronunciare frasi come: *" non rischiare, chi rischia è un pazzo, fai rischiare gli altri, trovati un posto di lavoro fisso e sicuro con ingenti agevolazioni e una pensione sicura, comprati la casa, è l'unica sicurezza che hai. Fai il mutuo anche se lo paghi per anni è meglio che stare in affitto dove butti via i soldi. Fatti delle proprietà, non investire rischiando, meglio poco ma sicuro, chi va piano va sano e va lontano"* e tante altre cose del genere.

Non contando poi le allucinazioni proverbiali inerenti al denaro, del tipo *"i soldi non fanno la felicità, meglio l'amore e il sentimento, è più importante la salute"*, espressi solitamente da chi di denari ne ha molto pochi o forse molto meno.

Un giorno da un riccone americano udii questa frase: *"qualcuno dice che i soldi non sono importanti? Vuol dire che non ne ha!"* Questa affermazione detiene il 100% di verità.

Incredibilmente, da quel momento, ogni volta che ho sentito pronunciare quella frase, ho immediatamente associato la battuta alle condizioni finanziare di colui che la pronunciava.

E' davvero scontato! Ogni volta ho accertato che questa asserzione sgorga dalle labbra di chi denari ne ha ben pochi.

Facile deduzione in quanto le reali e basilari leggi comuni dell'attrazione si attaccano ai nostri pensieri come un possente magnete.

Da bambino affermavo di odiare il Basket. Ogni volta evitavo di giocare e declinavo ogni invito. *Non sono diventato mai un giocatore di basket.*

Immagina di odiare le moto, di certo non ne avrai mai una, così come non potresti mai diventare un pescatore se odi la pesca. L'energia dell'azione va nella direzione in cui poni la tua attenzione. Capito il concetto?

Laddove ti concentri, scorre l'energia e tutto si espande a macchia d'olio. Quel contesto diviene un polo d'attrazione, che sia esso negativo o positivo.

Questi insegnamenti inerenti la sfera finanziaria personale sono le radici che ognuno di noi ha ascoltato e, stranamente, continua ad ascoltare tutt'ora nonostante si siano accavallati anni su anni.

Sono arrivato a chiedermi: *"ma è davvero questa la strada finanziaria che dobbiamo perseguire? Esattamente quella che perseguono tutti e che ci hanno insegnato fin da piccoli?"*

Le risposte sono arrivate dopo molti anni, quando una fulminante illuminazione mi ha colpito e trasportato nei ranghi dell'intuizione finanziaria che ora ti spiegherò.

Sento continuamente dire che questo è il mondo. Non possiamo farci nulla, non possiamo cambiarlo. Dobbiamo lavorare fino alla pensione perché così è stato deciso. Il posto di lavoro non piace, ma così è. Dobbiamo lavorare.

Queste frasi detengono un grave errore di fondo.

Il mondo non è così.

Questo è il mondo che le persone *vogliono* vivere. Ma il mondo è neutro e neutrale. Il mondo si sveglia ogni mattina, fa sorgere il sole o porta con se nuvole e pioggia, e sta li, fermo ed immobile.

In silenzio.

Noi lo andiamo a plasmare creando le nostre giornate, i nostri eventi, le nostre attività, le nostre idee. Ma il mondo *non è così,* nel senso che ti obbliga a viverlo in quella specifica maniera. Il mondo è neutro, ne buono ne cattivo.

Tu crei il tuo destino, il mondo ti mette solo a disposizione degli strumenti. Tu li utilizzi come meglio credi.

Puoi fare l'operaio, ma anche l'imprenditore. Puoi fare il ricco, ma anche il povero. A te la preferenza. E la scelta viene affrontata in piena libertà.

> *Nel momento in cui hai determinato che cosa vuoi,*
> *hai preso la decisione più importante della tua vita.*
> *Douglas Lurtan*

Il tuo destino lo decidi tu, con il tuo potere decisionale.

Il mondo si può considerare come una scatola di strumenti con infinite possibilità di utilizzo.

Immagina ora di comprare del pongo. Apri la confezione e davanti ai tuoi occhi avrai una forma neutra, una non-forma.

Sarai tu a modellarlo per creare la sagoma che più si addice alla tua realizzazione e alla tua idea.

Nulla ha un senso specifico all'inizio, se non quello che tu stesso vuoi attribuirgli in base ai tuoi pensieri.

Il potere delle tue decisioni è stato finora determinante nella tua vita finanziaria. Alla fine di questo libro saprai stravolgerlo e guidarlo nella tua direzione. Con poche mosse.

> *Non occorre vedere subito tutta la scala. Salite il primo gradino.*
> *Martin Luther King*

Cercare un lavoro…

Sei contento di fare il "colloquio di lavoro"? Chiunque ne abbia fatti, ricorderà certamente quella indefinibile e sgradevole sensazione di inferiorità o di imbarazzo nel sentirsi così bisognoso di avere un lavoro o una busta paga a qualsiasi costo.

Quando esci, percepisci l'inutilità che trasale nel tuo corpo, lo sconforto che ti accompagna nel cammino ripensando alla frase cruciale che ha chiuso il colloquio: "Le faremo sapere".

Forse anche tu hai tentato di vedere un'inclinazione o una smorfia positiva nel volto del datore di lavoro per sperare veramente di essere assunto e di aver fatto colpo.

Non hai mai pensato che esiste la possibilità di stare dall'altra parte del tavolo? Vuoi veramente stare tutta la vita sulla sedia scomoda di colui che chiede umilmente qualsiasi lavoro sperando con le proprie parole persuasive di fare più presa rispetto agli altri concorrenti?

Quali tecniche utilizzerai? Ti farai vedere più preparato, oppure piangerai problematiche finanziarie familiari per colpire il fattore

compassionevole del tuo interlocutore?

Senza avere un piano finanziario, molte persone si ritrovano oggi, a 50 anni, a fare un colloquio di lavoro, senza avere alcuna possibilità di essere assunti.

Questo è lo stato attuale. E questo libro lo stravolgerà.

IL RIFLESSO DEL MONDO INTERIORE

"Finché non avrò soldi non potrò fare nulla". Ecco l'alibi perfetto per continuare a rimanere povero.

Spesso sento dire: "se avessi tanti soldi, farei..." Si tratta di una frase che non detiene alcuna congrua possibilità di muovere le forze dell'attrazione.

(Sottintesa la frase conseguente: *"Non ne ho, quindi: non faccio"*. Conseguenza: *Non sarà..*)

La realizzazione finanziaria, come scoprirai in questo percorso insieme generato dalle testimonianze e dai pensieri di centinaia di dipendenti, avviene attraverso la crescita personale e non transita attraverso grandi quantità di denaro. Il denaro è l'effetto, non la causa. E' l'arrivo, non la partenza.

Il denaro è solo una conseguenza della crescita e della realizzazione,
non è la radice ne la partenza.
Massimiliano Acerra.

Come afferma il grande Anthony Robbins, maestro mondiale di crescita personale, devi prima essere, quindi fare, per poi avere.
Diventa prima una persona che sa ciò che vuole e ha competenze e determinazione per realizzare i propri obiettivi, inizia ad azionare la tua struttura e dopo avrai.
Molte persone, al contrario, affermano che prima dovrebbero *avere* molti soldi e poi iniziare a muoversi per realizzare. Solo di conseguenza *saranno*. Pertanto il risultato sarà che non si muoveranno mai, in quanto con l'inerzia e senza *"essere"*, i soldi non arrivano.
Non si attuerà mai il secondo ipotetico step di proiezione finanziaria del *"fare o azionare"* e, conseguentemente, l'*avere* non vedrà mai la luce.

Devi cambiare i tuoi pensieri da subito. In questo libro vedrai persone che hanno semplicemente cambiato le loro abitudini e i loro pensieri senza inventare nulla di trascendentale raggiungendo straordinari obiettivi finanziari.
I pensieri ricorrenti danno luogo ai sentimenti, i sentimenti entrano nel cuore. Il lato emozionale è fondamentale.
Le emozioni, positive o negative che siano, hanno il potere di condizionarti più della stessa volontà di essere ricco e indipendente.
Quindi, se sei un dipendente e vuoi essere milionario, non devi cambiare il risultato finale, ma cambiare prima i pensieri.
In altre parole: non serve cambiare il frutto per farlo divenire più buono e dolce. Serve cambiare la radice per avere frutti migliori.

Parliamo di te. Qual è attualmente la tua condizione finanziaria? Sei tu a decidere come guadagnare? Chi decide il tuo futuro finanziario? Sei proprio sicuro che sia qualcun altro o forse lo Stato? Sei tu a determinare gli investimenti da fare? Sei tu a scegliere obbligazioni piuttosto che immobili o titoli di stato?
Sei tu a gestire le entrate personali o familiari?

Allora evidentemente, nonostante tu non lo voglia ammettere o non ci abbia pensato, **hai molto a che fare con la tua condizione finanziaria attuale.**

La domanda è molto semplice: saresti in grado di guadagnare un milione di euro? Ci proveresti?

Probabilmente in questo momento pensi che sia un'ipotesi improbabile di un autore di libri troppo ottimista!

Per questo non ci credi.

Ti riformulo la domanda: saresti in grado di guadagnare un milione di euro se da questo e solo da questo dipendesse la vita di tuo figlio o dei tuoi cari?

Ci proveresti a trovare la strada?

Immagina un filo che unisce due colline, con al centro uno strapiombo. Attraverseresti il filo?

Certamente no. Ma se all'altra estremità si trovasse tuo figlio e raggiungerlo fosse l'unica possibilità di salvarlo?

Probabilmente tutto cambierebbe.

Le motivazioni sono veri moltiplicatori di ricchezza e prosperità.

Solo la motivazione può smontare ogni ostacolo ed è la chiave di ogni successo.

In ogni campo, compreso quello finanziario.

Sei sulla giusta strada *quando decidi di accettare l'idea che non ti manca niente per essere milionario.*

La ricchezza è per tutti, l'abbondanza è a disposizione di chi la desidera veramente. La puoi vedere e afferrare se solo lo vuoi e ci credi per un semplice motivo: *tu sei la ricchezza, tu sei l'abbondanza.*

Quando avrai raggiunto questa consapevolezza, vivrai con l'eccitazione, con la certezza che l'idea per far fortuna nascerà da te e dovrai solamente accoglierla.

Se tu non inizi con la consapevolezza di te stesso, ma poni dinnanzi certezze prestampate del tipo: "non ho idee, non sono abbastanza intelligente, altri sono più bravi, più portati..", certamente avrai già chiuso la porta della tua volontà e l'idea, la strategia, devierà il suo cammino andando a bussare a un'altra porta. La porta di colui che è pronto ad accoglierla e partire.

La difficoltà non sta nel credere alle nuove idee, ma nel fuggire dalle vecchie.

Piccoli cambiamenti sulla tua maniera di percepire ricchezza e denaro, possono produrre effetti mastodontici nella tua vita.

Ciò su cui poni l'attenzione si espande.

Poni la tua attenzione sul diventare disegnatore di fumetti. Aziona ogni giorno. Il progetto si espanderà.

Poni la tua attenzione sul voler correre e vincere una gara dei 100 metri. Allenati con costanza e determinazione. Il progetto si espanderà proporzionalmente a quanta attenzione e determinazione poni.

La gente non cerca ricchezza, ma cerca qualcosa che sia "sicurezza misto al nulla".

Sostanzialmente le persone non sanno cosa vogliono, iniziano un'attività, non sono felici, cambiano in corsa mille lavori, idee, settori, perdendo tempo infinito senza focalizzarsi su un obiettivo preciso da perseguire.

La nostra mente può fare di un inferno un paradiso e di un paradiso un inferno.
John Milton

Continua a scorrere questo cammino e vedrai cosa si intende per "grandi risultati".

La gara non è qualcosa per i più veloci,
la gara è per coloro che continuano a correre.

LA NUOVA CONCEZIONE DELLA TUA IMMAGINE

Entriamo subito nella parte pratica. Il tuo cammino inizia da "chi sei" e da ciò che hai creato di te. Lo scoprirai nelle prossime righe.

Il mondo è cambiato. Oggi hai la possibilità di posizionare il tuo brand, la tua immagine ed accreditarla nel mondo degli affari con gli strumenti del web che hai a disposizione.

Il "curriculum vitae" è preistoria.

Chi ancora utilizza questa strategia, farà molta fatica a entrare nel mercato del lavoro e vedrà passare avanti molte persone.

Ti svelo il primo segreto per un business vincente: impara a risolvere i problemi delle persone.

Se lo sai già fare, non devi fare altro che posizionare il tuo nome e strutturare il tuo Brand. Emergere all'interno della tua nicchia.

Ad esempio, molte persone hanno paura dei mercati finanziari, del fattore "rischio" che vi è connesso. Altre persone risolvono questo problema per la gente, offrendo soluzioni e servizi personalizzati con rischi calcolati appositamente in base alle richieste.

C'è chi non ha competenza nella gestione delle compravendite immobiliari e c'è sul mercato chi risolve queste lacune con corsi e consulenze.

Io stesso, ho risolto i problemi di migliaia di pubblici dipendenti che cercavano di regolarizzare un "secondo lavoro" esercitato saltuariamente ed avevano il problema di non sapere come organizzarlo.

Certamente anche tu hai un talento, una passione e sicuramente esiste qualcuno, o forse molte persone, che hanno necessità del tuo aiuto per risolvere un loro problema.

Creati una posizione di settore.

La gente si affida solo a chi conosce.

Le gente compra "chi sei", non più il prodotto.

Oggi più che mai, conta buttarsi. E' un mondo di immense opportunità. Puoi fare pubblicità in mille maniere gratuitamente.

Anni fa, era necessario investire molto denaro senza nemmeno riuscire a targettizzare gli utenti.

Oggi puoi farti conoscere con poco, dimostrare il tuo immenso valore e il tuo talento con pochi click, probabilmente girando un video semplice con il cellulare dalla tua camera da letto e fare breccia su milioni di persone in breve tempo.

Potenzialità immense, e chi decide di sfruttarle, emerge con efficienza e velocità.

Oggi puoi fare il "mail marketing", una rivoluzione rispetto alla vecchia concezione di marketing. In quel caso dovevi andare a cercare gli utenti, convincerli, persuaderli subendo molto spesso la frustrante determinazione del diniego.

Oggi, con le moderne tecniche, hai potenzialmente un bacino illimitato di utenti che puoi ricontattare quante volte vuoi per fare acquistare ed amare i tuoi prodotti.

Il mancato interesse dei singoli utenti, non è più un problema psicologico, visto che non viene vissuto in prima persona da colui che propone prodotti e servizi.

L'indotto del "mail marketing" esclude a priori i soggetti non interessati e ti fa contattare solo da coloro che hanno reale necessità.

In automatico.

Un sistema rivoluzionario che apre porte potenzialmente infinite a qualsiasi attività che tu voglia intraprendere.

Oggi creare immagine e brand è semplice e veloce.

Ho personalmente conosciuto decine di dipendenti che sono divenuti esperti di settore semplicemente con dei video pubblicati su "You Tube", o segnalando la propria professionalità sul proprio blog.

Io stesso ho creato un brand sul web, grazie ad un lavoro incessante, con investimenti pressoché pari a zero.

Come diventare un esperto del tuo settore?

Continua a scorrere questo percorso insieme a me e scoprirai tutti i trucchi, saprai come muoverti, come iniziare, come agire, come cogliere le opportunità, partendo da dipendente.

> *Non aspettare; non sarà mai il tempo opportuno. Inizia ovunque ti trovi, con qualsiasi mezzo tu puoi avere a tua disposizione; mezzi migliori li troverai lungo il cammino.*
> *Napoleon Hill*

STORIE DI BUSINESS

Emblematica la storia di un fanciullo americano sul web che gira video dalla propria abitazione per far vedere ai propri amici come utilizzare i giochi elettronici di ultima generazione e come vincere le

partite. In maniera molto basilare e spesso banale, parla con naturalezza degli ultimi giochi, i ritrovati di playstation, xbox o quant'altro.
I suoi video sono divenuti in brevissimo tempo tra i più visionati della rete dagli adolescenti e senza volere, il bambino è divenuto un divo.
E' stato contattato dalle case produttrici dei videogiochi che hanno sviluppato una rete di marketing dietro alla sua inconsueta attività.
Le aziende hanno notato che si trattava di un marketing più redditizio di quello sviluppato con le normali formule pubblicitarie!
Oggi tutti i bambini visionano quei video e il padre di questo inconsapevole fanciullo è divenuto il suo autista a tempo pieno. Ha dovuto lasciare il lavoro, per trasportarlo in giro ed ovviare agli impegni contrattuali.

Michele, ha creato un famoso portale inerente all'anatocismo bancario. Aveva buone conoscenze del settore ed era una materia che amava trattare da anni. Ne ha creato un'attività vincente risultando uno dei pionieri assoluti del settore.
Ha risolto centinaia di casi e ha fatto ottenere migliaia di euro di risarcimento a utenti e imprese che inconsapevolmente avevano pagato per anni interessi illegali agli istituti bancari.
L'anatocismo bancario è divenuto per Michele la fonte primaria di vita.

Giuseppe, un dipendente di un negozio di telefonia, ha creato un'attività dal nulla.
Nel tempo libero ha iniziato a girare video con un'attenta recensione degli ultimi telefoni cellulari e smartphone in circolazione. Recensioni molto complete, attente, professionali.
Grazie al successo e alle visualizzazioni sproposite del suo canale You Tube, ha ottenuto contratti con più di una casa produttrice di smartphone che oggi di fatto sfrutta la sua straordinaria visibilità pubblicizzando contestualmente i nuovi modelli.
Giuseppe non ha inventato nulla, se non sfruttare la forza della rete con intelligenza, generando un'attività moderna nata dal nulla attraverso lo studio dedicato ad uno specifico settore.

L'IDEA VINCENTE NON SERVE PIU'

Ho una buona notizia per te. In questo capitolo scoprirai una grande verità che non ti aspettavi. Per il tuo successo finanziario non serve più l'idea rivoluzionaria. Puoi partire fin da subito anche senza averla.

Molti dipendenti con il sogno di spiccare il grande salto, si bloccano dinnanzi alla carenza ipotetica della "grande idea".

Nella tradizionalistica visione, si permane spesso aggrappati alla convinzione che sia solo la grande idea a fare la differenza nel business.

Se non si è baciati dalla grande ispirazione, conviene permanere nel piccolo e restare dipendenti in attesa di illuminazione dal cielo.

Nella mia esperienza personale ho ascoltato decine di dipendenti con ottime idee da realizzare, idee che oggi non esaltano più come un tempo. Oggi tutto è stato scritto e inventato e nella nuova era dell'informazione, l'idea o il prodotto detengono una rilevanza limitata e comunque relegata, nella scala sistematica d'impresa, ad un piano secondario.

Oggi il mondo è già pieno di grandissime idee, ed è ricolmo di prodotti e servizi eccezionali, innovativi, straordinari.

Mi è capitato di assistere un dipendente il quale, chiedendomi nozioni e consigli attuativi generici, non voleva rivelare la propria idea pensando che la stessa fosse unica e potesse essere plagiata se divulgata anzitempo. Ha successivamente svelato l'arcano all'atto dell'esecuzione della stessa, lavorando per mesi in silenzio con una strettissima cerchia di conoscenti.

Utile ribadire come nell'era dell'informazione e dell'informatizzazione, l'idea detenga una rilevanza limitata rispetto alla struttura del sistema.

Oggi non vince l'idea, ma come viene strutturato il sistema di divulgazione, di marketing, la struttura legale e fiscale e soprattutto il piano d'azione.

Esistono aziende vincenti che non vivono di prodotto o idea, ma di sistema. Non è un caso se il Mc Donald perduri e sia una grande multinazionale pur non avendo gli hamburger più buoni del mondo, o la Microsoft sia un'azienda mondiale senza avere di certo il software migliore di tutti, ma semplicemente quello più diffuso che ha creato una reazione a catena su tutti i programmi dell'azienda e sulla loro distribuzione. Questa è la reale abilità ed efficienza di un sistema.

Oggi si potrebbe tranquillamente realizzare un'idea già esistente ed avere maggiore successo del concorrente primario semplicemente perché si è approntato un sistema vincente.

Questo contesto oggi si verifica costantemente.

Ecco perché il dipendente che ho citato nelle righe appena sopra ha fatto un errore. Focalizzarsi esclusivamente sull'idea da proteggere, senza studiare un sistema e una strutturazione di mercato, è una condotta che oggi non funziona più.

L'idea esaltante non viene più premiata da nessuno, soprattutto se non è supportata da un sistema vincente che sia adeguatamente radicato alle spalle.

Nulla arriva per niente.

Quando il mio amico ha svelato l'idea, in realtà ho compreso tutti i limiti. Il non averne parlato con nessuno non ha creato il giusto rapporto di confronto e comparazione strategica e professionale essenziale per sviluppare l'adeguata struttura vincente.

La struttura è tutto. Il sistema è eternità. L'obiettivo è saggezza. L'idea è solo un componente da strutturare.

Proteggere e focalizzarsi solo sull'idea pensando che sia la migliore del mondo, perdendo ogni sorta di logica umiltà, è la base per inoltrarsi in una parabola destinata ad offrire pesanti delusioni.

Pertanto: non hai l'idea della vita? Nessun problema. Puoi utilizzare un'idea già presente sul mercato e offrire qualcosa di unico che nessun altro offre per il medesimo prodotto.

Da una parte è anche la strada più sicura, in quanto già testata dal mercato, rispetto a chi diviene pioniere del settore e deve essere accettato come un soggetto o un prodotto innovativo.

Non sai creare un sistema? Utilizza un sistema già avviato e strutturato. I Franchising servono proprio a questo e cioè a vendere un sistema strutturato già alla base che funziona alla stessa maniera ovunque.

L'idea non detiene più l'importanza primaria al giorno d'oggi. Se hai idea, ma non sistema, non vai molto avanti.

Se hai un grande sistema, trovi di certo il tuo spazio, anche con un prodotto comune o un'idea già sfruttata da altri.

Adesso che lo sai, non esistono più pretesti.

L'ispirazione esiste, ma ci deve trovare già all'opera.
Pablo Picasso

La mancanza dell'idea giusta è ormai divenuto un alibi comune per non agire e procrastinare all'infinito la propria realizzazione.

Inizia subito e chiediti: che cosa puoi fare tu, solo tu, in modo che, facendolo bene, farai la differenza?

I CARDINI DELLA NUOVA ERA

Questo libro è incentrato nella maggioranza sul messaggio di dover cambiare stile e mentalità rispetto a quelli che sono i luoghi comuni tramandati nelle generazioni. Oggi è difficile far capire alle persone che non esiste più il posto fisso, non esistono più aziende che ti assumono e ti sostengono per una vita sino alla pensione. L'attività lavorativa non si cerca e non si ottiene con un freddo curriculum. Si crea!

Come ripeto più volte, ci troviamo nell'era informatica e nell'era dell'informazione, ma la struttura mentale della stragrande maggioranza delle persone continua rigorosamente ad essere radicata a oltre cinquanta anni fa.

Il mondo si trova dinnanzi ad una delle più grandi rivoluzioni di sempre, più grande degli stessi sconvolgimenti passati che hanno portato all'affermazione dell'antica rivoluzione industriale che abbiamo studiato sui libri di storia.

Al tempo si era creata un'impalcatura fiorente di industrie e consumi terrestri in espansione colossale. Non era nemmeno necessario voler divenire un imprenditore a tutti i costi.

Era necessario e sufficiente presentare una domanda per entrare di diritto nel mondo della produzione industriale mondiale. Ogni paese, nazione, continente, seguiva a ruota lo sviluppo del precedente, tanto che quando un mercato era saturo, era sufficiente emigrare in un altro paese per avere piena facoltà di trovare decine e decine di occupazioni di ogni genere. Ne sono testimonianza i nostri parenti, i nostri nonni e bisnonni, emigrati, ripartiti e ancora tornati da ogni paese del mondo.

Oggi tutto questo non esiste più. Oggi ci spostiamo molto più velocemente e riusciamo a comunicare tra continenti senza muoversi da una sedia. Oggi possiamo eseguire un colloquio di lavoro con un soggetto situato all'altro capo del mondo restando coricati sul nostro divano, utilizzando un qualsiasi software di messaggistica gratuito.

Come si può ancora pensare di muoversi con i medesimi modelli della rivoluzione industriale? Come si può ancora rapportarsi con gli archetipi costruiti in un'era lontana e trapassata?

Eppure il 95% delle persone interpreta il mondo attuale esattamente come i nostri bisnonni interpretavano i loro anni.

Probabilmente proprio per responsabilità diretta dei nostri bisnonni che hanno tramandato quelli che erano consigli giusti e perfetti per quell'era.

Li hanno imposti ai loro figli e i loro figli li hanno tramandati fino a noi. Ed ecco il punto più basso della sinusoide discendente. Noi viviamo con quella mentalità e peggio ancora: la stiamo tramandando ancora ai nostri figli.

I nostri avi, hanno il 50% di responsabilità di tutto questo. Il resto lo detiene la nostra società moderna.

Noi siamo "mentalmente programmati" a fare ciò che facciamo, ad agire in base a ciò che il nostro stile di vita, la condizione sociale in cui viviamo ci ha insegnato.

Faresti le stesse cose se fossi nato e vissuto in Congo? Ti vestiresti alla stessa maniera?

Rifletti attentamente. In Congo, pensano, fanno, agiscono, si vestono mangiano in maniera totalmente diversa da te. E forse come tu pensi che siano strani.. loro lo pensano di te.

Ma tu puoi modificare la programmazione mentale imposta dal tuo contesto. Il tuo cervello altro non è che un insieme di dati inseriti che puoi formattare e reinstallare...

Potresti adeguarti a vivere in Congo?

Certo che si.. Devi solo agire su te stesso, le tue abitudini e le tue programmazioni.

Puoi adeguarti a cambiare il tuo pensiero finanziario?....

In questo libro scoprirai quanti paletti mentali difficili da abbattere abbiamo accumulato nel nostro percorso di vita. Scoprirai molto presto la sola differenziazione tra una certa impostazione inerente la finanza personale e l'accumulazione di quelli che definisco i "generatori di reddito".

In questo percorso di lettura scoprirai da solo, con applicazioni pratiche e testimonianze dirette, di cosa realmente sto parlando.

Nella società moderna si continua a portare avanti la medesima mentalità. Si inizia dalla scuola, dove vieni formato per essere **un grande dipendente**. Appena esci, vieni indirizzato a *portare il curriculum*.

Ancora mi chiedo: come è possibile che un giovane laureato, all'apice dei propri studi, festeggiata la sua grande conquista, si muova portando un curriculum? Il curriculum dovrebbe consegnarlo in realtà colui che detiene il titolo di studio minoritario. A chi consegnarlo? Esattamente a colui che al contrario, ha raggiunto l'apice degli studi pronto per creare aziende, idee, multinazionali.

Chi traina il mercato? La scuola forma dipendenti in tutti i settori. Chi crea impresa?

Sei un laureato? Tu non devi portare il curriculum. Tu dovresti *ricevere* i curriculum!

Mi è capitato di parlare con dei neo-laureati. Mi hanno tutti raccontato il medesimo aneddoto: *"io porto il curriculum per essere assunto e imparare"*.

Imparare? La maggioranza di loro proviene da almeno 15 anni di studi consecutivi, dei quali gli ultimi, quelli universitari, sono interamente dedicati allo specifico settore di interesse e di sviluppo. Hanno già fatto periodi di tirocini e applicazioni pratiche. Appare inverosimile che un soggetto con una tale istruzione debba uscire dall'ambito scolastico per andare a "imparare".

Molti altri affermavano di andare "a fare esperienza".

Ancora una volta devo rilevare che chiunque si appresti a svolgere incarichi di dipendente, farà esperienza come tale, non certo avrà esperienza diretta parificabile ad un imprenditore.

Per essere imprenditore devi fare l'imprenditore, non il dipendente, che aleggia su concezioni mentali totalmente difformi che imparerai tu stesso nel corso di questo libro.

Scoprirai che la concettualità mentale tra dipendente e imprenditore è totalmente opposta e non ha punti d'incontro.
Ciò che non si spiega è proprio il circuito istruzione-apprendimento-pratica, che mette in atto la struttura scolastica moderna, che genera nel giovane la sola volontà di divenire un buon dipendente semplicemente più remunerato degli altri.

Pertanto: nelle generazioni le nostre famiglie sono nate e vissute con la mentalità di trovare un posto fisso creato da *qualcuno*, che assicuri ferie, diritti, infortuni e maternità. *"Non rischiare, fai rischiare gli altri"*.
Lo insegnano i genitori, le scuole, la società. Chi insegna a divenire "creatori di lavoro" e fondatori di benessere?
Esattamente nessuno. Ecco perché non riusciamo a vedere oltre al nostro naso. Per semplice abitudine e istruzione.
Se ci hanno sempre insegnato una determinata lezione per anni e anni, siamo convinti che sia quella giusta, ed è difficile da estirpare.
Il 95% delle persone cerca il posto fisso e spesso è indigente.
Ma chi crea impresa?
Oggi tutto è stravolto. Il laureato lavora in fabbrica e colui che non voleva studiare ha generato l'idea della vita, ha costruito un sistema vincente e ha travolto i suoi coetanei.
Ma nessuno glielo ha insegnato. Ha solo deformato e stravolto ciò che sono gli insegnamenti comuni.
Difatti tutti i soggetti che iniziano ad uscire dai luoghi comuni, dalla medesima impalcatura da "rivoluzione industriale", vengono sempre e comunque emarginati, non compresi, messi da parte, in quanto non rispecchiano ciò che da secoli si ritiene giusto che sia. Così com'è.
Il cambiamento non è fattore concreto che possa venire preso in considerazione.

Per quale motivo oggi esistono soggetti che portano mille curriculum senza essere assunti e soggetti che non ne consegnano nemmeno uno e ricevono mille richieste di lavoro e collaborazione?

E' ora di scacciare i luoghi comuni ed iniziare a comprendere i meccanismi e le dinamiche del nuovo mondo.

Chi si aggrappa cresce con lui.

Personalmente faccio parte della seconda categoria: mai portato nemmeno un curriculum nella mia vita, eppure continuo a ricevere offerte e proposte di collaborazione che in molti casi vado a declinare.

E tutto questo, in un mondo considerato "in crisi".

Non serve essere più bravi, è sufficiente visionare il mondo del lavoro con un'altra prospettiva.

Quando entrai nel circuito dell'impiego, da pubblico dipendente, non conoscevo altra strada da percorrere. Per tantissimi anni è stato così, la mia vita è defluita nell'inerzia totale. Dipendente ero e dipendente sarei rimasto per il resto dei miei giorni. Non *vedevo* altro sul mio cammino.

Come vedi anche io sono "partito da dipendente".

Oggi posso affermare che esiste una differenziazione con il passato.

Oggi *vedo*, ho gli occhi aperti e ho sviluppato la facoltà di vedere ciò che gli altri non vedono.

Come fare?

Continua il cammino insieme a me. Scoprirai un fattore molto semplice: chi ha raggiunto grandi obiettivi rispetto a te, *è solo partito prima*, **ma puoi raggiungerlo**.

Nei capitoli seguenti, ti svelerò quali sono gli elementi realmente determinanti che possono farti fare il salto di qualità fin da subito e farti uscire dalla recondita ed obsoleta concezione sociale.

LA "BONTA'" DEI RICCHI

Inizia per te il momento di guardare i ricchi con un altro occhio.

Ti hanno detto certamente le solite cose: i ricchi sono falsi, avidi, senza religione. Ti avranno detto che i ricchi infrangono la legge, rubano, non pagano le tasse come gli altri.

Oggi devi comprendere che se non ci fossero loro, non ci sarebbe crescita, lavoro, opportunità, strutture e quant'altro.

Non hanno infranto la legge, ma hanno sfruttato la legge a loro favore. Hanno compreso e studiato gli stratagemmi fiscali per pagare meno tasse rimanendo nella legalità.

Ogni tanto sentiamo la notizia di un singolo soggetto che è uscito dalla legalità. Ma è una minoranza statistica presente in ogni contesto sociale.

Ci sono imprenditori che hanno tenuto in piedi intere città con le loro imprese e le loro aziende. Nella legalità.

Ci sono aziende che hanno cresciuto intere generazioni di famiglie. Il ricco è la nostra linfa vitale.

Dobbiamo imparare ad essere come lui per creare l'indotto finanziario delle nostre città, dei nostri figli.

Dobbiamo avere maggiore potere finanziario per migliorare la comunità e per fare beneficienza a chi ha maggiori necessità di noi.

Immagina se molti giovani, invece di cercare posti fissi ben retribuiti appena usciti da scuola, creassero imprese e benessere.. Ogni città vivrebbe di crescita e prosperità finanziaria. Ne gioverebbe l'intera comunità.

Ricordo di aver fatto una vacanza, non molto tempo fa, a Sharm El Sheik in Egitto.

Mi sono ritrovato dinnanzi un deserto ai lati del quale sono nate strutture turistiche di altissimo livello.

Una serie di città nate dal nulla, dove sono fiorite ricchezze, turismo, infiniti posti di lavoro per i cittadini locali confluiti da ogni parte del paese.

Una città fantasma che non esisteva e che grazie a svariati imprenditori, ha preso vita nascendo dalle aride sabbie del deserto.

Grazie a ricchi imprenditori, il mondo percorre la sua strada di crescita ed evoluzione tramandando ricchezze ed occupazione per tutti.

Come si può ancora avere simili pregiudizi nei confronti dei ricchi?

Come si può ancora inquadrarli con abnormi appellativi di scarsa consistenza?

Se loro guadagnano uno stipendio dieci o cento volte superiore al tuo, non sono da disprezzare o colpevolizzare. Hanno solo saltato il muro prima di te e soprattutto ... HANNO VOLUTO FARLO.

Il mondo è ricolmo di queste opportunità anche per te.

Se le cogli, impari come fare ed attui i tuoi progetti, potrai trovarti al posto loro.

Se scegli di permanere nella tua condizione di confort senza primeggiare, non lamentarti di chi ti offre lavoro e uno stipendio da dipendente guadagnando esponenzialmente molto più di te.

Da uno studio esperto a livello globale, è stato accertato che l'80% dei soggetti più ricchi del momento, lo sono diventati partendo dal nulla. Molti di loro partendo da dipendente. Soltanto il 20% scarso si è trovato nella condizione di dover semplicemente subentrare a strutture già precedentemente costituite ad esempio dai genitori.

E questo margine, nell'era moderna, si sta ulteriormente attenuando.

Le nuove tecnologie, le nuove opportunità della globalizzazione come quelle che trovi riportate con testimonianze dirette in questo libro, porteranno ad una contrazione di questo margine tale che, presto, tutte le persone più ricche saranno nate dal nulla, da una consueta posizione da dipendente dove in un assolato giorno, quello smarrito individuo, ha deciso di dare una svolta alla propria esistenza.

E' partito con azioni concrete.

Inutile quindi, porre dinnanzi alle scusanti comuni, il fatto che i ricchi sono nati già tali per cui un comune dipendente non può diventarlo. Le statistiche parlano chiaro, smentendo drasticamente questa consuetudine nichilista che di fatto è il pretesto maggiore innalzato dai dipendenti per rimanere incuneati nella loro area disfattista.

Altro luogo comune che blocca l'evoluzione, è il pensiero per cui per ottenere tanti soldi, ne devi avere altrettanti di partenza.

Le statistiche valutano il fatto che i più grandi possidenti dell'era moderna, sono partiti da dipendente.

Alcuni con pochi risparmi, altri con zero.

Per raccogliere capitale, hanno utilizzato tante modalità creative, hanno studiato, imparato, ascoltato, compreso.

E sono partiti.

Il ricco più si arricchisce e più fa girare il mondo e l'economia creando benessere.

Il ricco non dedica *un po' di impegno* in ciò che fa, ma sputa l'anima per raggiungere il suo obiettivo. Ci mette tutto se stesso, senza attenuanti, senza sufficienze. La sua è la strategia di un guerriero, che non si ferma davanti a nulla.

Questa è l'impostazione che devi tenere per raggiungere risultati concreti.

Saresti disposto a rimandare le ferie? A lavorare venti ore al giorno? A lasciare da parte per un lungo periodo parenti, amici, famiglia?

Il ricco è disposto a tutto questo per raggiungere il suo obiettivo.

E ogni suo obiettivo raggiunto, è una crescita della globalità.

Da oggi impara a non criticare, ma a stimare chi traina il mercato e ha raggiunto grandi risultati.

Il successo non è mai casuale.

Stimando loro, stimi te stesso, considerando che in questo cammino apprenderai di avere tu stesso la potenzialità di sviluppare grandissimi progetti.

E ora: non esistono più scusanti. E' il tuo turno.

Già il prossimo capitolo è pronto ad aprirti le vedute.

Tra poco scoprirai come il tuo lavoro può diventare la cosa più bella che hai.

> *Credo che il successo venga raggiunto da persone ordinarie di una*
> *determinazione straordinaria.*
> Zig Ziglar

SICUREZZA O LIBERTA'?

Questo capitolo ti servirà per comprendere quale sia l'effettiva realtà nella quale è situato il lavoratore dipendente.

Comprenderai subito il reale costo che comporta il permanere in tale situazione. Il prezzo della sicurezza.

Il dipendente cerca sempre e solamente la strada sicura, la strada tradizionalistica.

Se viene contattato da un datore di lavoro, ha un unico spassionato obiettivo: posto fisso, contratto che contempli ampie indennità e consistenti diritti.

In più: ferie assicurate, maternità, paternità pagata e tredicesime. La tipologia di attività, la mansione, il prodotto o il servizio su cui lavorare, poco conta.

Nella sua esistenza lavorativa attende giorno per giorno che le ore trascorrano il più velocemente possibile, in un clima di demotivazione dove l'unico obiettivo è il sopraggiungere del fatidico giorno di riscossione dello stipendio.

Tale condizione può essere opportuna per una fase di partenza, per un periodo limitato, ma trascorrere un'intera vita nell'atroce aspettativa che il tempo trascorra inerme, è un'auto-decapitazione alla quale il dipendente si prostra costantemente.

Questo è il prezzo della *sicurezza*.

Lo scopo del dipendente permane solo quello del denaro. Lavora per il denaro e il denaro schiavizza chiunque lavori per lui.

Sicurezza del posto significa infatti dipendenza da una busta paga e dal datore di lavoro.

La nuova concezione dei "generatori di reddito" che ti insegnerò tra breve, connessa a nuove opportunità da identificare e valutare, significa un'altra parola ben difforme dalla precedente: *libertà*.

Acquisisci la tua libertà con un'attività di tuo piacimento, che ti offra la benevolenza della tua anima, che sfrutti i tuoi talenti.

La sicurezza ti obbliga a sotterrare le tue capacità, a decapitare il tuo tempo, ad estrarlo dai tuoi affetti.

Parti da dipendente, ma focalizza il tuo obiettivo sull'acquisizione della libertà attraverso la realizzazione personale dei tuoi sogni.

La tua vita ti ringrazierà di averlo fatto.

IL PREZZO DELLA SICUREZZA.

Molte persone, per ottenere un posto fisso e ipoteticamente più sicuro, vivono e lavorano lontano migliaia di chilometri dalla loro famiglia e dai loro affetti. Per anni ed anni.

La sicurezza ha un prezzo. E si fa pagare molto cara.

Viene barattata a caro prezzo al posto della libertà e del proprio tempo.

Ricordo la storia di Eugenio, un amico dipendente. Per anni ha lavorato a migliaia di chilometri dalla famiglia attendendo il giorno di tornare al suo paese e vivere accanto ai propri cari. Il posto fisso che aveva ottenuto a seguito di un concorso, lo aveva trascinato lontano costringendolo ad aspettare anni infiniti per ottenere solo l'eventuale possibilità di un trasferimento.

Non ha fatto in tempo. I suoi genitori sono morti prima che lui riuscisse a vivere il fiore del suo tempo insieme a loro.

Ancora oggi si rammarica di quanto abbia perduto.

Le persone sono convinte che sia la libertà a costare cara e a comportare i maggiori rischi. In realtà è la sicurezza che costa molto più cara, un prezzo veramente gravoso non solo in termini economici.

> Lo stipendio fisso è un ottimo compromesso, ma solitamente interferisce con la propria capacità di essere pagati per il proprio valore.

L'ASSISTENZIALISMO STATALE

E' chiaro. Nell'era dell'informatizzazione, chi resta connesso all'assistenzialismo statale, è spacciato.

Eppure, gran parte dei dipendenti si accontentano, sperando di sopraggiungere il prima possibile alla fatidica età della pensione, per essere mantenuti dallo Stato e non lavorare più.

Attendere la pensione statale è veramente l'unica strada? Eppure un dipendente, un normale lavoratore, potrebbe tranquillamente autogestire la propria realizzazione finanziaria senza attendere il mesto regalo statale che viene sempre più procrastinato negli anni. Il denaro accantonato dai cittadini viene restituito ad una fiorente età che gravita tra i 63 e i 65 anni.

Molte persone si accontentano di recuperare il loro denaro e soprattutto la padronanza del proprio tempo, quando sono ormai vecchi.

Attendono a testa bassa l'assistenzialismo statale perché questo è stato indotto, questo è stato insegnato, questo è il sistema e viene percepito come l'unico disponibile.

Nell'età lavorativa, abbiamo ripagato la pensione di quei soggetti che sono andati in pensione prima di noi, e quando sarà il nostro turno, i giovani pagheranno a loro volta.

E' il sistema precostituito nel quale siamo incuneati. Non vige alcun interesse ad offrire informazione contraria affinché venga destabilizzato.

Ma per quale motivo si deve obbligatoriamente attendere l'assistenzialismo statale per andare in pensione?

Chi lo attende è destinato a vivere nel dubbio, in quanto se perdesse il lavoro prima della maturazione dell'età prevista, sarebbero guai grossi.

Un fatto è certo: nessuno verrà a cercarti per lavorare ancora, se decidi di smettere anzitempo per sopraggiunta indipendenza economica.

Molti lavoratori dipendenti, oltre che attendere mestamente la pensione incuneati in un sistema che si biforca in un misto tra lamentele e assuefazione, addirittura accantona ulteriori risorse in fondi pensionistici proposti da compagnie assicurative o istituti bancari.

Perché avviene questo? Per cultura.

Siamo stati programmati per vivere da poveri e accantonare denaro per quando siamo vecchi. La cultura dell'informazione conferma giornalmente questa struttura da anni.

Ma quanto ci costa in realtà essere vincolati all'assistenzialismo statale?

Ti sarai certo chiesto perché lo Stato incentiva sempre di più l'indebitamento dei singoli utenti e quando gli stessi hanno proprietà, mira a tartassarli.

Il problema è che l'utente DEVE permanere nel circuito prestabilito del lavoro per molti anni, del debito e della pensione.

L'impalcatura dell'assistenzialismo statale, in certe nazioni, è l'incognita più pericolosa alla quale aggrapparsi. Le tasse aumenteranno sempre di più per i dipendenti, per compensare l'imbuto dell'assistenzialismo.

Nel tempo vedrai stringere sempre di più il cappio connesso ai tuoi diritti.

Quale modello possiamo seguire per uscire da questo pericoloso imbuto? Semplice: è sufficiente guardare cosa fa dall'altra parte il soggetto benestante.

Il benestante non prende in considerazione questo sistema.

Lui è fermamente convinto che raggiungere l'indipendenza finanziaria personale e la pensione sia un *suo preciso onere*, che può raggiungere sfruttando il proprio impegno e la propria abnegazione. L'età del raggiungimento è pianificata e connessa ai risultati e alla volontà del soggetto medesimo di continuare a lavorare.

Ho conosciuto personalmente soggetti che hanno raggiunto l'indipendenza finanziaria prima dei 40 anni. E sono liberi di farlo.

Crea anche tu l'impalcatura giusta per raggiungere la tua indipendenza economica o la pensione *quando lo deciderai tu*.

Continua l'affascinante cammino di lettura e apprendimento di questo libro e ti spiegherò come raggiungere questo risultato nel giro di pochi anni.

Il tuo cammino inizia già dal prossimo capitolo, nel quale capirai dove ti trovi e lo straordinario cammino che percorrerai.

> *Il modo più comune in cui le persone rinunciano al proprio potere*
> *è pensare di non averne.*
> *Alice Walker*

2. IL CIRCOLO VIZIOSO DEL DIPENDENTE

IL COMMERCIO DEL TEMPO.

Il lavoratore dipendente lavora per i soldi.
Ti sembrerà normale.
Esiste una consueta differenziazione che cerco di far intendere giornalmente agli utenti che mi contattano.
La strada opportuna per raggiungere un'indipendenza finanziaria è quella di far lavorare i soldi al posto tuo e sfruttare il loro immenso potere.
Generalmente, invece, le persone mettono in atto il principio contrario, o meglio: sgobbano a più non posso per i soldi, evitando qualsiasi soluzione alternativa, focalizzandosi solo sulla sicurezza più assoluta che non lascia spazio a incognite.
I dipendenti, così come i lavoratori autonomi, sono convinti che l'architettura finanziaria da seguire sia quella classica: più lavoro uguale più soldi. Solo lavorando più ore si ottengono maggiori remunerazioni.
Difficile poter estirpare una simile conformazione mentale radicata da anni. Effettivamente gli stessi dipendenti frequentano altri dipendenti come loro, anch'essi incuneati nel medesimo circuito, così come genitori, parenti, amici.
Il problema consiste nel fatto che più aumentano le ore di lavoro, più il lavoro eccedente diviene sottopagato, con il conseguente aumento delle imposte.
Il denaro del dipendente è tassato alla fonte, quindi transita sotto la macchina mangiasoldi del fisco, prima di giungere nelle proprie tasche.
Il denaro che entra, sostanzialmente viene dimezzato alla fonte.
Pertanto, più aumentano le ore di lavoro, più aumenta lo scaglione di reddito, più si viene tassati. Una concatenazione assassina.
Facile verificare quanto il lavoro eccedente sia sottopagato e quanto, nei conteggi annuali di perequazione (i cosiddetti "conguagli"), ven-

gano applicate pesanti tassazioni di livellamento che abbassano drasticamente la media del denaro orario percepito nel corso dell'anno dal dipendente.

Il rapporto: **+ TEMPO + LAVORO = + SOLDI**, (più tempo e più ore di lavoro corrispondono a più soldi guadagnati) ovvero il processo applicato dai lavoratori dipendenti o autonomi, nonostante sia l'unico processo conosciuto e ritenuto eternamente corretto, è, al contrario, il processo che trascina all'impoverimento lento ed inesorabile.

Difatti, l'introito che si va a generare dal denaro incassato in cambio del proprio tempo, non potrà mai arricchire nessuno proprio perché *non c'è abbastanza tempo disponibile.*

Essendo inoltre il meno remunerato del mercato, è indubbio che il risultato preveda una parabola discendente rivolta in direzione della povertà crescente.

Prendete ad esempio un meccanico. Si arricchirebbe solo se riuscisse a riparare 100 o più vetture al giorno e guadagnarne il corrispettivo. Ma in realtà riesce a ripararne solo poche, in quanto ogni riparazione richiede molto tempo. Per cui non potrà mai arricchirsi con la modalità "+ Tempo = + Soldi".

Per questo motivo i dipendenti si lamentano così tanto, per un impiego che nonostante molte ore lavorate, non prevede un congruo compenso rapportato alla crescita generazionale dei prezzi, dei consumi e dell'inflazione.

In questa maniera si entra in un imbuto: più tempo si passa lavorando, più si viene tassati, più diminuisce il nostro reddito di fronte alla crescita globalizzata.

Nella conca all'apice dell'imbuto, entrano molte ore di lavoro e molti soldi.

Ma dalla strozzatura, escono molto sudore e pochi spiccioli.

I prezzi e l'inflazione sono destinati a crescere, ma mediamente e statisticamente, a fronte di una crescita della vita del 10%, gli stipendi cresceranno probabilmente meno della metà, costringendo il dipendente a molte più ore di lavoro, sempre più tassate e sottopagate.

In tutto questo il dipendente perde l'unica vera forza che detiene: il potere del tempo.

Toglie tempo alla sua esistenza, alle opportunità, alla sua famiglia ai suoi affetti, al suo divertimento. In altre parole: toglie vita.

E' giunta l'ora di comprendere che coloro che lavorano di più, impegnando più tempo, non sono necessariamente quelle che diventano ricche nell'era moderna.

Lavorano solo più tempo, perdendo di vista il vero obiettivo che proprio nel tempo trova la sua degna connotazione.

Il tempo è il più grande generatore di reddito che abbiamo a disposizione.

Nel corso di questo testo scoprirai la strada più opportuna da seguire e come avere *qualcuno* che lavora efficacemente al posto tuo generando più denaro.

Scoprirai cosa hanno fatto molte persone, semplicemente:

partendo da dipendente.

> *Scambiare il proprio tempo con il denaro, è alla base della mentalità orientata verso la povertà.*
> Paul Mc Kenna

LA CONSUETUDINE BIZZARRA DEI POSSEDIMENTI

Molti dipendenti si chiedono perché i propri parenti, conoscenti, amici e colleghi e i soggetti finanziariamente affini, cercano di accaparrarsi proprietà intestate vantandosi di questo estremo privilegio, mentre i soggetti facoltosi attuano l'esatto contrario.

Nessuna casa intestata, vettura a noleggio o in leasing, nessuna proprietà.

Devi comprendere subito questa suddivisione organizzativa tra i soggetti dei diversi ordini finanziari.

Ho compreso una concreta verità: il povero vuole possedere tutto e vantarsi delle sue proprietà intestate.

Il ricco non vuole possedere niente.

Il mio amico Alfredo, da dipendente nel settore pubblico, ha raggiunto l'indipendenza finanziaria divenendo prima un investitore di successo e dopo un titolare di grande impresa.

Continua ad affermare: *"Non devi possedere niente. Io vivo in una grande casa in affitto. Non ho un'automobile intestata come hai tu e non mi interessa avere nulla di tutto questo".*

Devi comprendere l'importanza di tralasciare ed *estromettere dalla tua esistenza* il fattore emozionale legato alle cose.

"La *mia* casa, la *mia* macchina…". Frasi che esternano costantemente i dipendenti con tanto di vanesia millanteria.

Il povero vuole possedimenti da mostrare, mentre il ricco non mostra nulla.

Come si spiega questa difformità di condotta?

E' solo una questione mentale?

Niente affatto. C'è un sistema dietro a queste diverse impostazioni finanziarie.

Il dipendente, come abbiamo visto, percepisce il suo stipendio quando è già transitato sotto le forche caudine del fisco. Solo in quel momento può utilizzarlo per vivere, pagare le spese, le tasse, affitto, mutuo, alimentari, medicine e quant'altro.

Il dipendente in pratica *pagherà successivamente tasse ulteriori...* su un salario già tassato alla fonte!

Il criterio sistematico del titolare d'impresa è ben difforme.

Se si ipotizzano le medesime 2.600 euro *lorde* di entrata mensile parificata a un dipendente, si vede chiaramente che il benestante, per regime fiscale, le riceve inizialmente *tutte in tasca*.

Pagherà le imposte *l'anno successivo*.

Ma la differenza sta nel *quanto* pagherà.

Difatti salderà le imposte solo una volta che le stesse sono state decurtate dalle spese di esercizio dell'impresa. Quindi si estraggono: affitto, mutuo, bollette, autovettura, materiale di consumo, viaggi, pranzi e cene e molto altro.

Ipotizziamo una rimanenza di 300 euro una volta decurtate tutte queste voci. A questo punto, su questa base imponibile, *e solo su questa*, vengono pagate le imposte.

Le tasse le paga *una volta sola*!

Risultato? Il dipendente paga tasse su 2.600 euro, e se ha lavorato più ore pagherà su una base imponibile sempre maggiore.

E il netto dello stipendio viene utilizzato per pagare ulteriori imposte.

Il benestante paga le tasse su 300 euro. **E una volta sola.**

Tutto nella piena legalità fiscale.

Ecco spiegato il perché il benestante, se così lo vogliamo definire, non compra la sua casa, ma tiene in piedi un affitto anche molto cospicuo, in quanto viene caricato nelle voci di spesa della sua società.
Se avesse la vettura di proprietà personale, potrebbe decurtare solo una base limitata di spese.
Perché possedere qualcosa che risulta solamente una spesa ingente e nulla più?
Per questo motivo viaggia con vetture in leasing, a noleggio. Vetture sempre nuove fiammanti che possono essere decurtate dalle voci "spese di esercizio".
E potremmo continuare all'infinito.
Esiste un procedimento metodologico dietro a questo sistema, *nel quale il fattore emotivo legato alle cose viene meno.*
E' facile notare che nel regime fiscale del benestante, non esiste una tassazione che aumenta con l'aumentare delle ore lavorative e del salario.
Le ore lavorative non fanno semplicemente parte del computo.
Ecco spiegato perché il benestante non mette in atto il consueto baratto: +Tempo +Lavoro = + Soldi, ma certamente:
meno tempo = più denaro e meno tassato.
Per questo il ricco diviene costantemente più ricco e il dipendente è incuneato in una persistente parabola discendente che con il tempo stringerà inesorabilmente il cappio sempre di più.
Il dipendente arriva molto presto nella condizione di non potersi permettere molte cose. Ma ha le proprietà.
Il benestante può permettersi molto di più. Si tratta di spese di esercizio che abbassano sempre di più le tasse e soprattutto le proprietà non sono sue, ma al massimo della sua impresa, eliminando drasticamente il fattore connesso al rischio personale ed individuale.
Adesso che conosci la fonte, sai da che parte devi andare, come impostare la tua predisposizione mentale e il tuo regime finanziario.
Continua a camminare con me in questo percorso, e troverai modi e idee per entrare nella strada vincente e percorrerla a gran velocità.

IL DENARO E' UNA DROGA?

Troppo spesso ho sentito ripetere questa affermazione.

Nella mia iniziale esistenza di torpore, ne sono stato pesantemente condizionato. Ero parte della massa, del gruppo, nel quale soffia la convinzione che il denaro sia il male.

Ero persuaso che il denaro fosse paragonabile ad una droga in senso peggiorativo, con la convinzione comune che più ne hai, più ne vuoi e più ti condiziona negativamente.

Meglio non averne e vivere nella normalità, se pur nel disagio.

Sentivo continuamente affermare questa convinzione che trovava consenso totalitario tra amici e conoscenti. Chiunque affermava una convinzione difforme da questa, era considerato un folle, un avaro, un avido.

In una nuova condizione acquisita di concezione e visione finanziaria, ho cambiato cognizione ad acquisito una certezza connessa a questa eterna asserzione.

Il denaro è una droga? Certo che lo è, ma per chi non ne ha.

Il denaro rende drogati, rende dipendenti, rende pazzi coloro che non ne hanno, al contrario di ciò che è la convinzione comune.

Le persone, difatti, lavorano giorno per giorno, sempre di più, perdendo tutto il tempo migliore della propria vita per guadagnare denaro. Molto spesso ciò che è stato creato non è sufficiente, e si deve lavorare di più, decapitando di fatto ulteriore tempo libero.

La serenità sopraggiunge solo a fine mese, quando arriva lo stipendio, ma è condizione protratta per pochi giorni.

Il denaro, così come è arrivato, così riparte frammentandosi e suddividendosi in un bivio vorticoso, prendendo direzioni diverse, per coprire spese, tasse vizi e quant'altro. Il principio di benessere e felicità dura pochi giorni.

Le condizioni finanziarie dividono, portano le persone a litigare pesantemente. Si rovinano sentimenti, famiglie, rapporti, amicizie non appena il denaro viene a mancare.

Le più grandi relazioni, gli immensi amori, perdono potere quando il denaro viene meno.

Il denaro è quindi una droga? Certo che lo è. Ma lo è per chi ne ha poco o per chi non ne ha per niente.

E' una droga per chi è dipendente e lotta ogni fine mese. E' una droga quando il denaro diviene un cappio al collo irrinunciabile che stringe il suo mordente sempre di più.

Coloro che non sono connessi direttamente a questo contesto, che hanno creato impalcature di "generatori di reddito" costanti e vivono nell'abbondanza di denaro, in realtà non sono schiavi così come si pensa, e vivono una vita migliore, rapporti più arditi, più tempo libero, più condizioni positive.

Il denaro è padronanza del proprio tempo, ma per chi non ne ha, o ne ha poco, è realmente una droga da assumere cospicuamente per non cadere in forti crisi di astinenza.

Il denaro non porta la felicità? Strano sentirlo ripetere. Molto spesso lo sostengono persone che il giorno dopo sognano di vincere milioni alla lotteria affermando che risolverebbero i loro più grandi problemi.
Il denaro ha il potere di generare benessere. E il benessere, come naturale conseguenza, accresce la felicità.
Massimiliano Acerra.

"Il denaro è un abile servitore ma un terribile padrone"
Phineas taylor Barnum

LA REGOLA DEL "NON VOGLIO"

Ho scoperto nel tempo che il 95% delle persone non sa cosa vuole e cosa desidera davvero.

Ascolto i miei conoscenti lamentarsi ogni giorno della condizione finanziaria, delle tasse, delle modalità e dell'orario di lavoro, della politica, dell'immigrazione, della condizione sociale, del deterioramento perentorio e globale del mondo e della natura.

Sento e vedo persone lagnarsi costantemente del proprio lavoro, attendere ogni santo giorno l'orario di conclusione, attendere che passi il tempo, i giorni, gli anni per giungere presto alla pensione.

Una rincorsa in una ruota infinita che gravita uniformemente nel tempo senza sosta e senza generare curve o deviazioni rilevanti.

Spesso ho sentito dire ai miei amici *"sono stufo di lavorare in fabbrica, non ce la faccio più, presto smetterò"*.

Ascoltavo l'enfatizzazione di queste parole, la sofferenza velata che celavano. Chiedevo loro cosa volessero fare, dove volessero arrivare, quale fosse il piano e l'obiettivo.

Mi sentivo rispondere: *"Non lo so. So solo che non voglio più lavorare in fabbrica."*

A scuola avevo imparato che il nostro cervello non identifica la negazione "non", proprio come un bambino al quale si intima di non toccare un determinato oggetto e lui, incuriosito ulteriormente, lo acchiappa drasticamente senza pensarci due volte.

E' scientificamente provato che se ordinassi a tutti i lettori di *non* pensare ad un elefante con il culo arrossato, immediatamente la loro mente non percepirebbe il *"non"*, con il risultato che hai nella mente proprio in questo istante.

Una ridente immagine...

Quindi: come andrà concludersi la storia di colui che *"non vuole più lavorare in fabbrica"*?

E' molto facile comprendere che escludendo il "non", finirà la sua esistenza proprio lavorando in fabbrica sperando che la fabbrica medesima abbia la costanza di riuscire a generare ricchezza per la comunità e stipendio per i propri dipendenti a tempo indefinito.

Non si tratta di un risvolto grammaticale, o di un'associazione di pensiero spirituale o metafisico.

Se tu sai quello che *non vuoi*, hai il percorso segnato, ben diverso dalle persone che *sanno ciò che realmente vogliono*.

Ho scoperto con rammarico e incredulità, che le persone non sanno quali siano gli obiettivi che vogliono ottenere, ma conoscono con fermezza e determinazione quello che temono accada loro.

Perché avviene questo?

Inizia a dare una svolta alla tua vita. Inizia da te. Sapere ciò che *non vuoi*, non ti porterà a nulla.

Non affermare più frasi del tipo: "da oggi non voglio più....", in quanto ciò che non vuoi serve a ben poco e non ti porterà mai ad alcun risultato concreto.

La "regola del non voglio", ha sempre il solito finale.

Inizia a sapere e scrivere realmente ciò che vuoi.

Ricordo la storia di Antonio, un vecchio amico che ho recentemente rincontrato.

L'avevo conosciuto moltissimi anni fa, durante una riparazione alla mia automobile. Lui era il simpatico dipendente di un'officina meccanica. Ricordo gradevoli chiacchiere nel frangente in cui smontava la mia vettura, attenuando con simpatia il peso che dovevo sostenere poco dopo, quando avrei saldato il considerevole conto alla cassa.

Era un dipendente lamentoso, stanco di trascorrere giornate intere all'interno di una buia officina.

"Entro ogni giorno prima di vedere il sole ed esco quando è già calato".

Questo era il suo più grande rammarico. Avrebbe voluto godere maggiormente la vita con un lavoro più dinamico, con maggior contatto umano, vissuto alla luce del sole.

Ricordo che ribadì più volte: *"Mi vedrai ancora per poco qui. Non voglio più fare il meccanico".*

Chiaramente, nella domanda conseguente, gli chiesi cosa volesse realmente fare, quale fosse il suo obiettivo.

Nella maggioranza delle situazioni, una volta esposta questa domanda, ascolterai persone risponderti: *"non lo so, so solo che non voglio più fare il meccanico".*

Il risultato del suo futuro finanziario e personale sarebbe molto prevedibile.

Ma Antonio mi rispose: "Voglio fare il consulente. Il venditore incaricato per aziende private e un giorno aprire la mia azienda".

Il suo era un obiettivo piuttosto chiaro, che apriva le porte alla legge del "come" che imparerai presto in questo libro.

Il suo orientamento era rivolto a valutare ed apprendere nuove strade prefissate, conoscere persone del settore, formarsi ed iniziare.

Quando lo incontrai di nuovo, molti anni dopo, era decisamente cambiato. Forse alcuni capelli in meno ed un po' più bianchi, ma la faccia era pulita, non più sporca di grasso e intirizzita dal freddo.

La tuta annerita d'olio era stata sostituita da un vestito con un ampio colletto bianco ed una sgargiante cravatta colorata.

Il sorriso a trentadue denti e l'occhio vivo, colmavano un'immagine dirompente di una persona facoltosa.

Era il consulente di un'importante azienda di energie rinnovabili. Mi raccontò di aver raggiunto l'apice della carriera in questa azienda, dopo aver ottenuto il medesimo avanzamento professionale nelle

due aziende con le quali aveva collaborato precedentemente.
I suoi introiti mensili erano nell'ordine dei settemila euro al mese,
con la volontà di intraprendere ulteriori miglioramenti.
Antonio è tutt'ora parte integrante dei miei progetti.
Perchè la ricchezza sta nei contatti e nelle collaborazioni.
Lui ha dimostrato la differenza tra coloro che sanno ciò che voglio-
no e coloro incuneati nella "regola del non voglio".

Non esiste vento favorevole per il marinaio che non sa dove andare.
Seneca

IL CIRCUITO DIABOLICO DEL DEBITO.

Questo capitolo ti aprirà gli occhi e ti farà comprendere subito ciò
che forse fino a questo momento non avevi visto.
Fai molta attenzione. Riconoscerai il medesimo cammino intrapreso
probabilmente da gran parte delle persone che conosci, compresi i
tuoi familiari. Comprenderai un grande segreto.

Il dipendente continua diligentemente a seguire gli insegnamenti che
gli sono stati impartiti. Prosegue imperterrito contro a tutto, contro
al trascorrere del tempo, all'evoluzione.
Dopo aver cercato e trovato, come da precise istruzioni, il posto di
lavoro fisso ritenuto sicuro e aver barattato con un salario sottopagato l'interezza del suo tempo, prosegue con il restante cammino precostituito per il resto della vita.
Si indebita.
Ha imparato che dovrà lavorare tutta la vita, fino all'età della pensione. Questa età, non potrà essere decisa autonomamente, ma verrà
imposta dallo Stato in considerazione della vita media della popolazione. Un arrotondamento per difetto (molto per difetto) volto a ridurre la vita non lavorativa (e quindi non attiva del dipendente) ad
un arco temporale sempre più ridotto.
Appare eloquente il paradosso: il dipendente deve lavorare molto e
vivere molto poco successivamente, quando smetterà di lavorare.

Durante il percorso di vita, le offerte sono numerose.

Finanziamenti a buon mercato, per raggiungere ciò che sono gli insegnamenti primari inculcati dalle nostre famiglie: "compra la casa, è l'unica sicurezza che avrai".

A quel punto si inizia, per inerzia, a cercare la casa, per colmare quel desiderio innato che i nostri genitori ci hanno trasmesso e per saturare, inondandola, la nostra bramosia di detenere una proprietà che sia solo nostra, intoccabile e inattaccabile.

Inoltre ci è stata spacciata da sempre come "il miglior investimento della nostra vita".

Ed inizia il consueto processo uguale per tutti.

Il mutuo, un debito infinito che affossa mensilmente migliaia di famiglie. Ma è veramente un affare così come viene dichiarato dai nostri familiari?

Finanziariamente è molto semplice verificarlo.

Verifica la figura seguente, uno schema con al suo apice, quelli che definisco *"generatori di reddito"* o meglio investimenti o qualsivoglia processo finanziario che ogni mese ***ti porta denaro in cassa***.

Ipotizziamo nel medesimo disegno che nella parte bassa dello schema siano situate le perdite, le passività mensili, o meglio ciò che esce obbligatoriamente e costantemente dalle nostre tasche mensilmente.

Al centro inseriamo il PUNTO ZERO, o meglio la linea base di partenza con le nostre entrate, qualsiasi esse siano (solitamente sono costituite dallo stipendio da lavoro dipendente o autonomo).

Ecco lo schema:

```
┌─────────────────────────────┐
│  GENERATORI DI REDDITO      │
└─────────────────────────────┘



  Livello 0  ──────────────▶  (Stipendio/Entrate)



┌─────────────────────────────┐
│     PASSIVI - PERDITE       │
└─────────────────────────────┘
```

Parlavo con svariati dipendenti che si intestardivano ad affermare che la loro casa fosse un investimento eccezionale e non una perdita. Continuavo a ripetere che finanziariamente i conti vengono eseguiti in maniera difforme dal pensiero comune. Prova ad esempio a colloquiare con un manager d'azienda. Prova a convincerlo in tutte le maniere che ciò che ogni mese fa uscire denaro dalle casse, sia in realtà un ottimo investimento. Non lo convinceresti mai.

Domanda: se fosse la tua azienda, faresti mai un investimento che ti estrae denaro in via continuativa per decine di anni senza farti mai guadagnare nulla?

Probabilmente se fosse la tua azienda non lo faresti mai.

Ma ricorda: la tua famiglia, la tua finanza personale, *è la tua piccola azienda*. (Entrate e uscite mensili da gestire..)

E' giunta l'ora di comprendere la differenziazione tra rendimenti fruttiferi, redditizi e perdite o passività.

A fine mese, quando percepisci lo stipendio, per detenere la tua casa di proprietà quale azioni svolgi? Paghi per caso?

Chiarissimo. **E' una passività, una perdita**. Non ci sono attenuanti.

Quindi rientra nel solito schema dove la freccia è rivolta in direzione bassa, verso le passività:

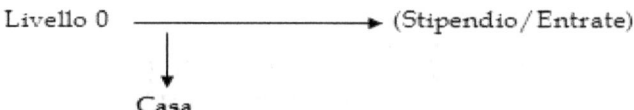

GENERATORI DI REDDITO

Livello 0 ───────────► (Stipendio / Entrate)

Casa

PASSIVI - PERDITE

E una volta comprata la nuova casa dei sogni? Di certo non può essere perfezionata con finiture mediocri. E' la propria casa, che si compra una volta sola e pertanto invece di spendere un ipotetico cento, si spende il mille, per renderla migliore di tutte e ripagare quel desiderio innato di sentirsi dentro ad una reggia. L'importante è che sia propria.

Il lato emozionale prende il sopravvento offuscando sempre la logica. Il lato prettamente finanziario non è contemplato quando si tratta della nuova casa.

Non ci si accorge che, finanziariamente, ci affossiamo. Continuiamo ad affermare che sia un affare della vita, ma nello schema finanziario se durante il mese esce denaro, siamo dinnanzi all'ennesima freccia che scende inesorabilmente in direzione delle passività.

Come nella figura seguente:

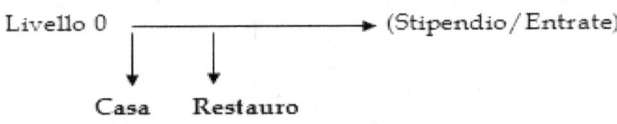

Adesso: la nuova casa, non potrà certo essere arredata con mobili di scarsa rilevanza! Anche in questo caso non si bada a spese. I mobili si comprano una volta sola e devono essere i migliori.

Tanto si deve lavorare comunque fino alla pensione, quindi facciamo ciò che *deve* essere fatto.

Perché il debito è un dovere. Per tradizione.

E lo schema segue *sempre* il medesimo percorso.

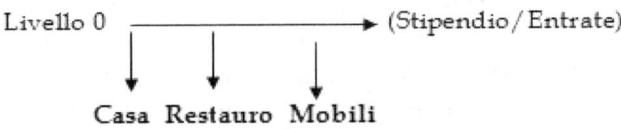

Intanto esiste l'esigenza di acquistare una nuova automobile per sostituire la vecchia. L'auto si compra una volta sola. Meglio quindi che sia nuova e all'ultimo grido. Ottimo tra l'altro approfittare dell'ultimissima pubblicità televisiva con super offerta di finanziamento.

E ogni famiglia è contenta, lustrando la vettura di proprietà ogni domenica. Ma lo schema finanziario comune, non subisce null'altro che la solita, medesima, inesorabile parabola:

```
┌─────────────────────────────┐
│   GENERATORI DI REDDITO      │
└─────────────────────────────┘


Livello 0  ───────────────────▶  (Stipendio/Entrate)

          ↓     ↓      ↓    ↓↓

      Casa Restauro Mobili Auto

┌─────────────────────────────┐
│      PASSIVI - PERDITE       │
└─────────────────────────────┘
```

Questa volta c'è una differenza: una doppia freccia in basso, in quanto l'automobile è una *doppia* passività. Difatti nello stesso momento in cui estrae denaro mensile per pagarla, mensilmente, con andatura inesorabilmente costante, perde di valore rispetto agli altri beni.

Potrei continuare ancora per molto, aggiungendo l'ultimo telefonino alla moda o altre inezie, ma certamente avrai già perfettamente identificato la condizione finanziaria comune.

Questa è la strada che è stata insegnata da sempre, contornata da pesanti passività vendute come grandi affari, in un circuito vizioso già prestabilito per la massa.

E così per tutta la vita, attendendo che la stessa faccia il suo corso, abbattendo oltre alla struttura finanziaria personale e familiare, anche il dono più prezioso: il tempo, in attesa della pensione e dell'assistenzialismo statale.

PROMEMORIA
Tutto quello che a fine mese non genera reddito o denaro cash,
ma che estrae denaro riducendo i propri fondi,
è una passività. SEMPRE.

I problemi economici delle persone sono molto elementari: semplicemente.. non hanno abbastanza soldi.

Registrati subito, ADESSO su www.massimilianoacerra.it
E scarica le risorse gratuite che messe a disposizione dei lettori.
In più accedi ai vari canali, su Telegram, You Tube e il gruppo chiuso su Facebook "Mipai, in pensione quando vuoi tu", dove vengono inseriti aggiornamenti, spunti, pensieri e l'autore è settimanalmente in diretta Live con gli utenti per interazione, domande e risposte.

3. IL POTERE ASSOLUTO. L'EFFETTO LEVA

IL DEBITO MILIONARIO

Nei capitoli precedenti hai potuto vedere lo stato attuale, la "partenza da dipendente", la mentalità comune, l'impostazione finanziaria della massa.

Da questo momento facciamo sul serio e iniziamo a scoprire insieme gradatamente l'impostazione vincente da attuare per cambiare il tuo impianto finanziario.

Hai mai dato un'occhiata ai rendiconti di un'azienda? Hai notato che hanno sempre un congruo **rapporto di indebitamento**?

Perché nella tua condizione finanziaria più fai debiti e più abbatti il tuo status generando povertà, mentre le aziende più si indebitano e più diventano ricche?

Perché un individuo crea debiti per poche migliaia di euro e vive di stenti per il resto dei suoi giorni mentre un'azienda crea debiti spesso milionari e genera altrettanti milioni moltiplicati esponenzialmente?

Semplice.

La regola prevede di non fare MAI debiti che ti portano ad una passività mensile.

Un debito deve SEMPRE avere un rapporto proporzionale positivo da entrate e uscite o tra generatori di reddito e passività.

Il rapporto che scaturisce da un debito deve essere sempre almeno 2:1, nel senso che le entrate sono due ma sto pagando uno. Se per caso il rapporto scendesse 1:1, dove le entrate parificano le uscite, deve trattarsi di un debito che porterà forte cash entro breve termine.

Ad esempio se acquisto un immobile e decido di tenerlo a reddito, ottimo un finanziamento di 200 euro mensili di rate a fronte di un affitto percepito di 450 euro mensili. In questo caso, il mio debito produce un attivo, e sostanzialmente il mio finanziamento lo sta pagando qualcun altro, o meglio il sistema che ho generato.

Questo è il motivo per cui, quando si percepisce il debito con ottica finanziaria, non hanno molta attinenza gli anni di durata e gli eventuali interessi che la banca percepirà.

Se per caso il rapporto del tuo debito scendesse a 1:1 (le entrate parificano le uscite mensili) la regola primaria è: **non lo fare**.

Ma se proprio lo devi fare, fallo solo e unicamente se nel breve tempo il piano attinente a questo debito generi un forte ritorno.

Ad esempio: permanendo nell'esempio soprascritto inerente un investimento immobiliare, se acquisto un immobile e il mio finanziamento prevede una rata di 450, parificata all'affitto che percepisco, non è un rapporto corretto e lo eviterei, sempreché l'immobile non sia stato acquistato a fortissimo sconto, abbia reali potenzialità e l'obiettivo sia quello di generare, *entro breve,* una forte plusvalenza con la relativa cessione una volta che l'immobile stesso sia stato adeguatamente restaurato.

Molte persone, al contrario, attuano il debito con un'ottica errata, preoccupandosi in primo luogo di "regalare" meno interessi possibili alla banca svenandosi mensilmente. L'errore sta nel fatto che si stanno facendo i conti in tasca alla banca *e non i propri!*

Non preoccuparti mai dei conti degli altri. Guarda piuttosto di guadagnare tu!

In questo caso il rapporto scende a -1 o -2, e non si tratta più di un debito finanziariamente corretto, ma di un debito che porterà ad una passività, una perdita costante protratta per molti anni.

Materialmente vengono estratti denari dalle tue tasche in via continuativa.

Considerando che anche il rendiconto personale deve essere a tutti gli effetti un conteggio aziendale con l'unica differenza di essere adeguato a contesti minoritari, certamente se si trattasse della tua azienda, non credo che metteresti in atto un finanziamento lungo anni infiniti senza avere almeno un rapporto 2:1 di ritorno effettivo degli utili.

Allora: perché non attuare questo sistema correttamente e sempre anche nella gestione familiare?

IL DEBITO MILIONARIO PER INVESTIMENTI

Molti dipendenti, sapendo che sfrutto il potere di finanziamento per fare investimenti, mi osservano con occhio impietrito. Farebbero migliaia di euro di debito per la loro casa, la loro automobile o i loro sogni, ma mai per un investimento.

L'ottica aziendale non viene presa in considerazione da un dipendente. **Un grave errore.**

Il finanziamento è percepito acutamente solo per sovvenzionare proprietà e vizi.

La cosa è chiara: il dipendente finanzia... PER PAGARE.

Sotto l'aspetto prettamente finanziario, se acquisisci denaro da una finanziaria ad un tasso del 6% annuale per generare plusvalenze del 20%, il tuo è un finanziamento milionario, al di là dei pareri della massa, in quanto stai originando una plusvalenza del 14%.

Un potente *effetto leva*.

Faresti questo per la tua azienda? Certamente sì!

Infatti l'azienda finanzia per ... GUADAGNARE, moltiplicare le entrate.

Vedremo nei capitoli successivi come sia possibile tutto questo, con esempi concreti di dipendenti che hanno sfruttato l'effetto leva per generare ritorni straordinari, semplicemente "pensando" in maniera diversa.

PROMEMORIA
Regola: **Non fare debiti.**
Ma se ne fai, fai in modo che siano automaticamente ripagati dal tuo sistema e che generino a loro volta un profitto mensile. SEMPRE.
Se devi andare in pareggio, assicurati perlomeno che il debito generi una forte rendita entro breve.

IL POTERE ASSOLUTO. L'EFFETTO LEVA

L'effetto leva è lo straordinario potere attraverso il quale puoi moltiplicare esponenzialmente il tuo denaro.

Impara ad utilizzare la leva in concomitanza con l'alimentazione dei tre poteri finanziari personali che imparerai tra breve e la tua vita cambierà da subito. Garantito.

Devi comprendere di cosa si tratta e il potere della leva.

Immagina per un attimo che un conoscente ti proponga un investimento dove puoi guadagnare il 50% di rendita in appena tre settimane in totale sicurezza.

Sarebbe ottimo poterci investire più capitale possibile.

Recandoti alla banca ti accorgi di avere a disposizione solamente 1.000 euro. Pertanto quest'opportunità ti porterà solo un guadagno di 500 euro.

Rifletti: se solo tu avessi avuto più denaro, avresti guadagnato molto di più.

Come poterlo reperire? Ipotizza di chiedere un prestito per tre settimane ad un tuo familiare che ti concede 9.000 euro.

Investi quindi 10.000 euro totali.

Al termine delle tre settimane, ritiri il capitale più i tuoi 5.000 euro di guadagno, restituendo i 9.000 euro ai tuoi familiari con tanti ringraziamenti.

Quanto hai guadagnato in realtà? Con i tuoi 1.000 euro soli avresti guadagnato in effetti il 50%. Ma ora hai portato a casa il 500%, in quanto il capitale che hai investito personalmente è sempre e comunque 1.000 euro.

Con 1.000 euro ne hai guadagnati 5.000.

Hai utilizzato la *leva finanziaria* del denaro di altri.

(Esattamente quello che fanno le banche... e che puoi fare anche tu)

L'effetto leva può essere utilizzato in tutti i campi ed in tutti i contesti.

Pensa per un attimo al meccanico che non ha abbastanza tempo disponibile per riparare molte vetture e diventare ricco. In altre parole, gli manca materialmente il tempo, le ore disponibili per riparare più veicoli.

Immagina al contrario il titolare di una grande rivendita di automezzi. Assume molti dipendenti, riuscendo di fatto a riparare tutte le vetture che vuole. I dipendenti costano ipoteticamente 100, ma il suo guadagno è 10.000. E lui non fa il meccanico.

Ha usato l'effetto leva, in questo caso le robuste braccia dei propri meccanici e il loro tempo.

Ha acquistato il tempo di ognuno moltiplicandolo.

Il medico ha una forte limitazione di tempo personale. Non può materialmente curare troppi pazienti.

Ma se inventasse una medicina curativa potrebbe farlo. Potrebbe arrivare a milioni di persone contemporaneamente. Sta utilizzando una leva.

Questo stesso libro è una potente leva. Non potrei mai insegnare tutta la materia ad ogni persona che mi chiama. Le mie 24 ore al giorno non sarebbero sufficienti.

Ma questo libro può girare il mondo e giungere tra le mani di milioni di persone contemporaneamente. Ecco la leva.

Un insegnante può insegnare solo a poche persone, ma se utilizzasse un videocorso, potrebbe vendere il suo sapere a milioni di persone.

Potrebbe inoltre effettuare una videoconferenza, un webinar, promulgando la propria lezione contemporaneamente ad un numero potenzialmente infinito di utenti. Una potente leva.

Di conseguenza i guadagni di chi utilizza l'effetto leva sono esponenzialmente moltiplicati rispetto a chi non la usa.

I milionari cercano sempre e comunque di applicare l'effetto leva, utilizzando tutte le sue forme per espandere o moltiplicare i risultati, il valore e i fatturati.

Una leva potentissima è internet.

E' il modo più facile, veloce ed economico per generare una leva infinita.

Oggi ciò che prima prevedeva lunghi iter pubblicitari, il porta a porta, l'infinito passaparola, con qualche click può essere alla portata di tutti.

Chi sfrutta internet o decide di farlo, ha in mano un effetto leva potenzialmente infinito.

Qualsiasi cosa venga pubblicata, può essere visionata e scambiata da milioni di persone, considerando inoltre che i costi si aggirano attorno allo zero.

Un grande effetto leva è il network, le conoscenze. Soprattutto se costruttive e determinate.

La massa utilizza i social network per divertimento, non identificando, dietro al sipario, una potenza di business capace di gravitare milioni di euro.

Nei miei incontri, spesso insegno i segreti del web-marketing associato ai social network. Una forza milionaria che ben pochi sfruttano e quei pochi... Si mangiano tutta la torta.

Oggi puoi arrivare a milioni di persone sapendo già in anticipo dove vivono, cosa cercano, che età hanno, quali sono i loro interessi.

E' arrivata l'ora anche per te di sfruttare questa sterminata potenzialità prima che il treno milionario passi senza farti salire a bordo.

Esiste inoltre l'effetto leva del tempo altrui.

Avere una persona che lavora per te, è una grande leva. Guadagni denaro sfruttando il suo tempo e moltiplicando di conseguenza il tuo.

L'hai capito. L'effetto leva è la tua strada milionaria, la potenzialità libera a tutti. E' economica, a portata di mano e ti farà fare il salto di qualità in tutti i campi, in tutti i settori, anche in un'attività già esistente.

Prendi da subito in considerazione l'effetto leva.

Concentrarsi solo sull'aprire il negozietto all'angolo per estrarre i 1.000 euro al mese di stipendio, significa buttare nella spazzatura milioni di euro potenziali e milioni di clienti che il mercato ti mette a disposizione.

Se non utilizzi l'effetto leva, finisci per diventare la leva di qualcun altro. Ricorda.

Datemi una leva e vi solleverò il mondo.
Archimede

STORIE DI BUSINESS

Giuseppe, operario dipendente, al termine di una vacanza, mi racconta di essere andato al posteggio della stazione ferroviaria per recuperare la sua autovettura e di essersi accorto che ignoti gli avevano rubato i tergicristallo in sua assenza.

Sedendosi in macchina ha accolto quell'episodio con un sorriso malinconico.

Successivamente, su internet, a seguito di una ricerca accurata, ha acquistato dei nuovi tergicristallo, trovando i più moderni a un prezzo molto ridotto da un venditore estero.

Mi ha chiesto quindi assistenza per aprire un negozio e-commerce. Straordinariamente Giuseppe ha trovato la sua idea rivoluzionaria.

Oggi Giuseppe è proprietario di un negozio che commercia tergicristallo e materiali per automobili compresi ricambi di tutte le marche ai migliori prezzi di mercato.

Il suo negozio on-line è esclusivo, non ha limiti introiti, non ha limiti di utenti e clienti. Esporta anche fuori dall'Italia. E' divenuto fornitore unico di centinaia di officine.

Avrebbe potuto aprire un negozio di autoricambi nella sua città, come moltissimi avrebbero pensato al posto suo, attirando appena i clienti residenti nel quartiere.

Ma Giuseppe ha pensato in grande.

Rifletti: cosa ha fatto Giuseppe? Cosa ha inventato?

Niente di nuovo! Un'attività vecchia e non esclusiva. Ma ha generato un sistema vincente, trovando i fornitori giusti in maniera molto semplice: attraverso il portale "Alibaba".

La cosa ancora più straordinaria è un'altra: Giuseppe, possiede in magazzino solo il 10% dei prodotti che vende!

Scoprirai presto in questo libro, nel cammino che transita attraverso tante testimonianze dirette, come attuare attività straordinarie, con milioni di clienti potenziali, senza avere magazzino, senza avere un negozio, senza spendere o investire.

Giuseppe ha usato la leva infinita del web per la sua attività, esportando on-line un'attività prettamente "terrestre".

Fabrizio, comprò una custodia per cellulari all'estero attraverso i mercati on-line. Poi pensò che avrebbe potuto realizzare lui stesso un commercio elettronico di custodie e oggettistica per telefonia. Ha trovato fornitori esteri. Acquista custodie, ricambi e accessori per telefonia, oggetti che vende a prezzi bassi, realizzando introiti che arrivano anche al 1000% di ritorno una tantum. Senza avere un negozio. Utilizza gli spazi riservati che offrono siti come "Ebay" e "Amazon", senza aver creato uno spazio proprietario.

Da poco ha deciso di espandere questa attività anche ad altri paesi europei.

Molti altri dipendenti hanno utilizzato la medesima idea personalizzandola con prodotti ancora più innovativi acquistati nei mercati asiatici e trovando fornitori importanti attraverso il famoso portale "Alibaba".

Antonio ha letteralmente sbalordito con i suoi corsi e video-corsi sul fitness on-line. Da oggi si può imparare gli esercizi senza muoversi da casa e metterli in atto nella propria stanza o nel proprio giardino grazie alle lezioni di Antonio. Passo dopo passo insegna la ginnastica e il fitness in maniera completa e professionale.

Stessa cosa per la scuola di calcio! Decine di video sui fondamentali e sulle tecniche per stoppare, calciare, parare e posizionarsi al meglio.

I suoi video-corsi sono i capostipiti del settore sul web.

Mary, era una dipendente di uno studio privato. Il proprietario si dimenticava spesso di avere una segretaria che a fine mese doveva percepire lo stipendio. Mary aveva ottime competenze in vari settori. Ha aperto un blog privato nel quale ha dato saggio delle sue competenze e specializzazioni, iniziando a pubblicizzare la sua nuova attività: segreteria da casa, "assistente virtuale". Sotto corresponsione di una remunerazione oraria, organizza eventi, tiene l'agenda appuntamenti di imprenditori e amministratori di aziende, contatta clienti. Inoltre svolge servizi di traduzione, social media marketing e sviluppo siti internet per i suoi committenti. Si è formata per essere indipendente.

In altre parole Mary ha continuato a fare esattamente lo stesso mestiere di quando era dipendente, ma con un interessante effetto leva:

molti più committenti i quali pagano per i singoli servizi di cui usu-fruiscono. Un grande guadagno per Mary ma anche per le aziende, che utilizzano i suoi servizi in quanto "free lance", limitano al mini-mo la spesa che comporterebbe l'assunzione di una o più dipendenti.

LA GESTIONE MILIONARIA DEL FINANZIAMENTO

Se parti da dipendente, hai un ulteriore immenso potere che ti con-viene sfruttare finché detieni questa posizione.
Il potere di finanziamento che deriva dalla tua posizione contrattuale "sicura", ha mille sfaccettature di business. L'importante è che que-sto potere sia sfruttato SEMPRE mantenendo la regola primaria che hai compreso nelle sezioni precedenti. Devi acquistare sempre "ge-neratori di reddito" ed utilizzare il potere di finanziamento per gene-rare con la sua forza ingenti realizzazioni.
Il potere di finanziamento, se lo interpreti realmente come effetto leva così come moltiplicatore di soluzioni utilizzato dalle aziende, diviene il tuo potere milionario.
Come incrementare denaro costantemente con un solo finanziamen-to?
Utilizzando la tecnica già sfruttata da decine di dipendenti.
Chiedi un finanziamento alle varie finanziarie. Il tasso si aggira soli-tamente attorno al 6%, ma molti dipendenti hanno anche soluzioni agevolate nel proprio settore.
Indicativamente al termine del primo anno, rinegozi il finanziamen-to, richiedendo la stessa somma e mantenendo lo stesso importo ra-teale. Guadagni cash liquido. Significa ogni anno avere sempre le stesse uscite ma incrementare drasticamente il proprio capitale per reinvestirlo in progetti sempre più ambiziosi.
Capitali freschi a disposizioni usciti non dal diretto lavoro.
L'effetto leva si moltiplica sempre di più.
Ricorda: se il finanziamento è al 6%, devi investire il capitale in op-portunità che vadano SEMPRE a generare una plusvalenza ulteriore.
Proprio come faresti o fai per la tua azienda.

Sul finanziamento, le aziende radicano la propria struttura finanziaria e l'effetto potenziale.

Al contrario del dipendente che vede il finanziamento come un fattore negativo da evitare, ogni azienda moltiplica esponenzialmente il suo potere con il finanziamento.

Hai mai visto una grande azienda non indebitata?

Non ne troverai.

Non certo perché sono tutte allo sbando, ma perchè il potere del finanziamento viene utilizzato costantemente come leva finanziaria.

Fa parte dei normali conti di un'azienda, lo troverai alla voce "rapporto di indebitamento".

Ogni qual volta un'azienda, anche piccola, riesce a dimostrare introiti annuali e numeri potenziali, accede al potere di finanziamento.

Da quel momento la sua forza finanziaria aumenta esponenzialmente.

Un progetto viene materialmente moltiplicato attraverso operazioni di leasing o lease back.

I più grandi amministratori delegati delle grandi aziende, utilizzano questi sistemi.

Yuri, ex dipendente che ho seguito alcuni anni fa, insieme a due soci, ha rilevato una piccola fabbrica di gelati artigianali.

E' entrato in produzione. Ogni socio ha finanziato la propria quota.

Un piccolo laboratorio artigianale produceva gelati esclusivi da fornire ai gelatai. L'azienda generava, con la sua forza, buoni introiti ed almeno il 20% di plusvalenze annuali.

Yuri ebbe l'idea vincente.

Propose i suoi numeri a una finanziaria. La sua piccola fabbrichetta produceva introiti per 100.000 euro all'anno.

Società prolifica senza debiti.

Ottenne un leasing con il quale ampliò di quasi tre volte la sua forza produttiva.

Immediatamente le plusvalenze sono balzate al 40% di redditività *con già incluse le rate del leasing.*

Ha finanziato per... GUADAGNARE.

Il contrario di ciò che fa il dipendente.

Esempi del genere sono all'ordine del giorno e vengono sfruttati continuamente ed in ogni settore.

Adesso puoi sfruttarli anche tu.

Il finanziamento non è più un problema, *ma una straordinaria opportunità*.

Fai muovere il tuo meccanismo, adesso hai gli strumenti.

Vuoi sapere cosa faccio io? Ho trasformato Massimiliano Acerra da semplice dipendente ad "azienda privata". Chiamala virtualmente la "Massimiliano Acerra Company". Ho i miei asset finanziari, entrate e uscite, rapporto di indebitamento. Proprio come un'azienda. E adesso ti trasmetto gli strumenti per farlo anche tu, perchè dal prossimo capitolo inizia il salto di qualità.

Come il ferro in disuso arrugginisce, così l'inazione sciupa l'intelletto.
Leonardo da Vinci

Registrati subito, ADESSO
https://www.massimilianoacerra.it/risorselibri/
Scarica le risorse gratuite che messe a disposizione dei lettori.
Sono davvero tante ed inedite.
Contenuti riservati solo ai lettori del libro.

In più accedi ai vari canali, su Telegram, You Tube e il gruppo chiuso su Facebook "Mipai, in pensione quando vuoi tu", dove vengono inseriti aggiornamenti, spunti, opportunità di investimento condivise, pensieri e l'autore è settimanalmente in diretta Live con gli utenti per interazione, domande e risposte.

SCAN ME

4. I PILASTRI DEL POTERE FINANZIARIO PERSONALE

I TRE PILASTRI DEL POTERE

Attenzione. Questo è il capitolo più importante dell'intero libro.
Da qua parte tutto.
Acquisisci bene questi elementi. Saranno alla base della tua svolta finanziaria presente e futura.
Per iniziare a comprendere quale sia il percorso migliore per raggiungere la tua indipendenza finanziaria partendo da dipendente, devi comprendere in primis l'impalcatura che sostiene la finanza personale.
Ti ho già accennato e ti parlerò ancora in maniera più approfondita delle modalità che utilizzano le aziende per la gestione finanziaria e patrimoniale. Hai compreso che le aziende hanno proiezioni già strutturate nel tempo che funzionano e che tu, nel tuo piccolo e con implicazioni proporzionalmente minoritarie, devi ricalcare costantemente.

Il primo fattore che devi immediatamente assimilare, riguarda i tuoi poteri principali, quelli che definisco: "i pilastri del potere finanziario."
Chi detiene questi poteri? Tutti. Anche tu.
Ognuno di noi, indifferentemente, detiene questi poteri, che sia dipendente, imprenditore, più o meno intelligente.
I dipendenti partono tutti dallo stesso livello e hanno questi poteri in piena disponibilità.
Ricorda bene: *la corretta gestione di questi poteri è alla vera base del successo finanziario*. Se li sai gestire e alimentare correttamente, hai in mano **la radice della tua ricchezza finanziaria.**

I pilastri del tuo potere sono tre:
- ➢ POTERE DEL CAPITALE
- ➢ POTERE DI RISPARMIO
- ➢ POTERE DI FINANZIAMENTO

IL POTERE DEL CAPITALE

Il tuo capitale consiste nel denaro che hai a disposizione, che tieni depositato nella tua banca, o parcheggiato in azioni, obbligazioni, conti deposito e fondi comuni. In altre parole il capitale disponibile che puoi utilizzare per ogni eventualità e necessità. Il capitale non deve essere mai toccato se non per acquisire "generatori di reddito" così come scoprirai in questo libro.

Il capitale *non si tocca mai*, si utilizzano piuttosto le sue rendite.

Vendi le uova, *mai la gallina*.

IL POTERE DI RISPARMIO

Consiste in ciò che mensilmente o comunque periodicamente riesci ad accantonare estraendo risorse dalle tue entrate.

Un potere molto importante che permette di aumentare le tue potenzialità nel tempo incrementando di conseguenza il tuo capitale e mettendo in atto, molto spesso, una contestualità di interessi composti potenziando periodicamente i propri investimenti.

IL POTERE DI FINANZIAMENTO

Uno dei poteri più importanti che hai a disposizione. Un "effetto leva" imponente che ti permette di finanziare progetti od acquisti che altrimenti, con le tue entrate, non ti potresti permettere. Immagina, ad esempio, l'acquisto della tua abitazione che senza un mutuo, in moltissimi casi non sarebbe possibile.

Il potere di finanziamento è un potere talmente fondamentale, che va saputo sfruttare e padroneggiare con estrema intelligenza e saggezza.

Mi accorgo sovente, parlando con le persone, quanto questi tre poteri siano estremamente sottovalutati e non adeguatamente utilizzati tanto da retrocedere spesso da poteri a *impotenze*.

Valutiamo meglio l'uso comune dei tre poteri:

1. Il capitale viene perennemente sottovalutato, tanto che viene tranquillamente utilizzato, spesso per intero, allo scopo di

acquistare svariate bizzarrie senza alcun criterio. Ancora più spesso viene interamente svuotato per evitare finanziamenti con lo scopo di non "regalare" interessi alle finanziarie. Gravissimo errore. Scoprirai presto il perchè.

2. Il potere di risparmio non viene adeguatamente considerato, tanto che non vengono costantemente rivolte risorse costanti per cercare di incrementarlo. Il potere di risparmio, come vedremo, deve essere il potere principale da potenziare costantemente, in quanto *detiene la capacità di incrementare, quale ripercussione diretta, gli altri due poteri.*

3. Il potere di finanziamento, come già accennato, viene costantemente utilizzato nella maniera più sbagliata.
    Intanto vige la mentalità che facendo finanziamenti, si regalano soldi alle finanziarie. In più vengono utilizzati per comprare inutili e futili oggetti oppure per acquistare quelli che ci hanno segnalato come grandi valori ma che in realtà decapitano uno ad uno i nostri tre poteri primari mensilmente e giornalmente.
    Questo potere non viene mai utilizzato dai dipendenti per generare investimenti redditizi.

I "Pilastri del Potere" sono il fulcro strategico di questo libro e della tua condizione finanziaria.
Sei sicuro di aver creato una condizione in cui i tuoi tre poteri siano alimentati costantemente?
Lo scopriremo insieme nei capitoli seguenti.

IL POTERE DEL DENARO

In questa sezione ti svelerò il segreto del denaro e come sfruttare il suo potere invece di affogare nella sua mancanza.
Imparerai finalmente i trucchi per iniziare ad inquadrare il cammino da perseguire.

La maggioranza delle persone non riconosce il potere del denaro. Piuttosto *utilizza il denaro*.

I soldi vengono impiegati per acquistare generi di prima necessità e per contornarsi di capricci di vario genere o per conquistare il desiderio del momento, come una vacanza, la nuova vettura, la nuova barca.

L'avere più denaro, significa per il 90% delle persone, avere più potenzialità di raggiungere più facilmente questi obiettivi.

Ma il denaro detiene ben altro arcano potere.

Il denaro può conquistare e distruggere, può sobbarcare pensieri, famiglie, impalcature statali e politiche.

Ha il potere positivo di salvare comunità e popoli, sfamare il mondo, generare ricchezze e benessere.

Il denaro può conquistare.

Ricordo una vecchia commedia cinematografica interpretata da Renato Pozzetto, dove l'attore principale, un immobiliarista fasullo, creava graduatorie fittizie per l'assegnazione di appartamenti volte a raggranellare anticipatamente denaro.

Ad un tratto si presenta un interlocutore che desidera essere inserito in graduatoria ma, il protagonista, estrae una lunga lista di nomi in fondo alla quale verrà iscritto il nuovo pretendente. Ad un tratto l'interlocutore estrae un congruo mucchietto di banconote e l'interprete segnala il fatto che il brav'uomo ha scalato posizioni conquistando subito il decimo posto.

Ma l'interlocutore mette ancora mano al portafoglio estraendo altro denaro contante. *"Primo!"* Esclama Renato Pozzetto. *"Mi dia nome e cognome, lei è passato primo in graduatoria"*.

Un altro grave errore è quello di identificare le potenzialità negative del denaro, ed evidenziare spesso solamente quelle.

Molti affermano che il denaro porti avidità, rovini le famiglie, i rapporti, i matrimoni, le amicizie. Ricorda ancora: il denaro rovina i rapporti e le famiglie per la sua *Assenza*, non tanto per la sua Essenza. Questa è la realtà che molti non vedono.

Il denaro ha una potenzialità infinita. Pensa solo a quante persone può convincere. Se identifichi il lato positivo e benevolente della sua forza, comprendi che puoi realmente utilizzare il denaro come potenzialità assoluta che ti permette di raggiungere la tua indipendenza economica.

Non è la "quantità" che te lo permette, ma il "come" utilizzi questa potenzialità.

In questo libro incontrerai l'approfondimento concreto di questo tema, con storie reali di chi ha utilizzato il connubio di alcuni fattori determinanti connessi alla potenzialità del denaro.

Quando parlo di potenzialità di denaro connesso ad un lavoratore dipendente, significa, nella maggioranza dei casi, che è stata sfruttata *la potenzialità del denaro*, non il denaro in se stesso, che il più delle volte è scarso se non inesistente nelle contestualità generiche dei dipendenti.

Sfrutta questa enorme potenza e sei sulla giusta strada.

Moltissimi dipendenti, partendo senza denaro, hanno utilizzato un connubio di buona istruzione finanziaria acquisita nel tempo, intelligenza, ambizione, focalizzazione assoluta e determinazione dominante e vigorosa, un'energia innata molto spesso connessa allo svolgimento di attività che realmente piacciono e che hanno portato al conseguimento di obiettivi davvero eccezionali.

Sfruttare il potere assoluto del denaro non è una cosa da cui stare lontani, ma un fattore da abbracciare giornalmente, allo scopo di dominare questa astratta entità.

La dominerai, e lui ti dovrà seguire come ti segue il tuo cane al guinzaglio, condizionato dall'assuefazione del dominio, della sottomissione. Ti piace questa idea?

Vuoi continuare a pensare che il denaro porti malinconia, avidità, litigi, depressione, dissapori, ingordigia? Lo vuoi abbandonare in quanto percepisci repulsione per questo?

Fai la tua scelta. Ma in questo caso non ti libererai di certo del denaro. Anzi, *Lui*, il Dio Denaro, si allontanerà da te per una naturale legge dell'attrazione, ti terrà a debita distanza e soggiogherà la tua vita.

Sarai uno schiavo del denaro. E proprio colui che volevi allontanare per repulsione, è proprio colui che casualmente si è realmente allontanato costringendoti a vivere una vita dove ti impoverisci ogni giorno di più, sommerso dagli stenti.

Hai repulsione per i soldi? Allora probabilmente non puoi permetterti di recarti troppe volte al ristorante in un mese e quando vai, certamente finisci per scegliere quello più economico, rinunciando al benessere della cucina migliore.

Probabilmente al ristorante, i tuoi occhi si bloccano al "menù turistico" o certamente alla colonna di destra. In altre parole: controlli il prezzo, non la pietanza.

Riesci ad identificare il potere del denaro? Se non sfrutti il suo potere, non guarderai mai ciò che vuoi mangiare, ma sempre e solo quanto costa, scegliendo per tutta la vita la scarsità, la bassa qualità, il malessere.

Ma il denaro è davvero cattivo? Il Dio Denaro è veramente una materia così maligna, criminale, perfida ed infame?

Se esci per un attimo dalla consueta e tradizionalistica riflessione comune, se ti concentri realmente, ti accorgi che il denaro è semplicemente una materia neutra. Non detiene poteri magici, non alimenta pozioni stregate o prodigiose, non è ne buono ne cattivo. E' una materia neutra.

Certo esiste chi per averne in quantità è pronto a porre in essere condotte maligne, infami, criminali. Ma allo stesso tempo, in contrapposizione, esiste chi genera denaro per benessere e abbondanza, e crea ricchezza, posti di lavoro, reddito comune, donazioni, crescita ed evoluzione.

Allora cos'è realmente il denaro? E' materia invisibile.

Immagina di appoggiare una corposa banconota su un tavolo nella piazza della tua città. Trattasi di un pezzo di carta innocuo, nullo, senza vita, senz'anima ne corpo. Come si può pensare che il denaro sia ciò che la gente immagina?

Ad un tratto qualcuno prende quella banconota. Potrebbe essere un malvagio che la utilizza con avidità, o forse un buono che la offre in beneficienza. Quella banconota resta materia inanimata.

E' colui che la utilizza, che viene identificato buono o cattivo in considerazione dell'uso che ne va a fare.

Probabilmente l'avidità, la malvagità, è dell'uomo, *non del denaro*.

Qual è la visione reale? Il denaro è positivo, aiuta veramente a vivere meglio. E' indispensabile per vivere, per te e la tua famiglia. Il denaro ha costruito le chiese in cui preghiamo, i supermercati nei quali troviamo con tanta facilità i prodotti migliori per vivere in agiatezza, le scuole per istruirci, le fabbriche e gli uffici nei quali lavoriamo. Il denaro ha costruito le case calde e accoglienti in cui viviamo. Ogni angolo del mondo, anche quello più povero, è stato issato grazie al denaro.

Il denaro ha creato anche soggetti ambiziosi che studiano e attuano ogni giorno strategie di ricchezza, soggetti che molti di noi usano criticare ed identificare come avidi, attaccati ai soldi, cattivi, senza religione ne ideali, dimenticandosi che sono coloro che ci offrono il lavoro, che creano l'indotto di ricchezza sul quale si basa la nostra società, che ci consegnano su un piatto d'argento la possibilità di crearci un reddito sul quale basare la nostra vita, la sopravvivenza della nostra famiglia.

Probabilmente dovresti iniziare a valutare diversamente la tua fonte di vita.

Se non ci fosse il denaro staresti davvero meglio? Probabilmente se non ci fosse il denaro non avresti nulla ne per te ne per la tua famiglia, questa è la vera realtà.

Il denaro è una materia inanimata, ma detiene poteri positivi immensi. Pensa che con una buona colletta virale, riuscirebbe a sfamare intere tribù di affamati e diseredati.

Osserva bene, con gli occhi giusti, e vedrai quella che, esclusi tradizionalismi dissennati di pensiero, è la realtà vera.

Qual è quindi la concreta strada da seguire?

Il denaro ha un immenso potere. Perché non iniziare a sfruttarlo a nostro favore?

Il nostro potere umano non è minimamente paragonabile a quello del denaro. Le nostre braccia e la nostra potenzialità fisica non possono nemmeno minimamente generare la vastità e l'intensità del denaro che moltiplica esponenzialmente al moltiplicarsi di se stesso.

Sarebbe come paragonare la velocità che può fisicamente generare un uomo rispetto a quella generata da un moderno motore a scoppio. Non basterebbe una vita per raggiungere una minima comparazione.

Il trucco è presto compreso.

Perché non far lavorare per noi l'entità che può generare maggior potenza e valore?

Da tempo ho iniziato personalmente a utilizzare il potere dei soldi. Si tratta di farli lavorare al posto mio.

Certo appare difficile una simile cognizione visto che siamo abituati da sempre a lavorare *per il denaro* in attesa del giorno dello stipendio.

Ma immagina di avere in mano il corrispettivo in banconote di molto denaro e di iniziare ad ordinare a ognuna di esse di lavorare intensamente per generare risorse, reddito e ricchezza. Il denaro non si lamenterà. Come affermava il mitico Gordon Gekko nel film "Wall Street" , *"il denaro non dorme mai"*.

Per questo motivo potrai obbligarlo a lavorare anche di notte, instancabilmente e ininterrottamente. Non reclamerà, non ti denuncerà per sfruttamento. Non ti proporrà una vertenza sindacale come farebbe un operaio.

Potrai gridare, potrai usare la frusta per costringerlo a produrre di più. E più sei deciso, più lui produrrà profitti.

Una turbina al posto delle tue braccia.

In questo libro stai scoprendo come fare tua questa potenzialità, come imparare a sfruttarla. Questo libro è nato appositamente per questo specifico fine. Sfruttare la potenza del denaro.

Ma stai attento: il denaro ha anche il potere opposto. Se non cambi la tua concezione mentale, se vuoi continuare con il nocivo convincimento di sgobbare più intensamente per ottenere più soldi, il denaro ti schiavizzerà, ti renderà succube della sua forza per tutta la vita. Sarai tu a patire la sua veemenza, e dovrai solo sperare che chi ti offre denaro in cambio del tuo sudato lavoro e del tuo tempo, voglia continuare a farlo per sempre.

Se non lo prendi con il giusto metodo, ti inserirà un cappio al collo trascinandoti per una vita intera dietro di lui, schiavizzato nel cercare di conquistarlo.

Il denaro è un potente servitore, ma anche un terribile padrone.

Sta a te decidere da che parte stare.

REGOLA AUREA
Finché non deciderai di "far lavorare" il tuo
denaro, sarai tu a dover lavorare per lui.
Per tutta la vita. E a caro prezzo.

I "GENERATORI DI REDDITO"

Il titolo di questo capitolo è emblematico. Si tratta dell'impalcatura da costruire al di sopra dei "Pilastri del potere finanziario". Da questo momento comprenderai come deviare drasticamente la tua direzione finanziaria.

Conosci i tuoi tre poteri. Conosci il potere del denaro. Adesso inizia a comprendere come gestirlo e generarlo.

Hai compreso quanto l'arcaica strategia: + TEMPO + LAVORO = + SOLDI, non porti più alcuna opportunità di raggiungere un'indipendenza finanziaria ed oggi, nemmeno più una concreta sicurezza sul futuro.

Il tuo lavoro, la tua fatica, il tuo sudore che finora sono stati utilizzati come fonte di reddito, non hanno l'opportunità di arricchirti con quest'organigramma.

Come già hai compreso, non hai abbastanza ore disponibili e resistenza fisica per raggiungere una condizione finanziaria tale da creare benessere per la vita.

Abbiamo trattato l'esempio del meccanico che non ha tempo e resistenza tale per riparare abbastanza vetture al giorno per essere ricco. Dovrà farlo per tutta la vita.

Il muratore non ha abbastanza tempo e abbastanza resistenza fisica per costruire abbastanza impalcature per diventare ricco partendo da dipendente o da autonomo.

Immagina che il tuo lavoro sia trasportare delle pietre in cima ad un colle. Hai a disposizione dei secchi con una capienza limitata che permettono di caricare un peso congruo per essere trasportato.

Trasporti i secchi ogni giorno percorrendo la strada tante volte quanto riesci a trasportarne o a resistere.

Non avresti abbastanza tempo disponibile e resistenza fisica per arricchirti, ma il tuo lavoro sarebbe quello del 90% delle persone: una rendita minima che permetta di avere uno stipendio decente a fine mese.

Immagina adesso di avere a disposizione una potente turbina e un rullo sul quale le pietre scorrono in massa. Più potente è la turbina, più automaticamente tu riesci a trasportare pietre in sequenza. Non più la forza delle tue braccia, non più la tua fatica, non più il tuo tempo, ma una turbina che frulla ininterrottamente giorno e notte.

Non avresti più limiti, quei limiti dovuti al tempo limitato a disposizione o alla tua resistenza fisica.

Il tuo guadagno non è più connesso alla tua prestanza, al tuo tempo, al tuo lavoro. Ma genera reddito in automatico. Tu devi solo preoccuparti di compiere costanti manutenzioni alla tua turbina, oliarla a dovere e nulla più.

I "generatori di reddito" sono una fusione di fattori composti da sistema, struttura, strategia.

I generatori, utilizzano la straordinaria ed intensa energia prorompente del tuo denaro.

Il 95% delle persone sono abituate all'esatto contrario. Sono programmate per "lavorare per i soldi".

Pertanto divulgare una congettura perfettamente contraria potrebbe essere concettualmente difficoltoso da concepire. Eppure comprenderai quanto sia difforme e realmente infinita la potenzialità che puoi sviluppare da questo fattore concettuale.

La tua forza non è minimamente paragonabile alla potenza del denaro per cui:

perché non usare la sua? Perché non utilizzare l'organismo che genera maggiore energia? Esattamente come la turbina utilizzata per trasportare le pietre che sostituisce il tuo lavoro.

Il denaro è più forte di te. *Ragiona attentamente su questo fattore.*

Ma lui è inanimato. Tu sei più intelligente, hai facoltà infinite di intelletto ed ingegno che il denaro non ha.

Pensa adesso a mettere insieme questi due fattori:

1. potenza vigorosa
2. intelligenza, ingegno.

Proprio in questo momento hai creato il principale e più potente "generatore di reddito" del mondo che ti arricchirà iniziando da qualsiasi punto, anche partendo da dipendente.

Quali sono i "generatori di reddito" che puoi utilizzare?

Ne scoprirai moltissimi, uno ad uno in questo libro, già utilizzati, testati e garantiti da altri dipendenti che hanno raggiunto prima di te risultati inimmaginabili e indipendenza finanziaria.

Iniziamo, prima di vederli nel dettaglio, a comprenderne l'impalcatura.

E questa lezione ha il potere di cambiarti la vita.

DALLA STRUTTURA CLASSICA ALLA RIVOLUZIONE

Vuoi realmente raggiungere l'indipendenza finanziaria?

Allora ti ricordo ancora i punti che devi saldare e rafforzare a tutti i costi.

I "pilastri del potere":

1. POTERE DEL CAPITALE
2. POTERE DI RISPARMIO
3. POTERE DI FINANZIAMENTO

I "pilastri del potere" sono il tuo pugno di ferro, la corteccia invalicabile del tuo futuro finanziario.

Come rafforzarli? Ricordati la regola primaria:

> Quando metti mano al portafoglio per acquistare qualsiasi cosa che non sia inerente a spese primarie o di prima necessità (cibo, medicine, spese di vita giornaliera) fai in modo di farlo per acquistare sempre un "generatore di reddito".

Solitamente, il 95% delle persone esegue l'esatto contrario.

Vediamo nel dettaglio.

Qual è, ad esempio, il più grande investimento che fai di regola nella tua vita?

Ce ne sono moltissimi: mobili, automobile, cellulari, oggetti per hobbistica, TV, Computer e molto altro.

La spesa più imponente è certamente la propria abitazione. E' la spesa più ingente e più cospicua sotto ogni aspetto.

Prova ad immaginare di far valutare ad un grande esperto finanziario il tuo investimento. Chiaramente non sto parlando di un tuo amico o di un genitore, ma di un esperto finanziario. Ipotizziamo che si tratti dell'amministratore delegato della "Coca Cola" azienda multinazionale.

Questo signore è in grado di far quadrare i conti di un'azienda con migliaia di ramificazioni in tutto il mondo. Riesce a fare previsioni di utili e investimenti e all'atto dei conteggi annuali... riesce a non sbagliare praticamente nulla.

Al contrario noi, nella nostra rendicontazione casalinga dove dobbiamo valutare appena qualche spesa, un paio di rate ed alcune bollette, riusciamo ad essere sempre in difficoltà economica e ad essere colti costantemente di sorpresa da spese extra. Quindi noi, con cinque voci da controllare, siamo più in difficoltà di un'azienda ramificata in tutto il mondo con migliaia di numeri da gestire. Paradossale.

Inutile dire, che un soggetto del genere, sia più idoneo a darti un parere finanziario inerente una movimentazione o un tuo investimento.

Presupponiamo di aver investito nella nostra nuova casa e di recarci dal nostro mentore per segnalare il grande investimento. Bello sarebbe arrivare gioiosi segnalando la bellezza della nostra nuova casa, la lucentezza dei pavimenti nuovi e la flagranza dei colori. Un grande investimento di vita.

Il migliore, almeno così ci insegnano i nostri genitori e i nostri avi.

Ma lui usa valutare l'aspetto finanziario e non certo quello emotivo o tradizionale, chiedendo subito: "Sono contento per te! Ma quanto frutta mensilmente il tuo investimento?"

Immagino che il dipendente corrugherebbe la fronte sbalordito, affermando di aver fatto un mutuo e quindi.. che guadagno ci si può aspettare?. E la risposta sarebbe: "Ok l'hai finanziato. Nulla di male. Ma quanto frutta il tuo investimento?"

Straziante sarebbe affermare che l'investimento *toglie* soldi ogni mese.

Il dipendente ha uno stipendio di 1500 euro al mese e ne paga 600 di mutuo, rimanendo mensilmente con la cifra di 900 euro per vivere. L'investimento non genera denaro, decapitando di fatto quella che è la regola finanziaria primaria di non mettere mano al portafoglio se non per acquistare "generatori di reddito".

Certamente, il nostro mentore, deluso, ci saluterebbe con un mesto "Questo è il tuo investimento? Buona fortuna".

Perché avrebbe questa delusione?

Semplice. Il fatto di rimanere con soli 900 euro di rendita essendo partiti con 1500, è solo il *primo* punto negativo. Finanziariamente una forte passività.

Vediamo lo schema:

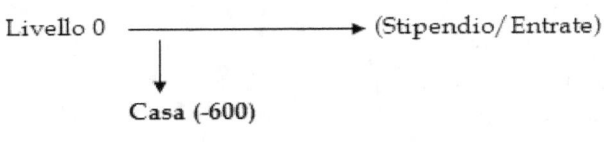

Nessuna azienda con un minimo di criterio, investe il proprio capitale per avere una passività protratta per molti anni che materialmente non genera nulla se non spese fisse che aumentano nel tempo.

Questo è solo il primo di una serie di problemi concatenanti che di fatto stanno decapitando i "pilastri del potere" e di conseguenza: il tuo futuro finanziario.

Vediamoli uno dopo l'altro:

Il capitale? Certamente il tuo capitale l'hai dovuto anticipare per pagare il congruo anticipo che una banca richiede per erogarti un mutuo. In più, nella mentalità comune, si inserisce molto più capitale personale alzando la rata e il sacrificio per diminuire gli anni di mutuo, proprio per evitare di "regalare troppi interessi alla banca", preoccupandoci troppo del congruo resoconto che ottiene la banca e molto poco del nostro. *(Perché preoccuparsi del resoconto degli altri?)*

Risultato?

Il nostro capitale viene meno.

> ~~CAPITALE~~
> ➤ POTERE DI RISPARMIO
> ➤ POTERE DI FINANZIAMENTO

E il potere di risparmio?

Certamente prima eri riuscito a risparmiare una certa cifra mensile che ti ha consentito di incrementare il tuo capitale nel tempo. Oggi, ridotto con 900 euro mensili, il tuo potere si riduce drasticamente.

Per non contare che hai valutato di vivere agiatamente con la rimanenza del debito adeguando tale esigenza alle necessità di *adesso*.

Non viene valutato che nei 20 o 30 anni di vita del mutuo, molte esigenze cambieranno. Forse ti farai una famiglia, due figli, nuove necessità, nuovi imprevisti. Non ti accorgi che ti stai impoverendo giorno dopo giorno, mese dopo mese, anno dopo anno.

Ciò che prima poteva essere sufficiente per vivere e risparmiare, presto non lo sarà più.

E il potere di risparmio?

Ecco il risultato:

> ➤ ~~CAPITALE~~
> ➤ ~~POTERE DI RISPARMIO~~
> ➤ POTERE DI FINANZIAMENTO

Il potere di finanziamento?

Conta che stiamo parlando di un potere fortissimo, un vero e proprio "effetto leva". Pensa che ti consente di acquistare un bene di enormi cifre che altrimenti non potresti mai acquistare, proprio come un immobile.

Hai provato con un simile fardello a presentarti da una finanziaria per chiedere un finanziamento? Accerterebbero le tue entrate, al netto di altri finanziamenti in corso o mutui.

Probabilmente nel tempo hai dovuto finanziare altro per tue esigenze.

"900 euro mensili? Altri finanziamenti in corso? Mmm.. Mi dispiace molto, ma attualmente non abbiamo possibilità di concederle credito".

Questa sarebbe la risposta.

Ed ecco la triste conseguenza:

> ➤ ~~CAPITALE~~
> ➤ ~~POTERE DI RISPARMIO~~
> ➤ ~~POTERE DI FINANZIAMENTO~~

Con una sola singola operazione, esattamente quella che da sempre ti consigliano di effettuare perché l'unica che ti porta realmente una sicurezza, in realtà hai decapitato completamente i tuoi poteri più forti.

I "pilastri del potere", la corteccia del tuo futuro, quelli che dovresti salvaguardare per primi, non esistono più.

Il tuo pugno di ferro, la corteccia invalicabile della tua ricchezza finanziaria, si affievolisce fino a svanire nel nulla.

Adesso, ti porto l'esempio di Francesco, un dipendente, che ha investito il proprio capitale in energia eolica.

Francesco ha investito il proprio capitale acquistando una quota di partecipazione in una società che costruisce parchi eolici.
La società su cui ha investito, grazie all'incentivo statale in voga, offre laute plusvalenze certificate
Se per un'immobile di proprietà l'investimento era molto alto, tra i 150.000 e i 250.000 euro, in questo caso l'investimento di Francesco è stato molto molto inferiore.
Ipotizziamo di recarci, per far valutare il nostro investimento, dal nostro mentore, lo stesso del precedente esempio.
Ottimo descrivergli l'investimento, ma lui, con scarso tempo a disposizione e mentalità inquadrata prettamente sugli aspetti finanziari, verrebbe subito al dunque.
"Quanto frutta il tuo investimento? Quanto è la rendita mensile?" Chiederebbe.
In questo caso la risposta sarebbe ben difforme dalla precedente. *"Il mio investimento frutta circa 15.000 euro lordi a fine anno e pertanto circa 1.200 euro al mese"*
(Oserei aggiungere: *senza lavorare*).
Lo schema finanziario è ben difforme dal precedente:

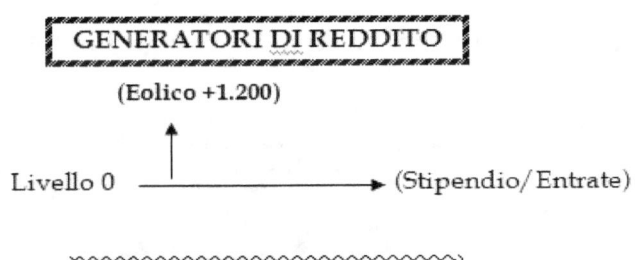

Cominciamo a visionare quelli che definisco "generatori di reddito".
Ricordi l'astratta immagine della turbina che rotea incessantemente

producendo energia senza il tuo lavoro diretto? Chi sta lavorando in questo momento? Non certo Francesco...

Certamente in questo caso stiamo *sfruttando la straordinaria potenza del denaro*, una forza più potente di noi, che lavora al posto nostro, mentre probabilmente siamo seduti in poltrona. Il lavoro del "generatore" è incessante, giorno e notte.

Non dorme mai.

Vediamo cosa riesce a scaturire questo nuovo processo:

il contesto del dipendente cambia drasticamente.

Non guadagna più solo 1.500 euro mensili, ma, con l'aggiunta della nuova rendita, passa a 2700 euro mensili.

La conseguenza sui "pilastri del potere"?

Visioniamola.

Partiamo dal potere di risparmio. Mentre quando percepivi solo il tuo stipendio di 1500 euro potevi risparmiare qualcosa ogni mese, quando hai acquistato una casa non potevi risparmiare praticamente più nulla.

Ma adesso, con una rendita così alta, il tuo potere di risparmio diviene davvero rilevante. Potrebbe anche superare i 1.000 euro al mese.

Il potere di risparmio è aumentato e si amplifica sempre di più. Come vedi in questa figura:

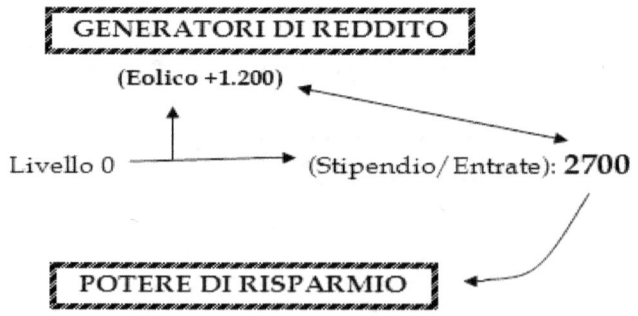

Il capitale?

Il capitale, come ovvia conseguenza del grande potere di risparmio, *diventerà sempre maggiore, sempre più cospicuo, sempre più forte*. Aumenterà a dismisura, come anche il tenore della tua vita e il tuo fattore finanziario.

Ti aprirà le porte ad altre operazioni del genere molto presto.
Come nella figura seguente:

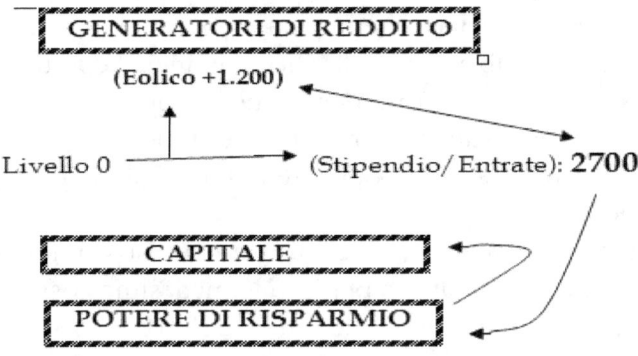

Il potere di finanziamento?
Se Francesco si recasse adesso presso il consulente di una finanzia-ria, alla domanda cruciale: "a quanto ammonta il suo stipendio e le entrate complessive, al netto di mutui e finanziamenti?", la risposta sarebbe: 2700 euro.
Il sorriso del consulente si allargherebbe a dismisura e certamente la conversazione si concluderebbe così: "Venga quando desidera, ri-chiedendo qualsiasi somma di cui necessità. Riceverà il finanziamen-to in pochi giorni. Siamo a sua completa disposizione."
Ecco il risultato:

E anche in questo caso, uno dei nostri poteri primari, un effetto leva determinante come il potere di finanziamento, è stato adeguatamen-te alimentato e nutrito di nuove risorse ed opportunità.

Con capitale in tasca ed effetto leva del potere di finanziamento, puoi moltiplicare operazioni del genere e, di conseguenza, incrementare esponenzialmente la tua condizione finanziaria.

Inoltre, è utile evidenziare che è stata eseguita un'operazione finanziaria solamente cambiando quelli che sono gli usi comuni, le costanti inclinazioni della società moderna che ci spinge a mettere in atto manovre tradizionalistiche e prestampate. Queste, sono conosciute come grandi sicurezze e vengono ritenute tali solo perché tramandate dalle generazioni.

Sono ritenute eternamente valide solo perché i nostri nonni e i nostri genitori hanno sempre fatto e pensato le medesime cose.

Con questa operazione, Francesco, non ha inventato nulla di nuovo per guadagnare, non ha dovuto cercare lavori introvabili, valutare contratti, rischi imprenditoriali o quant'altro.

Non ha avuto ne cercato idee rivoluzionarie.

Non ha inventato la nuova Microsoft, la nuova Apple o la nuova MC Donald.

Ha semplicemente cambiato le abitudini finanziarie.

Se va avanti di questo passo, non solo potrà presto avere una sua casa di proprietà, ma potrà averla di lusso e certamente.. anche più di una.

Paradossalmente, certi investimenti, potrebbero anche essere finanziato, per un semplice motivo: un finanziamento medio viene a costare un 6-7% annuale di interessi a fronte di una rendita tripla: La conseguenza è un cash positivo di molti punti percentuali, mettendo in atto la regola primaria del debito, secondo cui: *i debiti li devi evitare, ma se ne fai, fai in modo che generino una forte plusvalenza e siano ripagati automaticamente dallo stesso sistema.*

Questo è lo schema finanziario del debito messo in atto dalle più grandi aziende mondiali che generano profitti costanti.

Pertanto è un sistema che funziona anche, proporzionalmente, nella comune struttura finanziaria privata.

E tu? In quale condizione finanziaria ti trovi?

Da che parte stanno le tue frecce?

Se stai leggendo questo libro, è molto probabile che tu sia un dipendente, che tu parta da dipendente.

Ecco il tuo punto di partenza, o dal quale sei partito:

```
GENERATORI DI REDDITO
```

Livello 0 ———————→ (Stipendio/Entrate)

```
PASSIVI - PERDITE
```

Da quale lato pendono le tue frecce?

Fai la tua analisi finanziaria attuale, punto per punto.

Ricorda il principio della forza di gravità. Le frecce in basso hanno un peso molto maggiore delle frecce rivolte verso l'alto le quali, di conseguenza, devono portare maggiore forza di generazione rispetto alle altre.

I tuoi "pilastri del potere" in che condizioni si trovano?

Analizzali uno dopo l'altro e comprenderai da solo la tua situazione finanziaria.

Da questo momento capirai come iniziare a dare una svolta drastica alla tua vita.

SOLO CAMBIANDO LE ABITUDINI

Tempo fa, fui contattato da Sebastiano, un dipendente di Milano. Voleva saperne di più in merito alla possibilità di svolgere un lavoro extra in quanto non riusciva più a sbarcare il lunario. Voleva esercitare l'attività di imbianchino.

Approfondendo la sua condizione finanziaria e patrimoniale, spiccava una grande proprietà immobiliare e una conseguente disastrosa gestione finanziaria generica.

Sebastiano, si era dedicato per anni all'acquisto della propria casa. Era il sogno più rilevante che aveva da sempre bramato con sua moglie.

Finalmente lo aveva realizzato, sfruttando la possibilità di due stipendi solidi, visto che la moglie lavorava in un noto negozio di abbigliamento.

Le loro risorse erano state perlopiù dedicate alla gestione ed abbellimento della propria reggia. Con il tempo le sue figlie sono cresciute, le spese sono aumentate e il negozio della moglie ha chiuso costringendola ad accontentarsi di qualche lavoretto extra esercitato senza continuità. La loro automobile aveva smesso di funzionare all'improvviso e ne avevano acquistata una nuova finanziandola. Al compleanno della figlia aveva acquistato a piccole rate il nuovissimo "Iphone".

La loro condizione finanziaria, lentamente, si è trasformata in un dramma, costringendo l'intera famiglia a vivere nell'inquietudine, sommersa dalle spese, tanto che Sebastiano ha iniziato a svolgere l'attività di imbianchino come secondo lavoro.

Con la consueta mentalità, conosceva solo la possibilità di aumentare le ore di lavoro per guadagnare qualche spicciolo in più a fine mese.

Quando mi parlava, si vantava dell'affare della sua vita, la sua abitazione nel centro di Milano che valeva certamente almeno 300.000 euro.

Ma nonostante questo ricco possedimento, la famiglia viveva, da tempo, ai limiti della povertà.

Nonostante Sebastiano non se ne accorgesse, la sua situazione finanziaria era interamente rivolta alla passività, come nella figura seguente:

GENERATORI DI REDDITO

Livello 0 ───────────► (Stipendio/Entrate) 2.000 euro

↓   ↓   ↓   ↓↓

Mutuo Iphone Mobili Auto   CASH RIMANENTE: 800 EURO
Casa

PASSIVI - PERDITE

Ed in più, i "Tre poteri" abbattuti:

➤ CAPITALE
➤ POTERE DI RISPARMIO
➤ POTERE DI FINANZIAMENTO

Ogni mese la sua famiglia doveva vivere con 800 euro.

Iniziammo a parlare non più del suo ipotetico secondo lavoro da imbianchino, ma della sua situazione patrimoniale.

Immediatamente compresi che una tenue attività extra non avrebbe mai cambiato la sua condizione finanziaria, ma semplicemente avrebbe ridotto il suo tempo disponibile e aumentato il suo stress.

Incitai Sebastiano a ragionare sul fatto che ciò che riteneva il suo più grande investimento, la sua casa, in realtà era l'oggetto che stava decapitando la sua intera vita sobbarcandolo di spese prolungate per una serie infinita di anni.

Una sera mi invitò a casa sua.

Quella dimora era veramente bellissima. Compresi subito che era stato investito il capitale di una vita. Tutte le finiture erano create con eleganza e lo stile era veramente minuzioso. Il valore della casa era solo una piccola parte rispetto al valore di tutto ciò che Sebastiano e sua moglie avevano continuato ad investire nel tempo. Ogni singola parete trasudava sacrificio e amore.

Chiesi a Sebastiano quale fosse la sua spesa più gravosa ogni mese senza la quale avrebbe migliorato la sua condizione. Chiaramente rispose che il mutuo della casa nel corso del tempo si era trasformato in una ghigliottina mensile. Appena ritirava lo stipendio, la banca accreditava la rata e la lama tagliente crollava inesorabilmente sulla sua testa.

Gli accennai la possibilità di vendere la propria abitazione e sfruttare l'immenso capitale che poteva generarne.

Rimase allibito. Questa possibilità fu scartata inizialmente a priori. Nemmeno accennò alla moglie la mia strampalata proposta, in quanto la sua reazione non sarebbe stata positiva.

Gli spiegai attentamente cosa erano i "Generatori di reddito". Gli spiegai che doveva alimentare i "pilastri del potere" per riprendere in mano da subito la sua condizione finanziaria.

Gli feci comprendere che un giorno, terminate le rate del mutuo, lui non avrebbe avuto alcun guadagno, ma sarebbe semplicemente tornato al punto 0, come nel seguente schema:

```
╔═══════════════════════════╗
║   GENERATORI DI REDDITO   ║
╚═══════════════════════════╝
```

Livello 0 ━━━━━━━━━━━▶ (Stipendio/Entrate)

```
╔═══════════════════════════╗
║      PASSIVI - PERDITE     ║
╚═══════════════════════════╝
```

Mi chiese perplesso dove potesse andare a vivere, segnalandomi che non voleva "buttare soldi" pagando un affitto.

Gli feci presente che invece di avere una propria casa, considerando la sua bravura nei lavori edilizi, poteva utilizzare gli immobili come investimento.

Ad ogni mia proposta, nota bene, Sebastiano sovrapponeva un problema, mai un'opportunità, mai un "come".

Mi fece notare che acquistare una Casa a Milano, comunque avrebbe previsto una spesa similare al cash che poteva generare dalla vendita. Quindi acquistando un'altra casa da mettere a reddito, avrebbe poi speso il corrispettivo in affitto senza cambiare nulla della sua condizione e anzi, senza avere più una sua proprietà in cui vivere.

Gli feci notare che poteva acquistare più di un immobile con quel capitale, utilizzando inoltre il potere di finanziamento che avrebbe riacquisito con la vendita.

Ancora mi disse che i prezzi degli immobili a Milano erano proibitivi e non avrebbe fatto grosse operazioni.

"Perché proprio a Milano?" lo contrapposi ad un tratto.

Perplesso Sebastiano archiviò quella conversazione.

Ma iniziò a pensare.

Poco tempo dopo, perplesso ed inorridito, pose in vendita il suo immobile. Me ne parlò al telefono. Mi raccontò che, appena uscito dall'agenzia immobiliare che aveva acquisito l'incarico di vendita, camminando per strada, aveva pianto.

Il fattore emotivo ha una preponderanza immensa sulla nostra vita finanziaria ed offusca ogni genere di logica ed idonea manovra economica.

Non passò molto tempo, quando, dopo svariate visite, arrivò una proposta concreta. 250.000 euro per l'intera proprietà.

Sebastiano non era contento, ma bensì afflitto. Era convinto che la sua reggia valesse molto di più, con tutto ciò che aveva investito nel tempo. Il suo amore per quell'immobile non aveva prezzo, o meglio, il prezzo sarebbe stato molto molto più alto.

Ma, mentre da un lato aveva necessità di migliorare la sua condizione finanziaria, dall'altro continuava ad avere in mente il disegno dei "generatori di reddito" che gli avevo prospettato.

Mi chiamò chiedendomi un parere. Vendere o non vendere.

Non gli risposi, perché in certi casi non esiste risposta. Gli dissi che, piuttosto di cercare risposte, doveva farsi una domanda: preferiva essere proprietario di un bellissimo immobile ed avere difficoltà finanziarie per molti anni lavorando sempre di più in una condizione di stress e imposizioni, oppure non essere proprietario di niente, ma far correre il proprio capitale al suo posto ottenendo una vita molto migliore e più agiata?

Questa domanda apparirebbe in teoria di facilissima risposta. Probabilmente tu stesso risponderesti cerchiando la seconda opportunità.

Ma il 95% delle persone, opta alla fine per la prima opportunità.

Sembra paradossale, ma è così.

Sembra assurdo, ma è la realtà.

E ne puoi avere prova giornalmente relazionandoti con conoscenti, amici e parenti. La convinzione è troppo forte, è troppo radicata nelle menti e nelle generazioni.

Inutile spesso fornire controprove pratiche inerenti al fatto che la realizzazione finanziaria si crea su radici diverse.

E' paradossale, assurdo, ma è la realtà.

Cito la storia di Sebastiano, perché l'ho seguito in prima persona ed è una storia avvincente, di immensa realizzazione.

Vuoi sapere come è finita?

La realizzazione finanziaria per Sebastiano, così come per tutti, stava solo nella seconda opportunità, mai nella prima.

La prima significava continuare sulla stessa strada, ed è impensabile poter cambiare un risultato ponendo in essere sempre le stesse azioni.

Sebastiano, a malincuore, accettò la proposta. Sapeva che, escludendo valori affettivi personali, il suo immobile valeva molto di più. Ma il mercato oggi offriva quella cifra.

In quei mesi aveva intanto valutato altri immobili in altre città.

Gli avevo detto di valutare sempre e solo il suo investimento e valutare il ROI che ne poteva scaturire.

Il ROI è un conteggio che fanno le aziende, *e lui doveva pensare ed agire come loro*, nel suo piccolo.

Pensi forse che un direttore d'azienda creerebbe una passività per la sua società lunga 25 anni che di fatto decapita gran parte delle risorse senza offrire un utile?

Ecco perché dobbiamo pensare come loro.

Sebastiano voleva permanere nell'ambito immobiliare, conscio che, con le sue ottime conoscenze in materia di edilizia, avrebbe potuto gestire manutenzioni di appartamenti in via autonoma senza impiegare manodopera.

Su mio consiglio aveva valutato città vicine, dove gli immobili hanno costi enormemente minori, ma le persone vivono e lavorano ugualmente.

Avrai notato che in molte città gli immobili costano molto meno, ma sono città attive e industrializzate, dove comunque le persone risiedono attivamente.

Quando vendette, lo fece con maggiore convincimento in quanto aveva già valutato l'eventuale acquisto di due appartamenti visionati in una palazzina nella città di Tortona.

Conclude la procedura e mi parlò del suo progetto di nuove acquisizioni. Mi parlò di una palazzina intera di sette appartamenti che il proprietario svendeva letteralmente. Aveva opzionato l'eventuale acquisto di due appartamenti, che, con il tempo, avrebbe restaurato personalmente.

Avrebbe intanto già percepito gli affitti degli inquilini che già erano residenti, acquisendo un buon cash ogni fine mese.

Mi prospettò il suo pensiero di "arrotondare" il suo stipendio mensile.

In quel momento compresi quanto la *"mentalità da dipendente"* resta sempre e comunque inculcata nelle menti delle persone e quanto sia difficile estirparla.

Sebastiano, avrebbe potuto pensare di raggiungere prepotentemente l'indipendenza finanziaria con un piano concreto, per recuperare il suo tempo e, nel caso, smettere di lavorare.

Ma il suo pensiero era stato quello di *arrotondare*. L'umile pensiero di un dipendente.

Se fosse la tua azienda struttureresti il suo piano finanziario per *arrotondare*?

Gli ho fatto comprendere, con un lungo colloquio, che un piano finanziario non si radica mai sul un principio di piccoli contesti, ma si plasma su grandi numeri, prendendo in considerazione ciò che un dipendente non vuole mai considerare: il sopraggiungere all'indipendenza finanziaria in maniera prepotente, calcolando i grandi numeri quando se ne hanno le potenzialità. Un piano finanziario DEVE essere strutturato per avere un risultato rilevante.

Un'azienda non attua mai un piano di marketing per "arrotondare" il rendiconto mensile. Piuttosto mira ad una crescita esponenziale e costante rivolta ai grandi numeri.

Il dipendente, al contrario, ha solo nella testa il raggiungimento di un discreto stipendio a fine mese che gli permetta di vivere. Se apre un negozio lo fa per raggiungere almeno 1.500 euro al mese e per avere un lavoro per i prossimi quaranta anni.

Una radice errata già alla fonte nell'era moderna, che porta le conseguenze che ben conosciamo e vediamo ogni giorno, con migliaia di persone ridotte sul lastrico a seguito della crisi finanziaria.

Conclusi la mia telefonata con una provocazione: "Perché solo due appartamenti?" Sebastiano restò impietrito per un attimo al telefono. Un dipendente non vede mai grandi numeri perché non li ha nella sua concezione.

Mentre il proprietario della palazzina in cui Sebastiano voleva acquistare gli appartamenti, possedeva altre tre palazzine che gli davano da vivere e valutava da anni grandi numeri senza alcuna remora, per Sebastiano parlare di ingente denaro che si discostava così tanto da un semplice arrotondamento, era di fatto un trauma.

"Me ne consigli tre?" Mi chiese dopo svariati secondi di atterrito silenzio. Percepivo paura nella sua voce.

"Perché non tutta la palazzina?"

LA CONCLUSIONE DELLA STORIA

Sebastiano iniziò a valutare la prospettiva, l'opportunità. Iniziò a domandare. Iniziò a chiedersi *come* realizzarla.

Da quel momento compresi che aveva cambiato le sue prospettive mentali. Era sulla strada giusta. Valutava le opportunità e come realizzarle, non più solo i problemi che ne potevano scaturire.

Pochi giorni dopo mi contattò. La paura si era trasformata in entusiasmo nel valutare tante strade alternative di realizzazione.

Aveva deciso di acquistare tutta la palazzina.

Quando aveva compreso la possibilità di poter ripagare il progetto e come realizzarlo, aveva sparato un'offerta secca a 300.000 euro. Il proprietario della palazzina era stato tassativo sul prezzo "non trattabile", ma Sebastiano era stato ferreo nella sua proposta, valutando che il proprietario, se davvero voleva vendere in un periodo di crisi, avrebbe accettato un ulteriore compromesso anche valutando che difficilmente avrebbe ottenuto altre offerte.

Inoltre, in questa maniera, avrebbe venduto subito l'intero stabile invece di attendere tempi indefiniti per vendere ogni singolo appartamento.

Sebastiano aveva avuto perplessità alcuni giorni prima, in quanto riteneva che se un proprietario svendeva e nessun altro acquistava, forse l'orientamento giusto non era quello di comprare.

Gli avevo spiegato che trattasi della consueta psicologia connessa ai mercati.

Quando la parabola è discendente, la massa non vuole investire. Psicologicamente vige il condizionamento del "tutto andrà male".

Quando invece i mercati volano, la massa si butta perché vede con i propri occhi ciò che sta avvenendo e non vuole perdere il treno in transito.

Warren Buffet, il più grande investitore mondiale, è colui che crea le opportunità quando nessuno le vuole, pagandole a prezzi di saldo.

Quelli che la massa inquadra come periodi di crisi, in realtà, sono periodi di grandi opportunità per molte persone elette che hanno deciso di dare una svolta concreta alla propria vita e seguono il loro piano.

A loro non interessa il parere comune.

Sebastiano mi disse infine che se il proprietario avesse accettato la sua offerta, avrebbe pagato gran parte della somma con il suo nuovo capitale acquisito dalla vendita, *in modo da limitare al minimo l'importo finanziato*. In quel caso avrebbe ridotto la durata del finanziamento, la rata e, di conseguenza, gli interessi che avrebbe "regalato" alla banca. Altro gravissimo errore comune.

Sebastiano non aveva tenuto conto del ROI, dell'effetto leva e di ulteriori rendite che avrebbe potuto generare mantenendo il capitale.

Gli spiegai l'inquadratura del "pilastri del potere" e l'assoluta necessità di alimentarli sempre, con un'imposizione fissa:

<u>utilizzare le rendite, *mai il capitale*.</u>

In altre parole: vendere le uova, mai la gallina.

In particolare si era focalizzato su un fattore: il rendiconto della banca e non il suo.

E' come se mi recassi dal panettiere per comunicargli che non acquisterò il pane appositamente per non farlo arricchire, preoccupandomi della sua condizione e non della mia.

Gli spiegai attentamente che gli immobili sono l'unico bene che viene sempre finanziato in maniera corposa dagli istituti di credito con tassi pressoché ridicoli.

Inoltre il rapporto di rendimento sull'investimento si eleva vertiginosamente utilizzando un finanziamento come effetto leva.

Difatti, il finanziamento non fa testo se adeguatamente ripagato dal sistema.

Il proprietario dello stabile ha accettato la proposta. Sebastiano, per pagare il corrispettivo, ha materialmente finanziato 200.000 euro aggiungendo altri 100.000 prelevati dal suo capitale.

Attualmente percepisce 2800 euro complessivi quale quota di affitti inerenti ai sette appartamenti. A pagare sono gli inquilini che già vivono nella palazzina.

La somma totale percepita nell'anno è 33.600 euro al lordo. Il suo R.O.I. è del 33,6% annuale.

Facile il calcolo del ROI, il ritorno sull'investimento.

Se ha sborsato 100.000 euro e questo investimento genera 33.600 euro, la percentuale di ritorno è del 33,6%.

Se avesse pagato utilizzando interamente il capitale e finanziando solo un piccolissima parte rimanente, quindi utilizzando materialmente i suoi 250.000 euro, il suo ROI sarebbe sceso al 13,44%, quasi tre volte meno. Una forte riduzione che avrebbe inoltre *decapitato il suo primo potere: il capitale.*

Avendolo mantenuto in gran parte, Sebastiano ha potuto utilizzarlo per altri investimenti che gli offrono un'ulteriore resa mensile.

Investe circa 110.000 euro (l'altra rimanenza l'ha utilizzata come spese e tasse per acquisto immobile e per liquidare il vecchio mutuo). Una buona parte del capitale, data in mano al suo promotore finanziario, rende un 5% continuo ogni anno, assicurato.

L'altra quota rimanente, la investe nel mercato americano utilizzando la tecnica che gli ho insegnato e che trovi nel capitolo contestuale inerente ai mercati finanziari.

Contando che riesce in totale ad avere una rendita media di circa il 12% annuale, il suo capitale investito rende altri 13.200 euro all'anno, cioè circa altri 1.100 euro al mese, *senza lavorare.*

Riepilogo quella che *era* la situazione familiare e finanziaria di Sebastiano prima di questa operazione:

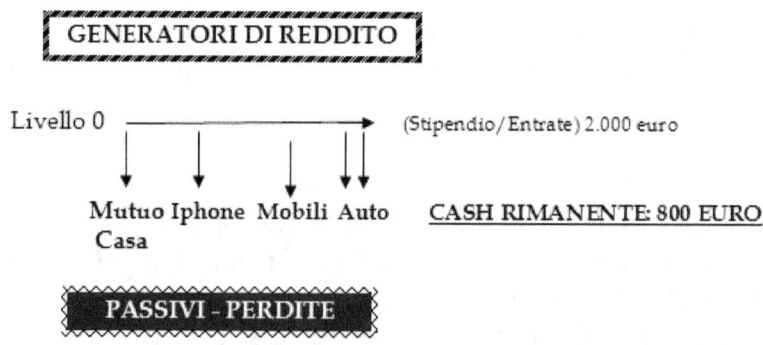

Ecco la sua situazione finanziaria attuale:

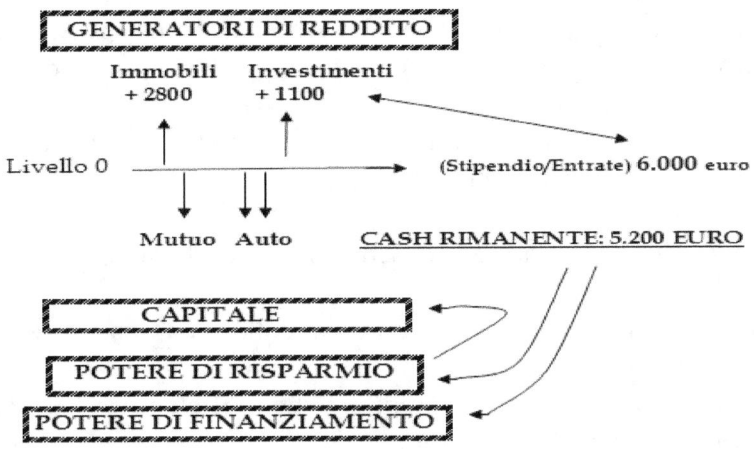

Dopo un anno Sebastiano ha lasciato il suo lavoro, per darsi a lavoretti edili saltuari, la sua vecchia passione. Oggi fa ciò che gli piace e sfrutta quelle che sono le sue maggiori potenzialità.
E lo fa quando vuole lui.

Cosa ha fatto materialmente Sebastiano?
Ha acquistato "generatori di reddito".
Se hai ben compreso, non ha inventato nulla. Nessun prodotto rivoluzionario da milioni di euro, nessuna idea innovatrice che spacca il mercato. Ha semplicemente cambiato la sua maniera di pensare, ha semplicemente fatto un piano e l'ha realizzato. Soprattutto ha rotto i suoi paletti mentali incancreniti da anni.

Dove vive oggi Sebastiano, che tanto era legato alla sua casa, la sua proprietà, le sue luci e i suoi colori?
In un alloggio ammobiliato. All'inizio del progetto aveva optato per un alloggio regolare. A seguito del fatto che la sua impalcatura finanziaria funziona in automatico, ha affittato un bellissimo attico nel centro di Milano.
Oggi non pensa più che l'affitto corrisponda a "buttare i soldi", visto che ne guadagna cospicuamente.
Certo, la sua parte emozionale non è ripagata come un tempo, ma ci sono altri fattori, che ben comprenderai, che ripagano molto di più del fattore emozionale di una proprietà.

Inoltre, come si vede dallo schema, i tre "pilastri del potere" di Sebastiano sono sempre più forti, giorno dopo giorno, mese dopo mese.

Quando deciderà, potrà riavere la sua casa e, forse, anche più di una.
E per lui… questo è solo l'inizio.

L'esempio di Sebastiano, è un esempio molto classico, terrestre, attuabile da chiunque.

E' partito da dipendente con la corda al collo e da una situazione finanziaria molto comune.

Il suo esempio serve per comprendere che molto spesso, è sufficiente cambiare mentalità e nulla più.

Vedrai molti altri esempi pratici di chi ha creato condizioni finanziarie ancora più semplici ma ancora più rivoluzionarie, partendo da dipendente.

In relazione alla storia di Sebastiano, molte persone alle quali ne ho parlato, mi hanno manifestato svariate problematiche che potrebbero emergere, quali le tassazioni, le spese e le manutenzioni che dovrà apportare nel tempo.

Tutto vero. I 6000 euro mensili di Sebastiano sono lordi. Una parte va in tasse e una in accantonamenti per gli imprevisti, comunque già coperti da un'assicurazione.

Certamente non attuando alcun piano finanziario o iniziativa non si verificano problemi.

Esiste una sola maniera per non sbagliare: non fare nulla,
non dire nulla, non essere niente.

Se tu resti fermo, nessuno si arrabbia.
Prende semplicemente il tuo posto ringraziandoti.
Certamente non se la prende Sebastiano, che oggi osserva felice dalla finestra del suo attico, ripensando ogni tanto, con un sorriso, a quando la sua realizzazione finanziaria era solo costituita da infiniti debiti e un lungo elenco di problemi.
E la sua ricchezza avanza sempre più.
Lui l'ha fatto e basta.
E io, personalmente, seguo il suo esempio.

Anche tu puoi realizzare il tuo obiettivo finanziario partendo da subito e trasformando in opportunità le tue idee e la tua condizione attuale.

I problemi saranno solo una serie di oneri e compiti da superare per il raggiungimento dei propri obiettivi.

Continua a seguirmi in questo cammino e scoprirai come realizzare i tuoi obiettivi, come formarli, plasmarli ed iniziare il tuo percorso di realizzazione.

> *Quando sai quello che vuoi e lo vuoi intensamente,*
> *troverai un modo per raggiungerlo.*
> *Jim Rohn*

GUIDA RIEPILOGATIVA:

Un immobile può essere una passività ma anche un generatore in considerazione di come viene acquistato e con quale principio. L'importante è seguire la regola primaria.

Più acquisti generatori di reddito più aumenti gradatamente i tre "Pilastri del potere finanziario".

Ogni giorno aggiungi più cemento in questi pilastri che divengono sempre di più insormontabili.

Più aumenti le quote nel tuo generatore, più aumenta il capitale da investimento, più aumenta il tuo potere di risparmio (nel caso di Sebastiano, con 6000 euro al mese aumenta drasticamente il potere di risparmio e a fine anno aumenterà le quote di investimento).

Di conseguenza aumenta sempre di più il tuo potere di finanziamento.

E adesso, arriva il metodo vincente.

"Come" realizzare grandi obiettivi?

Il segreto è svelato nel prossimo capitolo.

5: LA LEGGE DEL "COME?"

Fino a due anni fa, la mia concezione era offuscata ed eclissata dall'abisso oscuro del tradizionalismo. La mia mente non vedeva, non credeva a nulla che non fosse l'impalcatura sociale e psicologica precostituita. Gli occhi vedevano solo corpi tangibili.

Un organigramma predeterminato di influenze, insegnamenti, congiunture familiari, influssi dei mass media, influenze dettate dalla terminologia fissa che circola nel nostro vocabolario e che attende di essere aggiornata con parole e definizioni più fresche, più moderne e più fiammanti.

Un giorno scoprii che la parola *"come"*, deteneva suggestioni enigmatiche ed ipnotiche di grande carisma.

La mia mente, era chiusa in un involucro.

Il mio cervello avvolto da una coltre di naftalina.

Le persone che frequentavo, come sempre capita (e ne vedrai traccia nell'importantissimo capitolo nel quale parlo dei "Disturbatori del successo"), detenevano il medesimo inquadramento mentale di chiusura assoluta.

Ti svelo adesso i magnetismi magici del: *"come?"*.

"Io non posso….. *(aggiungi in questo spazio quello che è un tuo ipotetico obiettivo)"*

Come possiamo ben vedere, siamo dinnanzi ad una chiusura totale del cervello. Una preclusione assoluta, un portone che pesa tonnellate che si chiude dinnanzi a noi senza lasciare spazio ad alcuna opportunità armonica di opposizione.

"Io non posso aprire un bar, c'è troppa crisi"

La tua mente, appena solleticata da qualche minima idea che poteva emergere dalle retrovie del torpore, si accascia subito dopo aver fatto capolino, per tornare nel buio di un abisso incenerito nel quale sta risposando.

Dal suo assopimento indolente ed apatico, solitamente ne fuoriesce un elenco corposo di tutti i problemi. Quelli che sentirai inesorabilmente elencare dai tuoi conoscenti quando proporrai una qualsiasi idea.

Difatti: *non posso aprire un bar* perché:

> ➤ c'è troppa crisi, nessuno verrebbe
> ➤ ci sono troppe spese
> ➤ ci sono troppe tasse da pagare
> ➤ ci sono già troppi bar e la gente non spende
> ➤ Gli altri bar danno già tutti i servizi e i prodotti per cui io rischierei di vedere i clienti andare negli altri locali e non nel mio
> ➤ Ci sono troppe spese gestionali e troppo investimento iniziale. Per recuperare le spese ci vorrà troppo tempo, non ce la farò mai.
> ➤ Non ho abbastanza soldi
> ➤ Non posso finanziare un progetto che non funzionerà, dopo avrei anche i debiti
> ➤ Gli altri bar sono già conosciuti, il mio non lo conoscerebbe nessuno e ci vorrebbe troppo tempo per generare clientela.
> ➤ Devo guadagnare troppo per recuperare le spese ed insieme avere un guadagno.

Risultato: *"lasciamo perdere, meglio fare il dipendente"*, visto che questa lista potrebbe ancora continuare all'infinito in un turbinio disfattista.

Facile comprendere che l'atteggiamento di chiusura non "vede". Gli occhi non hanno la facoltà di generare una visuale con spiccate capacità concettuali.

Semplicemente perché la mente è radicata sulle concettualità classiche che gravitano attorno ad un progetto. Ci si focalizza solo ed esclusivamente sulla materialità che gli occhi *vedono* giornalmente per strada, nella concretezza della realtà.

I nostri occhi connessi agli organi percettivi sfociano nel tatto, accoppiandosi solo a condizioni che riescono astrattamente a toccare. Non esiste altro se non lo sguardo percettivo immediato.

Ma gli occhi vedono sostanzialmente *ciò che noi vogliamo vedere*, ed è questo che molte persone spesso dimenticano.

Nell'introduzione, ti ho parlato di ciò che riuscirai a *vedere* a seguito di questa lettura, che anche adesso transita allegramente e giornalmente dinnanzi a te.

Cambia prospettiva.
Se dal *"Io non posso..."* si transita nel:
"Come posso.....? (aggiungi in questo spazio quello che è un tuo ipotetico obiettivo)"
"In quale maniera?"
Un attimo. Sta avvenendo qualcosa di magico.
Ricordo quando mio padre tentava di mettere in moto la vecchia Fiat 500. Azionava prima la levetta dell'aria e successivamente la levetta dell'accensione posta accanto al freno a mano.
Il motore iniziava a tossire risvegliandosi dal torpore. L'intera vettura tremolava.
Il "Come?" ha la facoltà di azionare quella levetta.
La mente fa capolino per poi emergere di colpo dal buio. Rulli ben oleati iniziano un movimento incessante. Ingranaggi apparentemente affievoliti e disattivati si incastrano uno dentro l'altro con una cadenza ritmica sempre più persistente.
Una macina a vapore sfonda il muro del silenzio.
Il rullo ed il flusso di apertura adesso è al massimo.
Ne fuoriesce un caterpillar che abbatte poderosamente ogni barriera che incontra nel suo percorso. I cingoli affossano il terreno che cede dinnanzi a tale potenza. E' partito il bulldozer.

Dalla chiusura assoluta e perenne del *"Io non posso aprire un bar, c'è troppa crisi"* (a seguito della quale potremmo tranquillamente sederci sul divano a leggere il giornale considerando che non esistono altri possibili sviluppi), si transita nel:
"Come posso aprire un bar, e farlo guadagnare in un momento di crisi?"
La macina a vapore è in azione.

> ➢ Posso farmi rifornire i cornetti alla crema direttamente dalla pasticceria migliore che conosca, offrendo un servizio e una qualità eccellente a tutti ai miei clienti, tanto da divenire il migliore.

> Posso creare gruppi di lavoro, facendo incontrare in interessanti e moderni "apericena", persone che hanno i medesimi interessi. Ogni settimana pubblicizzare l'incontro degli imprenditori di un settore, l'altra incontri di soggetti che vogliono sviluppare idee in un determinato campo...

> Posso organizzare nel mio bar presentazioni culturali gratuite con consumazioni, dove gli avventori vengono a visionare presentazioni di libri, idee, opere manifatturiere, creazioni personali. Gli autori portano sempre e comunque amici e parenti in quantità.

> Posso organizzare settimanalmente nel mio bar grandi incontri dei cosiddetti "coscritti", o meglio persone della stessa età che si incontrano e si ritrovano con cadenza periodica grazie alle mie iniziative. Sarebbero certamente contenti di avere a disposizione un locale che dia l'opportunità di rivedere gli amici di un tempo o i compagni di scuola.

> Posso avere la mia pagina dedicata sui social network con centinaia di iscritti che seguono giornalmente le mie iniziative.

> Posso creare nella mia saletta dedicata, incontri gratuiti con esperti di un determinato settore, o amici che spiegano nuove opportunità tipo il marketing, l'utilizzo di nuove tecnologie o la proiezione di video didattici di interesse comune.

> Posso organizzare incontri solleticando le richieste dei miei clienti. Organizzare tornei del gioco di carte più richiesto del momento, o tornei di giochi storici come il Risiko, il Monopoli che negli anni hanno affascinato centinaia di persone e soggetti di ogni età...

Mi fermo un attimo per farti notare due cose. Non esistono più i problemi, ma esiste la risoluzione. Non esiste più l'incognita, ma esiste l'*opportunità*.

Mentre sto scrivendo sto inventando di sana pianta. La mia macina è in azione. Non ho letto nulla di tutto questo in alcun luogo. Stanno piovendo idee dissennate, imperturbabili, forse strane ma non troppo, in una turbolenza di spunti e intuizioni senza freni.

Probabilmente non esiste un bar così.. Ed è proprio per questo che "la legge del *come*" ha avuto la sua magnetica evoluzione. Proprio per questo è una buona idea.

Eppure come vedi "il bar" non è certo un'idea nuova, ma è nuovo tutto ciò che puoi offrire grazie al tuo ingegno e alla tua capacità di generare spunti rilevanti.

In questa pioggia di idee potrei continuare all'infinito, semplicemente perché sono concentrato su questo, focalizzato su questo, non ho altri pensieri, distrazioni o svaghi.

Io voglio aprire un bar.

> *Quando i vorrei diventano voglio, quando i dovrei diventano devo, quando i "prima o poi" diventano adesso, solo allora i sogni iniziano a diventare realtà.*
> Anthony Robbins

Ti faccio notare il secondo fattore: in ogni punto ho scritto "posso", non ho scritto "potrei". Il condizionale lascia lo spazio al "forse".

Se ti sento pronunciare il "potrei", sono più che certo che se tra due anni ti incontrassi per strada e ti chiedessi se hai effettivamente aperto il bar, con tutta probabilità mi risponderesti *"Potrei, ci sto ancora pensando…"*

Per cui adesso, lascia da parte tutti i tuoi amici, parenti, conoscenti che sgonfiano ed affossano con problematiche infinite tutte le tue idee.

Premunisciti con un blocchetto e una penna.

Prendi la tua vettura e allontanati. Vai in un parco isolato dove resti solo con te stesso. A te stesso non puoi mentire.

In questo momento di silenzio, non hai accanto influenze negative di soggetti affossati e chiusi nel *"non si può"*.

Siediti su una panchina. Osserva l'orizzonte.

Sarà straordinario.

Ad un tratto chiediti *"come posso…."*, e inizia a scrivere tutto ciò che la tua mente genera. Se è la prima volta che lo fai, la tua mente avrà necessità di un po' di tempo per rompere gli indugi.

Ma se ripeti l'operazione, i risultati ti sorprenderanno giorno dopo giorno. Fai piovere su quel taccuino tutte le tue idee e intuizioni a raffica. Non devi preoccuparti se appaiono assurde, paradossali o insensate, perché probabilmente potrebbero non esserlo.

Ricorda sempre che sostanzialmente un pensiero o un'idea non è mai ne assurda ne sensata. È semplicemente un'idea o un pensiero. Sono fattori neutri inizialmente. Tu gli connetti accanto un'elocuzione di assurdità semplicemente perché in quel momento non sei focalizzato su quel sentiero ma su un altro, e quando indovini il tuo sentiero, ritieni che la seconda idea sia buona rispetto alla prima, semplicemente perché rispecchia la tua focalizzazione.

E' come se tu entrassi in un locale in quanto ti hanno ordinato di visionare il bancone di vendita. Tu lo osservi con attenzione e concentrazione massima offrendo il tuo parere.

Se uscendo dal locale, il tuo interlocutore ti chiedesse se hai notato un quadro esposto sul lato della parete, ti accorgeresti di non averlo visto, o forse noteresti che la tua mente in un escursus veloce l'aveva notato, ma senza determinare o mettere a fuoco il soggetto che ritraeva.

Molto semplice. La tua mente era focalizzata su ciò che *doveva* vedere in quell'istante. Tu dovevi guardare il bancone, non i quadri, i colori delle mura, o i prodotti in vendita.

Pertanto ciò che la tua mente visualizza, è ciò che determina la tua focalizzazione del momento, ma i dettagli adiacenti possono essere comunque determinanti all'atto di un'apertura focale del tuo cervello rivolta a visionare orizzonti non ancora percorsi dalla tua mente visiva.

Quindi, *è assurdo solo ciò che in un certo momento tu ritieni meno importante.* Solo in quel momento.

Pertanto, scrivi ogni cosa, torna a casa con il blocchetto pieno delle tue strampalate idee e ti spiegherò cosa farne.

Lo chiamano in gergo il "brainstorming", una tempesta di idee rivolte alla risoluzione di un problema. La radice di partenza è sempre il "come".

Da adesso in poi, non chiudere mai una strada, ma inoltrala nel cammino del *"Come posso?...".*

I risultati parleranno per te.

> *Decidete che una cosa si può e si deve fare e trovate il modo.*
> *Abram Lincoln*

I PROBLEMI DEL DIPENDENTE

Questa sezione è l'esatto contrario della precedente.
Ma di concerto, è anche la più sviluppata.
Si transita dal "come" generare ricchezza, ai problemi nati dal nulla.
Appare strano quanto i problemi dei dipendenti siano in gran parte generati dall'astrusa conformazione limitante dei propri pensieri e della propria programmazione mentale.
Molti problemi che ho visto esporre, sostanzialmente non esistono nella realtà, ma vengono proiettati dalla mente contornati da immagini vivide di grandi castelli.

> *Ho avuto moltissimi problemi nella vita, molti dei quali non si sono mai verificati.*

Ricordo quando ho iniziato il mio processo di crescita ribaltando la mia vita con un piano finanziario, così come ho visto fare a molti altri dipendenti dei quali sono stato per un verso il maestro ispiratore e per l'altro un tenace allievo che ascoltava ogni singolo punto cogliendo e annotando le opportunità.
Ricordo che il mio primo step è stato quello di puntellare la mia condizione finanziaria con due immobili messi a reddito.
Quando raccontai i passaggi attuati, notai svariati amici dipendenti che mi elencavano una serie di problematiche connesse agli immobili: la crisi del mercato immobiliare, le spese connesse, le tasse, i problemi gestionali.
Poi iniziavano a sfociare in quelli che sono i problemi astratti e futuristici: "E se si rompe il tetto? Se ci sono delle perdite dalle tubazioni? E se ogni mese devi intervenire per eventuali problematiche del genere o per terremoti, alluvioni?"
Ogni singolo problema ne faceva scaturire altri, in un circuito infinito, in una concatenazione atroce.
Pareva che l'acquisto dei miei immobili dovesse far scaturire obbligatoriamente eventi tumultuosi o catastrofi naturali.
La realtà vera e concreta è una sola. Io percepisco regolarmente i miei redditi mensili fissi. Null'altro da aggiungere. E li percepisco

tutt'ora, avendo coperto tutte le eventualità con una strutturazione sensata e le dovute assicurazioni.

Il resto sono e restano ipotesi esasperate che non si sono in realtà verificate e non si verificano se non in casi estremamente eccezionali che vanno a colpire solamente chi non ha strutturato un adeguato piano di coperture.

Soprattutto la problematica e la differenziazione principale è una sola: colui che ha agito, guadagna mensilmente. Colui che parla, non guadagna nulla, e non guadagnerà.

Quando un dipendente afferma che non acquisterà quell'ipotetico immobile a causa delle problematiche ipotetiche che potrebbero eventualmente scaturire, ci sarà certamente chi al posto suo sfrutterà quell'opportunità.

Colui che lo farà, non sarà un soggetto migliore, ma semplicemente un individuo che pensa con un'altra testa, o meglio: al posto del problema vede l'opportunità e *risolve i problemi*.

In conclusione, quale differenza sostanziale esiste tra me e i dipendenti che non hanno acquistato immobili focalizzandosi sugli ipotetici problemi?

Tecnicamente nessuna, siamo ugualmente persone valide, ognuno con le proprie caratteristiche. Un solo determinante fattore ci differenzia: io l'ho fatto.

> *I falliti si dividono in due categorie. Coloro che hanno agito*
> *senza pensare e coloro che hanno pensato senza agire.*
> *John Charles Salak*

LA SOTTILE LINEA DEI PROBLEMI

Le persone, si suddividono in due categorie:
1. quelle che vedono i problemi
2. quelle che vedono le opportunità.

Il 95% rientra nella prima categoria, e sarà facile identificarli, li riconosci immediatamente. Ascolti cosa esprimono e poco dopo ne puoi ottenere la prova inconfutabile: il loro conto corrente sarà sempre pressoché vuoto o graviteranno appena sopra al margine della vivibilità.

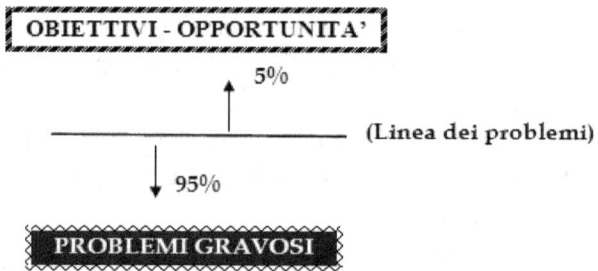

Da che parte della linea ti trovi?

Probabilmente tra quelli che qualora venga proposta qualsivoglia opportunità nuova di investimento o di business, iniziano ad elencare proiezioni di problemi ventennali futuristici ed ipotetici?

Rientri in coloro che elencano la poca credibilità dei progetti, dei soggetti, il tutto convogliato con la crisi, la burocrazia, la politica, la socialità?

Nessun problema, fai parte della categoria inerente alla freccia rivolta verso il basso. Non sei né pazzo ne inferiore agli altri, anzi ne sei praticamente simile, come nel 95% dei casi.

In piena media.

Se al contrario, intravedi opportunità e sormonti i problemi con la legge del "come" e con azioni concrete rivolte alla realizzazione e alla crescita, probabilmente ti trovi nel 5% dei soggetti con la freccia rivolta verso le opportunità.

Nessuna differenza eclatante tra le due categorie.

Sostanzialmente l'unica differenziazione rilevante è che i soggetti con freccia in alto *agiscono*, gli altri non agiscono sormontati dal pesantissimo macigno di quell'elenco, che porta a chiudere immediatamente un progetto o forse a procrastinarlo per anni in attesa di qualche freccia magica di Cupido che possa far scoccare la scintilla.

La differenziazione tra le due fazioni è veramente sottile, tanto sottile che potrebbe essere ribaltata con un semplice colpo di mano.

Chi è incuneato sotto i macigni gravosi dei problemi, difficilmente riesce a sobbarcare un peso del genere.

Devi capire che le reali problematiche che un individuo presenta, sono in realtà generate da un connubio di limitazioni mentali e paura. Nel 90% dei casi si tratta di problematiche del tutto astratte ed ipotetiche che mai si verificheranno realmente.

> *La ricchezza arriva a coloro che fanno accadere le cose,*
> *non a coloro che lasciano che le cose accadano.*
> John M. Capozzi

Mi è capitato in molte occasioni di presentare opportunità ai dipendenti già testate ed utilizzate da altri, pertanto molto realistiche e rivolte al raggiungimento di obiettivi finanziari di grande livello.
Ho realizzato il progetto "Opportunità Vincenti", un gruppo chiuso che segue queste opportunità e vive nell'abbondanza sfruttando opportunità condivise con altri dipendenti.
Offro idee ai dipendenti che cercano di migliorare la condizione finanziaria. Il 95% di loro sono nella media. La loro freccia in basso è talmente gravosa, come concettualità mentale, che potrei condire l'opportunità con immensi guadagni, ma il contesto limitante dei problemi emersi è una forza sovrumana difficilmente gestibile.
Da anni, grazie all'esperienza diretta con i dipendenti e alla diversificazione delle due fazioni di riferimento, ho compreso un'enorme verità: i problemi sono irreali e appartengono in gran parte a chi se li crea.

IL SEGRETO PER RISOLVERE I PROBLEMI.

Come ovviare? Più cresci, più ti formi e più i problemi ti appariranno superabili. La conoscenza ti offre il potere di gestione e la forza di sapere come muoverti in un campo o un ambiente a te familiare. Più sei formato più il problema ti apparirà superabile e risolvibile. Utilizza la legge del "come" in più occasioni, in più settori e ti accorgerai come superare ogni ostacolo che la tua mente, in maniera naturale, ti espone dinnanzi al cammino.
Il problema è sormontato sostanzialmente da una paura, il più delle volte **generata da qualcosa che non sai.**

Pertanto hai timore che qualcuno possa utilizzare la tua inconsapevolezza a suo favore.

Semplicemente impara ciò che non sai e poi fiondati sull'opportunità, prima che lo faccia qualcun altro.

Se ti contestano una legge, ti sentiresti impreparato, forse truffato. La tua mente navigherebbe in ipotetici sviluppi vertiginosi. Diverso sarebbe se lo stesso contesto si verifica ad un avvocato o un esperto giurista. La sua competenza gli permette di ovviare al problema in serenità.

Se la tua automobile si ferma per strada, probabilmente avresti paura di riavviarla ipotizzando di creare ulteriori danni.

Ma se tu avessi congrue nozioni meccaniche, sapresti, con un veloce sguardo al motore e udendo i rumori di accensione, comprendere in serenità il da farsi.

I problemi, sono generati sempre da qualcosa di cui non siamo a conoscenza.

Quindi la soluzione è semplice. *Aumenta la conoscenza, la formazione nel settore di interesse.*

Non evitare il problema, ma interpretalo come un quesito che cerca risposta. Trova la risposta e calcola il tuo piano.

Si chiama *"avvicinamento critico"*.

Non scappare dal problema, ma avvicinati, studialo, valuta soluzioni e possibilità. Se ti allontani chiudi definitivamente il portone. Se ti avvicini con lentezza e visione, lasci la porta aperta e solo così aprirai le branchie su ciò che non sai e su nuove condizioni che porteranno a nuovi risultati.

> *I problemi esistono solo laddove ci sono soluzioni.*
> *Altrimenti non sono problemi.*

Lascia per strada coloro che si lamentano sempre di ciò che non va, di ciò che non c'è o non esiste potenzialmente, oppure, se per caso ti accorgi di passare gran parte delle tue giornate a lamentarti di qualcosa, rivedi il tuo stato.

Inizia a sfidare te stesso: prova con un tuo piano d'azione personale: non lamentarti per soli sei giorni.

Ogni volta che vedi partire l'impulso bloccalo, cambialo drasticamente con un pensiero positivo o comunque diverso. Imponiti questa sfida per soli sei giorni.
Sei giorni trascorrono velocemente, non sono molti e una tale sfida
di certo non comporterà perdite economiche o qualsivoglia altra
problematica. Imponi a te stesso sei giorni. Solo sei.

Dal settimo giorno, appena ti svegli, ricomincia pure la tua vita.
Sputa tutte le lamentele che avevi soffocato nei giorni precedenti.
Ti accorgerai che la forza negativa torna e fa molto male, affossa,
colpisce alla testa e ti lascia a terra. Questo risultato non si verificava
nei sei giorni precedenti...
Ti accorgerai immediatamente di quanto in quei sei giorni l'energia
negativa stava lontana appena si avvicinava al tuo essere e di quanto
la vita fosse ben diversa... Più bella, più positiva, più solare. Quando
guardavi il cielo la tua visione era sublime, rilassante.
Ti servirà. E ti servono solo sei giorni.

Gli uomini hanno una naturale predilezione, attrazione, per i conflit-
ti, per gli scontri o le dispute.
Avrai notato programmi televisivi interamente strutturati su conflitti,
processi, cattive notizie, omicidi irrisolti.
I mass media difficilmente creano impalcature o articoli su buone
notizie, semplicemente perché fanno meno odience.
Dai una cattiva notizia ad un giornalista e creerà uno scoop.
Da molto tempo ho ridotto in maniera completa il mio rapporto con
la televisione. Praticamente potrei farne a meno.
Ma le persone no. Le persone stanno nei problemi, amano i problemi, convivono con i problemi e vogliono inoltre ascoltare costantemente quelli degli altri e la relativa concatenazione di eventi negativi
che ne conseguono.
Sentirai affermare da molti che certi eventi non influiscono affatto
sulla loro personalità, ma è scientificamente provato che ascoltare
continuamente notizie negative, anche non direttamente connesse
con la propria cerchia, crea una spirale di negatività che attecchisce
come una piattola nel nostro inconscio.

Saremo di conseguenza portati a pensare, dinnanzi agli eventi negativi che possono verificarsi in una giornata, che sia cosa normale e naturale considerando ciò che si sente in giro.

Tutti hanno problemi, quindi è normale che li abbia anche tu.

Esci da questo vortice!

Segui con me il percorso in questo libro. Scoprirai come fare a meno di certe situazioni e come cambiare cerchia di persone e conoscenze.

La strada per il tuo successo si sta spianando, e si trova dalla parte opposta ai problemi.

Già nel prossimo capitolo scoprirai qualcosa di eccezionale che è già pronto dentro di te.

Il sapere non è sufficiente, dobbiamo applicare. Il volere non è sufficiente, dobbiamo fare.
Leonardo da Vinci

Registrati subito, ADESSO su www.massimilianoacerra.it
E scarica le risorse gratuite che messe a disposizione dei lettori.
In più accedi ai vari canali, su Telegram, You Tube e il gruppo chiuso su Facebook "Mipai, in pensione quando vuoi tu", dove vengono inseriti aggiornamenti, spunti, pensieri e l'autore è settimanalmente in diretta Live con gli utenti per interazione, domande e risposte.

6: DALLA TEORIA ALLA PRATICA PER DIVENTARE MILIONARIO PARTENDO DA DIPENDENTE.

IL SEGRETO? PERSEGUI IL TUO TALENTO.

Ogni giorno migliaia di persone si barcamenano a lavorare. Generano reddito facendo in maggioranza ciò che non vogliono, ciò che non piace. Attendono ogni singolo giorno che il tempo sfili da sotto le scarpe, che arrivi al più presto l'ora di andare via, di fuggire.

Sono sconfortati dal fatto che dopo poco dovranno tornare a trascorrere altre ore infinite, svolgendo un'attività che non piace, ma che serve in quanto costituisce l'unica fonte di reddito e di conseguenza, di vita.

E così per anni ed anni, fino alla pensione.

Ti sei mai chiesto se il tuo lavoro rientra in ciò che realmente sognavi?

Se il tuo più grande interesse corrispondesse alla tua primaria fonte di reddito? Cambierebbe qualcosa?

Se il tuo interesse primario fosse la pesca e fosse anche la tua fonte primaria di reddito, la tua vita sarebbe migliore?

Ogni minuto della tua giornata sarebbe probabilmente una gioia, ogni istante sarebbe vissuto con serenità, con benevolenza, con allegria, con determinazione. Se l'orario si protraesse sarebbe una soddisfazione ed il lavorare non sarebbe un peso ma un turbinio di appagamento e benessere.

E' l'ora di valutare il fatto che l'attività che tanto ti piace svolgere e che forse per ora detiene solamente lo spazio ridotto di un hobby, potrebbe essere l'attività della vita.

Smetteresti ad un tratto di lavorare per i soldi, il peggior compromesso che un uomo può crearsi nella vita.

Il più grande errore è quello di non tentare mai nella vita di fare in modo che siano i soldi a lavorare per te.

Invece di imparare cose che non hanno utilità, *impara a sfruttare il potere del denaro.*

Fai emergere i tuoi talenti e coltivali. Fai formazione per migliorarli già da subito. Falli diventare delle genialità.

Un grande corridore ha un quoziente di talento solo del 20%. Il resto è preparazione, allenamento, formazione. Senza questi fattori non sarebbe un grande corridore.

Impegnati all'eccellenza nel tuo settore, dai l'anima, impara tutto ciò che c'è da sapere.

Le ricompense saranno dedicate solo a coloro che si saranno impegnati al massimo.

Il denaro e la ricchezza sono un risultato, non la radice o l'inizio.

Oltre al denaro riceverai gratificazioni personali quando sarai uno dei top del tuo settore.

Quando lavori nell'area che ti piace, le energie non finiscono mai: vorresti che le giornate avessero più ore disponibili, vorresti non smettere mai. Sei pieno di volontà, di bramosia, di desiderio, e la tua autostima cresce esponenzialmente.

In automatico hai voglia di fare di più, perché questo è il tuo campo.

> *"Se un uomo non pratica il mestiere a cui la natura l'ha destinato e che meglio si confà al suo particolare genio, non può avere successo".*
> *Phineas Taylor Barnum*

Ogni persona eccelle sicuramente in un'area. Tutti hanno bisogno di allinearsi con quel contesto, con il proprio obiettivo nella vita.

Chiediti "come" perseguire il tuo talento e in quale maniera trasformarlo in una rendita.

> *"Cerca sempre di ottenere ciò che ami, o ti dovrai accontentare di amare ciò che ottieni".*

Prova ad immaginare un giorno se un grande magnate ti regalasse dieci milioni di euro. I tuoi problemi finanziari sarebbero risolti tutti in un colpo solo.

Immagina adesso che questa persona ti ponga un'unica condizione per ottenere quel denaro: se lo vuoi devi comunque continuare a fare un lavoro. Puoi scegliere quello che vuoi e farlo quando vuoi, ma lo devi fare.

Cosa faresti? Quale attività sceglieresti?

Rifletti e datti una risposta.

Scrivila a caratteri grandi…

L'attività che hai scritto, è certamente quella che più ti piace, che ti da maggiori soddisfazioni.

Perché dover aspettare che qualcuno ti offra abbastanza denaro per esercitarla in libertà? Perché aspettare di andare in pensione per dedicarsi pienamente a ciò che piace veramente e a ciò che esalta il tuo talento?

Le persone ricche, sono divenute tali perché amano ciò che fanno e glielo puoi leggere negli occhi.

Chi uccide la sua autenticità uccide se stesso.

Hai paura di vendere, di approcciarti con le persone presentando il tuo prodotto?

Devi superare questo arcano muro di credenza ed affinare le tue tecniche persuasive studiando ed imparando.

Ti accorgerai che esistono più persone di quante puoi immaginare che desiderano imparare da te o hanno necessita di utilizzare i tuoi prodotti o i tuoi servizi. Certamente avranno loro la necessità di contattarti e non il contrario.

Se tu ipoteticamente conoscessi l'antidoto magico per guarire un malato, non gli daresti il tuo prodotto per migliorare la sua vita?

Se vuoi uscire dal tuo contesto, devi comprendere che devi risolvere, con il tuo talento, i problemi a tante più persone possibile.

Non c'è forza più grande nella psicologia umana del bisogno che abbiamo di essere coerenti con la nostra identità.

Individua la tua abilità e lavoraci ogni giorno: **pensa come se il tuo destino lavorativo sia unicamente nelle tue mani** e non nelle mani del datore di lavoro dove operi passivamente.

Anche se sei dipendente, il destino lo crei tu.

Il destino finanziario è un risultato, non un colpo di fortuna.

Lavora sodo sulle tue abilità. Tutti i giorni.. certamente la tua abilità va solo sviluppata e portata a un livello superiore.

Un musicista deve fare musica. Un pittore dipingere, un poeta scrivere poesie, se vogliono essere davvero in pace con loro stessi. <u>Tutto ciò che un uomo può essere deve essere.</u>
Abram Maslow

RIEPILOGO ATTUATIVO:

1. Identifica il settore che più ti piace, che ti offre maggiori soddisfazioni. Formati per eccellere in quel settore.
2. Cerca idee di business che siano compatibili con le tue capacità.
3. Un libro al mese del tuo settore ti porta certamente in un anno ad essere uno specialista della materia.
4. Poniti un obiettivo *ed inizia subito*. Lavora ogni giorno al tuo progetto e alla tua crescita in maniera costante.
5. Raggiungi obiettivi crescenti già prefissati.

STORIE DI BUSINESS

Il successo inizia anche lavorando gratis.
Andrea, un dipendente, lavorava dieci ore al giorno in una fabbrica. Pensava e sognava in grande, aveva talenti e competenze, ma era strozzato dalla sua busta paga e non vedeva alternative all'orizzonte.
Avrebbe voluto apprendere e sperimentare meglio la sua attività di video marketer.
Al tempo avevo necessità di realizzare dei piccoli progetti video per le mie lezioni sul web dedicate al "doppio lavoro" dei dipendenti statali. Contattai Andrea tramite amici comuni e, visionando i suoi lavori, mi accorsi che deteneva un imponente talento inespresso per la sua materia.
Avrebbe voluto collaborare con grandi aziende per sviluppare progetti video di alto livello. Ma doveva essere assunto.
Nessuno lo assumeva.

Gli consigliai uno stratagemma molto semplice. "Vai a lavorare gratis".

Inizialmente la mia proposta venne considerata pressoché assurda.

Feci notare ad Andrea che nella nuova era, devi prima dare per poi ricevere. E' la nuova legge del mercato moderno.

Sul web oggi, chiunque ti offre prima grandi risorse gratuite e dopo ti presenta il suo prodotto, attira di conseguenza interesse per il cosiddetto "principio di reciprocità" previsto dalle connotazioni persuasive della vendita.

Andrea, dopo poco tempo, andò a lavorare alcune ore al giorno in una ditta di software. Gratuitamente.

Collaborava con il semplice scopo di imparare personalmente ciò che ancora non sapeva.

Iniziò guardando, comprendendo, ritoccando alcuni lavori. Un giorno gli fu proposto di realizzare un video sfruttando la sua idea, la sua professionalità.

Il progetto realizzato fu rivoluzionario e la dirigenza aziendale riconobbe ad un tratto lo straordinario talento di Andrea.

Le richieste furono maggiori, l'azienda gli offrì una remunerazione alternativa.

La sua competenza cresceva giorno per giorno, così come i suoi rapporti e i suoi contatti di qualità. Il suo curriculum si dilatava a vista d'occhio, così come la sua professionalità.

Fu un trauma per l'azienda quando Andrea decise di non andare più. Gli fu offerto un posto fisso, stipendio, incentivi, possibilità. Non accettò. Oggi Andrea non è più un operaio, ma sviluppa progetti web per le aziende in larga scala ed è uno dei professionisti maggiormente riconosciuti del settore.

Da umile operaio a specialista del settore che ama.

Renato, un amico dipendente, lavora da casa. In alternativa al lavoro da dipendente si è specializzato, attraverso un'approfondita formazione, in attività di copywriter e ghostwriter

Materialmente scrive per conto e per nome di molti blogger su siti e blog. Prepara articoli settoriali per aggiornare le pagine web dei titolari che per ragioni di tempo non potrebbero seguire l'attività con continuità.

Aggiorna le relative pagine personali sui social network, inserendo tematiche inerenti all'attività principale del committente.

Scrive inoltre lettere commerciali con tecniche persuasive appositamente per le aziende, sfruttando l'elevata preparazione che si è creato in brevissimo tempo.

Le richieste sono divenute sempre più corpose e con pochi articoli al giorno pubblicati per i committenti, Renato crea ingenti arrotondamenti di stipendio mensilmente.

Straordinaria la storia di Marta, nonna settantacinquenne. La nipote le ha spiegato le nuove tecniche del web e lei si è inventata i videocorsi di cucito. Troverai "Nonna Marta" che ti insegna passo a passo come fare orli, cucire camice o restringere pantaloni, con un carisma e un'esperienza che solo una nonna può avere.

Adesso Nonna Marta guadagna di più di quanto non abbia mai guadagnato in tutta la sua vita lavorativa.

Luca e Davide, hanno fondato il primo servizio on-line di psicologia. Nella loro città ristretta l'attività non aveva dato frutti interessanti. Hanno sfruttato la leva del web e del marketing connesso alla gestione della privacy di chi preferisce usufruire di sedute psicologiche da casa senza mostrarsi in pubblico.

Il loro riscontro di pubblico è stato eccezionale. Ad oggi hanno allargato la rete e la copertura territoriale con più di 20 collaboratori, sfruttando la loro passione, il loro mestiere con creatività, senza inventare nulla di nuovo ma offrendo un servizio che nessuno è stato in grado di fornire prima.

Marcello, ha imparato le nuove strategie sul web-marketing.

Ha partecipato a corsi di formazione e letto svariati libri di settore. Sentiva di aver compreso poco ma di aver identificato uno straordinario potenziale.

Ha imparato gradatamente seguendo i sistemi di persone che svolgevano attività di mail-marketing on-line. Si iscriveva ai loro programmi di vendita e seguiva il loro percorso analizzandone le mosse. Pian piano ha imparato tutti i trucchi applicandoli alla sua attività personale.

Ma la sua attività gli dava appena da vivere, i prodotti erano poco richiesti e destinati ad una nicchia ristretta.

Nel tempo notava che molti amici richiedevano i suoi servizi per lanciare le loro attività. Il suo programma di marketing funzionava attirando clienti affamati di acquisti.

Poco tempo dopo Marcello ha automatizzato il suo sistema e ha creato un indotto eccezionale capace di estendere l'acquisizione clienti (detta lead-generation) a qualsiasi settore.

Attualmente Marcello è consulente di decine e decine di imprese e vende i suoi videocorsi attraverso i portali di proprietà.

Una strategia vincente applicata sempre di più da persone specialiste del web in un mercato che ha sempre più fame di acquisizione di clienti.

Un gruppo di ex dipendenti hanno creato un business sulle notizie sportive, senza creare notizie o cercare scoop.

Hanno aperto portali dedicati alle squadre di calcio, al calciomercato, alle notizie singole di tutte le squadre, attingendo attraverso sistemi automatici sul web che trovano notizie su testate giornalistiche come "la gazzetta dello sport", "tutto sport" e tutti i giornali on line ed off line.

Vuoi notizie sulla tua squadra di calcio o basket? Dovresti cercare notizie frammentate su mille giornali o testate. Loro te le danno tutte, le raggruppano per te.

Trovi tutte le notizie. Ma loro cosa fanno materialmente?

Fanno business.. sulle notizie di altri!

Non hanno inventato nulla di nuovo. Ancora una volta.

IL GIOCO DEL SUCCESSO

Ricordo ancora i grandi amici di un tempo, quando in adolescenza vivevo nella mia città, Montecatini Terme.

Ci ritrovavamo a casa del mio amico Vittorio, e passavamo pomeriggi interi a giocare. I giochi preferiti erano "Monopoli" e "Risiko".

Al tempo eravamo ragazzi, non avevamo idea della morale finanziaria che gli ideatori avevano voluto attribuire a quei giochi da tavolo.
Mentre giocavamo, non ci siamo mai accorti di avere in mano la chiave del potere. Già da bambini.
"Non creare passività, ma generatori di reddito", come coloro che risultavano vincitori dei giochi.
Ricordo che nel Monopoli, chi non investiva e continuava a girare senza fare investimenti, alla lunga veniva schiacciato dal gioco finanziario dei possedimenti degli altri.
Il trucco era acquistare proprietà per farsi pagare ogni volta che gli altri giocatori vi ci transitavano sopra. Ognuno aveva un piano strategico, un obiettivo: acquisire i terreni dello stesso colore, comprare le casine verdi. E, stranamente, più si acquistava, più si guadagnava. Esattamente il contrario di ciò che fa la massa oggi, che *acquista per pagare una vita di debiti senza guadagnare mai niente.*
Più cresceva il capitale e più venivano acquistati possedimenti, "generatori di reddito" che lavoravano per noi instancabilmente. E più crescevano i possedimenti e più lavoravamo meno e più la ricchezza aumentava. Poi le quattro casine verdi divenivano magicamente una grande casa rossa.
E a quel punto, eravamo padroni dominatori.
Non si tratta per caso della regola primaria appresa in questo libro? Qualcuno ha notato affinità?
Giocando, non mettevamo mano al portafoglio se non per acquistare "generatori di reddito" e accrescere gli investimenti e il proprio patrimonio.

Quando giocavamo a Risiko, coloro che partivano senza criterio, cercando di fare più conquiste possibile quando era il loro turno, al momento che passavano la mano, venivano distrutti prepotentemente ed in breve tempo. Coloro che avevano fretta di conquistare per vincere, alla fine perdevano.
Solo coloro che strutturavano un piano, rinforzandosi passo dopo passo, con calma e strategia, alla fine risultavano sempre e comunque i vincitori.
Oggi comprendo quanto sia istruttivo quel gioco, vedendo le differenze tra coloro che non hanno un piano e per guadagnare e farsi strada nel gioco finanziario, cercano di fare tutto subito, identifican-

do il denaro come qualcosa che si crea alla stregua di una lotteria, con una concezione bizzarra del *"tutto e subito oppure non ne vale la pena"*.

Chi gioca pianificando la propria strategia con un processo graduale di acquisizioni strutturato nel tempo, vince al gioco del denaro.

Oggi così come allora.

Registrati subito, ADESSO
https://www.massimilianoacerra.it/risorselibri/
Scarica le risorse gratuite che messe a disposizione dei lettori.
Sono davvero tante ed inedite.
Contenuti riservati solo ai lettori del libro.

In più accedi ai vari canali, su Telegram, You Tube e il gruppo chiuso su Facebook "Mipai, in pensione quando vuoi tu", dove vengono inseriti aggiornamenti, spunti, opportunità di investimento condivise, pensieri e l'autore è settimanalmente in diretta Live con gli utenti per interazione, domande e risposte.

SCAN ME

7. LO SCOPO.

IL PADRONE DEL TEMPO

Qual è il tuo obiettivo? Ne hai uno?

Conosci l'obiettivo dei ricchi?

Il pensiero comune è che siano i soldi.

Il vero obiettivo è: *il tempo.*

Ognuno di noi ha un fulcro portante nella propria vita. Se domandassi a tutti quale sia il proprio primario obiettivo, le risposte sarebbero le più disparate.

Ho partecipato ad un interessante corso di formazione che trattava argomentazioni di crescita personale.

Ad un tratto il relatore ha chiesto a tutti i presenti quali fossero i veri obiettivi di ognuno. Abbiamo scritto i nostri pareri, ognuno sul proprio taccuino.

Alcuni hanno risposto: la ricchezza, il benessere finanziario, la salute, l'amore.

Ad un tratto è stata rivolta una domanda specifica ai partecipanti: *"Ti sono stati comunicati solo sei mesi di vita. Hai gli ultimi sei mesi, poi scomparirai. Cosa farai da oggi?"*

Tu cosa faresti? Prova a scriverlo adesso, prima di continuare la lettura, o comunque pensa ad una serie di cose.

A tal punto le risposte non erano più difformi e fantasiose, ma si trasformarono in un pensiero univoco. Nessuno cercava più ricchezza, soldi, realizzazione, successo, importanza. Tutti avrebbero dedicato il loro tempo agli affetti, alla famiglia, ai figli, ai genitori, a loro stessi, per vivere *ogni istante* come se fosse eccezionale ed unico. Avrebbero ceduto tutto nel breve termine cercando di vivere il massimo della propria vita senza perderlo a sognare, lavorare, progettare, pensare, correre.

In altre parole: tutti avrebbero voluto in realtà essere *padroni del proprio tempo* e viverlo attimo dopo attimo.

Tutti i partecipanti, io compreso, comprendemmo ad un tratto che dietro a realizzazioni finanziarie, dietro alla ricchezza economica, alla volontà di guadagnare sempre di più, di creare idee, attività vincenti, si cela in realtà la volontà di avere tempo libero da dedicare alla propria vita e ai propri affetti.

Molti sognano di avere un'attività che guadagna in automatico, mentre si è sdraiati su una spiaggia tropicale, proprio perché la padronanza del proprio tempo è il fattore più importante per la reale creazione di benessere.

Ad un tratto compresi il motivo per cui chi raggiunge ricchezze e soddisfazioni, molto spesso può non essere comunque felice, proprio perché non è realmente allineato con il suo vero obiettivo, quello che non appare, quello a cui non si pensa.

La realizzazione finanziaria, è solo un mezzo per raggiungere il vero obiettivo, quello principale.

Il tempo non si può fermare. Si può solo gestire.

Ricordo qualche anno fa. Stampai il mio primo libro dedicato al "secondo lavoro" dei dipendenti pubblici appartenenti alle forze armate e alle tecniche per regolarizzarlo, in una tipografia dove lavorava un anziano signore.

Ricordo le vecchie macchine da scrivere storiche esposte nella vecchia vetrina.

Lo incontrai qualche tempo dopo, e lui, con gioiosa soddisfazione, affermò di essere andato in pensione.

Ne fui commosso, in quanto notai nei suoi occhi una luce nuova.

Affermò di aver atteso molto prima di decidersi a lasciare il lavoro, anche se aveva raggiunto gli anni della pensione già da tempo.

Aveva patito la paura del cambiamento, il timore ipotetico di non saper gestire il proprio tempo, visto che fino a quel momento il lavoro *aveva gestito il tempo per lui.* Per tutta la vita.

Ma quel giorno pareva avere una nuova linfa, un innovativo convincimento.

Gli chiesi nozioni sul suo nuovo stato e come scorresse la nuova vita da pensionato. Lui affermò che si trattava di una vita eccezionale e se avesse saputo di cosa si trattava, probabilmente avrebbe creato un'esistenza diversa già anni prima, un obiettivo lavorativo e finanziario volto a raggiungere anzitempo questa condizione.

Gli domandai una mia personale curiosità: cosa fosse realmente cambiato nella sua vita.

Ricordo l'immagine: eravamo nei pressi del portone della casa nella quale vive la figlia. Le vetture sfrecciavano velocemente sulla strada, ma nonostante questo, quelle parole mi lasciarono sbigottito, abbattendo il rumore dei motori.

Mi rispose: "Cos'è cambiato? Oggi sono *padrone del mio tempo*".

Lo salutai dopo mille auguri di felicità per la nuova vita, ma quella frase, quell'affermazione, penetrò dentro di me in maniera indelebile. Fu assorbita fino in fondo, sfondò i miei padiglioni auricolari invadendo il mio essere, varcando ogni soglia, perforando ogni barriera.

Quel giorno compresi ciò che non avevo mai compreso.

L'obiettivo.

Fino a quel momento ero una barca in avaria. Il classico soggetto insoddisfatto della propria esistenza proprio perché orientata solo al ciò che *non* volevo: una vita comune, un'esistenza uguale agli altri.

Sapere cosa *non* si vuole, non è come sapere cosa si vuole. Esiste un'enorme differenza. Il sapere cosa *non* si vuole, è pari al nulla, si sprofonda sempre nell'abisso de "la regola del non voglio".

Quel giorno compresi ciò che volevo e quale fosse il mio obiettivo da raggiungere. Volevo essere *padrone del mio tempo*.

Per questo ho iniziato una nuova vita, una nuova esistenza, focalizzata su un obiettivo da raggiungere in un tempo molto ristretto.

Ma cosa può portare ad ottenere realmente la padronanza del proprio tempo? Semplice: una condizione finanziaria di libertà, di benessere e di piena indipendenza.

Una condizione finanziaria costellata da rendite passive, o meglio, rendite finanziarie generate non dal diretto lavoro o dall'impiego del proprio tempo, ma generate da altre condizioni che scoprirai in questo percorso, sfruttando l'enorme conoscenza che ho acquisito nel tempo e l'esempio di centinaia di lavoratori dipendenti che hanno già raggiunto l'indipendenza economica.

Molti di loro, hanno lasciato il lavoro e lo stipendio fisso, divenendo prematuramente padroni del loro tempo, il vero reale obiettivo di tutti i ricchi.

Sei un dipendente? Hai poco denaro?

Certamente detieni una certezza: hai tanto tempo a disposizione per realizzare il tuo progetto e per crearti una formazione approfondita in quel settore.

Non affievolirti nel pretesto di non avere tempo di realizzare i tuoi progetti. La realizzazione è sempre questione di priorità, mai di tempo.

Il tempo è vita e la vita ha una scadenza. Non dimenticarlo.
Massimiliano Acerra

COME COMPRARE IL TEMPO.

Puoi comprare il tempo? Un dilemma infinito.

In questo capitolo scoprirai che in realtà puoi comprare tutto il tempo che vuoi.

Devi solo imparare a farlo.

Una cosa è certa. Il tempo non puoi fermarlo. Puoi solo gestirlo.

E puoi comprarlo.

La persona di successo, per realizzare i propri obiettivi, compra costantemente il tempo.

Lui ha a disposizione solo 24 ore per gestire le proprie realizzazioni. Un tempo ristretto.

Pertanto acquista le 24 ore di qualcun altro per realizzare in quel tempo ciò che lui non potrebbe fare.

Se non basta, acquista le 24 ore di altre persone.

E' solo questione di prezzo.

Se per arricchirti devi produrre centro prodotti al giorno, non potrai mai farlo da solo con le tue 24 ore disponibili. Ma acquistando a basso costo il tempo di altri, riesci a raggiungere quella produzione e anche a superarla.

Il tempo è denaro. Più tempo compri, più si moltiplicano le potenzialità di generare reddito in maniera esponenziale.

L'imprenditore, acquista il tempo dei dipendenti pagando loro ciò che vogliono, lo stipendio fisso e le sicurezze. Per lui diviene un potente effetto leva per generare ricchezza.

> *Il tempo è un tiranno. Non ti rende mai nulla indietro*
> *di quello che avresti potuto fare.*
> *Massimiliano Acerra*

RIVOLUZIONE! PARTENDO DA DIPENDENTE

Vuoi rivoluzionare la tua condizione finanziaria? Sei un dipendente? Allora parti in vantaggio.
Perchè conviene partire da dipendente?
Ogni giorno che passa, vedo e percepisco ciò che per molto tempo ho vissuto per primo.
La stragrande maggioranza delle persone, vive una similitudine:
non ama il lavoro che esercita.
Molti odiano alzarsi e rivisitare ogni mattina il volto grigio dei propri colleghi intenti perennemente a lamentarsi di tutto.
Se per caso il lavoro detiene un pur minimo interesse o piacere, sopraggiunge un ulteriore fattore demotivante dovuto al basso regime di introiti e guadagni, stringati e rosicati dalle tasse.
Ogni giorno che passa, realizzi di avere dinnanzi a te un'esistenza prestampata in un cuneo malinconico di demotivazione. Un percorso già scritto ed assegnato.
Sei comunque costretto a tenerti stretta quell'occupazione in quanto è la tua unica fonte di reddito, di risparmio, di vita.
Ma, partire da dipendente per intraprendere la strada della ricchezza finanziaria, è in realtà un vantaggio straordinario.
Qualsiasi attività collaterale, investimento o progetto che vuoi realizzare, puoi concretizzarlo radicandoti su una base solida. Pensa a chi non ha nulla e parte da zero, senza reddito, senza la sicurezza a fine mese di avere un'entrata che permetta comunque perlomeno di sfamarsi.

Partendo da dipendente, hai una radice, un possibile capitale, un potere di risparmio anche se minimo, un potere di finanziamento, una consapevolezza.

Puoi avere e scavare radici e fondamenta in serenità, con una sicurezza momentanea alle spalle.

Molto spesso, sento dipendenti che propongono la consueta sequela di problematiche dinnanzi alla loro eventuale realizzazione. Affermano, tra le tante scusanti, di non avere soldi e che il denaro sia l'unico mezzo per diventare ricchi.

In questo libro troverai testimonianze dirette di chi non solo è diventato ricco, ma è partito da zero, senza nemmeno avere un impiego da dipendente.

Lo stratagemma e il vantaggio sta proprio nel partire da dipendente.

La maggior parte delle persone facoltose sono partite da imprenditori senza un posto fisso, cadendo più volte nella corsa ad ostacoli, sacrificandosi ogni mese senza aver la sicurezza iniziale di trovarsi comunque uno stipendio che potesse compensare i tentativi andati a vuoto.

Pertanto: partire da dipendente, come molti affermano, non è un ostacolo, ma un grande vantaggio, un enorme privilegio, soprattutto per coloro che non hanno ancora la giusta formazione o preparazione in un determinato campo.

Utilizza la tua attuale sicurezza come leva per creare una condizione finanziaria di rilievo e imparare ciò che non sai.

Non esiste basamento migliore. Sfruttalo con adeguata saggezza.

Adesso.

Chi ha più successo attualmente, è solo un soggetto
che ha iniziato a fare le cose giuste prima di te.

QUANDO REALIZZARE I SOGNI?

LA RISPOSTA A TUTTE LE DOMANDE

In questa sezione otterrai finalmente la risposta che cerchi.

Molte persone, una volta apprese le metodologie appropriate per raggiungere condizioni di ricchezza finanziaria, mi chiedono quando potranno sbizzarrirsi nel comprare la propria casa, comprare i mobili, la nuova moto o la nuova automobile.

Rispondo sempre che questo genere di spese, devono necessariamente essere intraprese utilizzando gli introiti che affluiscono dai "generatori di reddito".

Quindi: prima attua il piano di crearti un'impalcatura di generatori di reddito e rendite. Poi sbizzarrisciti nel comprare ciò che vuoi, creando abbondanza nella tua vita.

Prima semina adeguatamente, poi utilizza i frutti per alimentare il tuo benessere. Ma utilizza solo i frutti, *mai la radice o l'albero.*

Utilizza le rendite, mai il capitale. Ricorda sempre che il segreto della ricchezza transita attraverso l'alimentazione dei "Tre Pilastri del potere finanziario personale".

Quindi assicurati di non abbatterli mai e la tua impalcatura finanziaria crescerà a vista d'occhio.

Attenzione! Le emozioni sono spesso predominanti ed offuscano la logica, soprattutto quella finanziaria che, dinnanzi alle emozioni, solitamente getta la spugna.

Sarà difficile evitare di seguire le orme di genitori e famiglia cambiando impalcatura mentale e abitudini e rimandare di conseguenza l'acquisto della propria casa, la propria macchina, i propri mobili e quant'altro.

Certi contesti sono ormai radicati nelle usanze universali e sono difficili da estirpare.

Ricordo ancora il colloquio con il mio amico Costantino.

Gli spiegai il mio piano finanziario temporizzato a tre anni e la strategia che ho personalmente applicato e che presto imparerai a replicare.

Mi propose una domanda: *"Ma se è così semplice seguire una strutturazione finanziaria propria comportandosi come un'azienda, perché non lo fanno tutti?"*
La mia risposta fu breve e secca. Affermai che presto lo avrebbe compreso da solo.
Al nostro secondo incontro, gli presentai i disegni delle passività e dei "generatori di reddito" che trovi su questo libro.
Gli mostrai l'impalcatura creata da centinaia di dipendenti che avevano raggiunto una rilevante posizione economica.
Lui sbalordito comprese.
Si convinse, avallò ogni mio pensiero valutando che la struttura finanziaria proposta era quella vincente per il raggiungimento della ricchezza e dell'indipendenza economica.
Lo incitai quindi ad iniziare da subito anche il suo percorso, ma lui mi risposte:
"Io ho compreso le regole. Sono perfettamente d'accordo con tutto, sono sicuro che questa sia la reale strada di realizzazione da perseguire, ma... io non posso farlo."
Restai ammutolito per svariati infiniti secondi.
Ero seduto accanto a lui. Guidava lentamente la vettura immerso nel traffico e nei suoi pensieri.
Le altre vetture scorrevano copiosamente sul lato opposto della carreggiata.
Ero incredulo. Non riuscivo a capire come fosse possibile che una persona avesse identificato la strada idonea e vincente da perseguire eppure non la potesse applicare.
Dopo poco, gli chiesi la reale motivazione.
Mi rispose: *"Ho compreso che questa è la reale strada da perseguire. Ma io non posso applicarla. Non posso tornare a casa e raccontare alla mia compagna (che tra breve diverrà mia moglie), che non avremo più la nostra casa che tanto abbiamo sognato fino a questo momento, non avremo più la nostra macchina nuova o i mobili che arrederanno la nostra dimora. Non posso dirle che al posto di tutto questo acquisteremo "generatori di reddito".*
Non capirà mai. Certamente la sua reazione sarebbe negativa. Non potrò presentarmi a mio suocero con programmi del genere, perché certamente consiglierebbe alla figlia di ripensarci, che il matrimonio non è cosa così urgente considerando le mie nuove "idee".

Tornando a casa, mio padre, dopo avermi ascoltato o aver visto certi disegni, sono convinto che contatterebbe il pronto intervento medico per verificare che io non abbia perso la connotazione della realtà.
Per questo io comprendo, ma non posso attuare un piano del genere."

Questa storia, conferma quanto sia difficile uscire da un contesto precostituito di credenza sociale.
Ma la strada da perseguire è una sola.
E' quella che va contro alle leggende metropolitane, che si discosta maggiormente dalle tradizioni comuni.
Come già ti ho anticipato, certe prese di posizione non verranno comprese, verranno criticate.
Ma focalizzati sulla differenza che intercorre tra il pensiero comune e la tua realizzazione, ricordandoti sempre che se gli altri non conoscono la strada e non la vogliono conoscere, tu hai il dovere di perseguire la tua, altrimenti resterai ancorato alla medesima condizione degli altri, un circuito prestabilito, un labirinto senza soluzioni di uscita.
Ricorda sempre: alla tua realizzazione finanziaria, *se non ci pensi tu, non ci pensa nessuno!*
Colui che critica, è solo chi denota una diversità che esce dai ranghi della sua credenza, non obbligatoriamente chi è indirizzato nel percorso giusto.

Inizia a lavorare per creare "generatori di reddito". I sacrifici che fai devono essere focalizzati su questo e non sul creare spese infinite senza rendite per il solo gusto di sentirti proprietario di qualcosa.
La tua casa di proprietà? Arriverà. La tua grande e nuova automobile fiammante? Arriverà. I viaggi intercontinentali? Arriveranno presto e tutto con i dovuti interessi.
Io ho iniziato a creare impalcature in questa maniera, vendendo la mia casa di proprietà con la prospettiva di capitalizzare e averne una proporzionalmente più bella in futuro. Ho abbandonato per adesso il sogno della grande automobile fiammante, ma, con il mio piano finanziario, potrò permettermene una migliore senza decapitarmi di debiti.
Acquista una vettura di seconda mano a bassissimo costo. Io ho fatto lo stesso. Certo, i tuoi amici e conoscenti si vanteranno di avere

una vettura più fiammante della tua. Ma quell'automobile invecchierà e svaluterà, così come il portafoglio e loro, tra svariati anni, dovranno ancora lavorare all'infinito per pagarsi l'automobile successiva e saranno *sempre al punto di partenza*.

Il tuo piano finanziario non prevede inizialmente denaro sprecato in passività, ma solo in "generatori di reddito"

Ricorda la *regola primaria* per cui:

ogni volta che metti mano al portafoglio per acquistare qualsiasi cosa che non sia beni di prima necessità, devi sempre acquisire "generatori di reddito", o meglio beni o investimenti che **generano rendite** e non che le abbattono.

La freccia deve essere rivolta in alto e i "tre pilastri del potere finanziario" devono continuare ad essere alimentati costantemente.

Segui questa regola e molto presto, avrai tutto ciò che ti serve utilizzando non il tuo sudore e i tuoi sacrifici protratti negli anni, ma piuttosto le rendite generate passivamente, senza il tuo lavoro diretto.

Se il tuo intento è quello di lasciare il posto di lavoro da dipendente una volta raggiunta l'indipendenza economica, assicurati prima di aver creato la giusta impalcatura di "generatori di reddito", investimenti, proprietà immobiliari, sia come investitore che come titolare di eventuali attività collaterali.

Esattamente come hanno fatto centinaia di dipendenti nel tempo su mia indicazione.

Ho personalmente seguito migliaia di dipendenti nel loro processo di creazione della struttura economica appropriata, plasmando, insieme a loro e nel loro interesse, l'impalcatura vincente ed il sistema più intelligente per ricreare una corretta condizione di sicurezza e serenità protratta nel tempo.

La ricchezza è un risultato. Il denaro è un risultato.

RIEPILOGO DEI SEGRETI PER OTTENERE PRESTO LE TUE PROPRIETA':

1. metti in atto la "regola primaria"
2. alimenta costantemente i "tre pilastri del potere"
3. aumenta le quote di "generato di reddito"
4. non fare finanziamenti se non per generare rendite.
5. quando avrai raggiunto una condizione di entrate rilevanti, inizia gradatamente a realizzare i tuoi sogni sfruttando le rendite. Mai il capitale.

LA FORMULA VINCENTE DEI TUOI ERRORI

In questa sezione ti svelerò come fare degli errori lo strumento vincente della tua indipendenza economica.

Al termine di questo paragrafo darai una svolta, partendo dai tuoi errori.

Da sempre ho percepito e compreso che la scuola, la famiglia, i genitori, la società, gli amici, ti consigliano di non sbagliare, di non rischiare evitando gli errori.

La mentalità comune diffusa dalla massa, prevede una condizione fissa: se il successo consiste nell'esporti generando errori, meglio non rischiare.

Ho sempre udito i consigli di amici e parenti che mi incitavano a fare il meglio evitando gli errori, allo scopo di non ingenerare il rischio di sbagliare.

Ho compreso nel tempo, da esperienza personale e grazie alla testimonianza pratica di centinaia di dipendenti, quanto sia valevole ed efficace esattamente la regola opposta.

Parti e basta con le azioni idonee volte a perseguire il tuo obiettivo.

Gli errori corretti in corsa, sono il miglior metodo di crescita. Non significa essere indiscriminatamente audaci senza criterio, ma significa piuttosto essere ambiziosi e rapidi una volta valutata attentamente un'opportunità e stanziato un obiettivo concreto.

Per diventare e creare, occorre provare più volte.

Una torta non uscirà mai al top dopo il primo impasto, ma servirà migliorarsi di volta in volta ritoccando adeguatamente gli ingredienti e il sistema di cottura con lo scopo di crescere nella preparazione e modellare il risultato.

La perfezione indistinta non è vocazione, ma un principio e una conquista che si acquisisce nel tempo, passo dopo passo, errore dopo errore, correzione dopo correzione.

Chi evita errori certamente non ha opportunità, resta fermo ed inchiodato nella sua posizione di sicurezza atrofizzata.

Chi prova e sbaglia, stranamente è già sulla strada giusta.

Sbagliando s'impara. Gli errori sviluppano la crescita.

Ricordo quando iniziai a cucinarmi la pizza in casa. Volevo ricreare, in versione casalinga, una pizza che fosse degna delle migliori pizzerie napoletane.

Ho impastato la prima volta, utilizzato il forno, gettando poco dopo il risultato del mio lavoro direttamente nella spazzatura.

Ma nelle prove successive, ho progressivamente affinato la mia tecnica, leggendo delle guide, visionando dei tutorial. Ho attuato regole nuove, gestito meglio il rapporto degli ingredienti, steso la pasta in maniera più appropriata. Le mie "prove" sono durate per molto tempo, ma il risultato finale è stato progressivamente in crescita esponenziale.

Il miglior maestro? I miei errori, l'unica certezza che ho avuto nel mio breve cammino di pasticcere o pizzaiolo. Se avessi indovinato subito la torta vincente, sarebbe stato solo un colpo di fortuna dal quale non avrei mai appreso nulla.

Se avessi dovuto fermare la mia ambizione al solo pensiero di inanellare una serie di inevitabili errori, non avrei mai imparato niente.

Evitare per sfuggire agli errori, è il peggior insegnamento che possiamo ricevere.

Una tale esposizione, blocca già in partenza lo sviluppo personale di un individuo, peggio ancora di un bambino.

Hai un'idea? Vuoi sfruttare un'opportunità? Inizia con l'azione.

L'errore fa parte del gioco ed è la migliore palestra formativa che ti possa capitare sul tuo percorso di riuscita e realizzazione.

Dagli errori si diventa grandi. Chi non si muove per evitare errori, incappa molto presto in un blocco emotivo, che abbatte l'autostima. Troppo spesso ho sentito persone che si ritenevano poco idonee all'autorealizzazione, non accorgendosi di essere di fronte ad un blocco emotivo generato da tutti coloro che incitano ad evitare gli errori.

Parti e basta. Parti e subito. Correggi in corsa.

Mai farsi schiacciare dalle delusioni. Molti, di fronte a un errore affermano: "Ho sbagliato stavolta. Ma non ci proverò mai più".

Il principio è radicato nell'esatto contrario.

E' proprio il riprovare nella cosa dove si è sbagliato che apre la certezza assoluta di farla meglio al secondo tentativo. Il successo arriva con il tempo. Sempre.

Il mio percorso e la mia storia è iniziata da una sequenza indefinita di errori, su tutti i campi.

Ricordo il mio errore più grande: esercitavo un lavoretto extra come musicista per feste e matrimoni. Ma non mi ero regolarizzato a dovere, preso atto che la mia qualifica di pubblico dipendente non me lo permetteva.

Pagai a caro prezzo questo errore, subendo provvedimenti disciplinari molto gravosi.

L'anno dopo usciva il mio primo libro che trattava la materia del "doppio lavoro" dei dipendenti dello Stato. L'unico manuale sul territorio nazionale che spiega come regolarizzarsi con norme e guide complete. Ebbe successo immediato.

Furono pubblicati articoli sui principali giornali italiani. In svariate occasioni sono stato ospite in trasmissioni televisive su reti nazionali. Ancora oggi sono riconosciuto come il pioniere del settore, il numero uno.

Tutto è partito da un errore dal quale ho saputo trarre spunto e ripartire. Senza questo errore, nulla sarebbe nato.

La legge del successo è: due passi avanti e uno indietro. Non devi abbatterti per il passo indietro, fa parte del gioco. Abbatti piuttosto gli ostacoli.

Solitamente il "pensiero" povero è focalizzato sui problemi, sugli ipotetici fallimenti. Il "pensiero" ricco si basa sui fallimenti, cogliendoli come base certa di partenza.

Se un progetto finisce, non è da analizzare la fine, ma il perché è iniziato, valutandone gli errori commessi.

> *Il successo è spesso 99% di fallimento. Sei disposto ad accettarlo?*
> *Soichiro Honda*

L'individuo vincente fallisce *finché non ha successo*, il soggetto con un fattore finanziario basso e limitante, fallisce e basta.

Questa è una realtà estremamente concreta e comprovata.

Il successo è intrinseco di chi continua la corsa, non di chi fa lo scatto vincente.

Qualsiasi individuo di successo ha trascorso periodi altalenanti nella sua carriera. Non ci sono soluzioni di sorta. Ogni volta ha imparato dall'unica certezza che ha ottenuto: *gli errori.*

La conformazione mentale e limitante che la nostra mente genera sull'argomento "errori", è generata dalle nostre abitudini e molto spesso dalla nostra educazione acquisita dai genitori. Le negazioni che si impartiscono ai più piccoli solitamente detengono due effetti: uno contrario e l'altro apprensivo. Nel primo caso si genera nel minore il desiderio di scoperta, nel secondo si genera timore degli errori che, come si può ben vedere, riportiamo per tutto il corso della nostra vita.

Molto spesso è opportuno "girare" i rimproveri al positivo, (tipo: "se fai quest'azione otterrai questo risultato non positivo".. rispetto al "non fare questo che è sbagliato..")

Come ben sappiamo, infatti, la percezione della negatività non è ben accetta dal nostro cervello, soprattutto quello dei bambini.

Molto facile avere conferma dai risultati: quando a un bambino viene detto di *non* fare una certa cosa, lui automaticamente…

E tu? Gli errori ti bloccano, o sono la base della tua realizzazione?

Hai paura del cambiamento? Di intraprendere una nuova strada?

La paura, blocca, distrugge, impedisce il movimento.

Molto spesso la paura di fallire è molto più forte del desiderio di diventare ricco o comunque di migliorare drasticamente la propria condizione finanziaria.

La passione invece è una forza trainante capace di spingere oltre ogni ostacolo. E' una veemenza vitale che trascina le persone verso traguardi apparentemente irraggiungibili.

Sostituisci la paura con la passione. Impara a gestire la paura e trasformala.

Io l'ho fatto, scegliendo di alimentare i miei talenti con la passione intensa che porta alla realizzazione di stimolanti obiettivi con vitalità e forza innata.

Sfida la tua paura! Se la combatti, hai già vinto la sfida alla partenza.

"Se una voce dentro di te continua a ripeterti "non sarai mai in grado di dipingere", allora dedicati alla pittura con tutto te stesso, e vedrai che quella voce sarà messa a tacere".
Vincent Van Gogh

Se finora i tuoi errori e le tue paure ti hanno bloccato, da oggi inizia il percorso di certezza.

Se hai sbagliato, hai la certezza che cambiando strada, modalità, strategia, avrai un effetto diverso e... certamente migliore!

Inizia subito a mettere in atto il tuo obiettivo con azioni concrete, partendo dalla certezza degli errori. Correggi in corsa.

Migliorerai la tua strategia ogni giorno, passo a passo, fino al successo.

Conclusione: i tuoi errori? Sono il tuo primo successo.

Al secondo tentativo potrai solo fare meglio.

"Solo quando si sa come si fa una cosa, si può imparare in quale modo la si potrebbe fare"
Heinz M. Goldmann

LA VERITA' DI FORTUNA E SUCCESSO

In questo capitolo scoprirai qual è il vero segreto affinché la fortuna ti accompagni sempre nei tuoi progetti realizzativi e ti segua fino in fondo al cammino, costellato certamente di grandi risultati e affermazioni.

Nell'era moderna, nella mondanità, ascolto le persone parlare spesso della fortuna, collegando molto spesso ad essa il successo.

In altre parole, si ritiene che: chi ha successo è stato fortunato e chi ha avuto tanta fortuna nella vita ha comunque raggiunto il successo.

Un compromesso incuneato nella mente delle persone, ossidato nelle convinzioni comuni.

Il successo è un risultato, l'eccellenza lo è.

La fortuna è un risultato, togliendo i casi in cui qualcuno abbia pescato il biglietto vincente da milioni di euro e sia scappato verso nuovi lidi incantati.

Solo quel caso su milioni può ritenersi *fortunato*. Il resto dei soggetti, hanno raccolto il frutto di un impegno, il risultato di un lavoro, la forza di averci creduto.

La fortuna è il risultato di chi ha sfidato l'inverosimile e il successo ne è parte integrante. Chi non ha posto in essere una simile condotta, difficilmente avrà fortuna e conseguente successo.

La fortuna aiuta gli audaci. Ti appoggia nel cammino. E sempre sarà.

Ti ho svelato le radici del mio grande successo editoriale e il mio cammino nel mondo della formazione ai dipendenti.

Avrei potuto allinearmi alla massa. Chiudere, abbassare la guardia e continuare in un cammino consono ed idoneo alla mia posizione.

Eppure decisi di scoprire la verità. Qualcuno mi disse che anche i dipendenti pubblici potevano esercitare un secondo lavoro seguendo determinate regole. Era sufficiente conoscerle.

Decisi di conoscerle interamente e condividerle con tutti. Decisi di non allinearmi alla massa che prima di me aveva subito sanzioni, ma di uscire dal mucchio e sapere, imparare e tramandare ciò che nessuno conosceva.

Fu un'impresa davvero ardua. Aiutai migliaia di dipendenti a regolarizzare i "secondo lavori", materialmente imparando da loro, dalle loro autorizzazioni, dalle loro esperienze e testimonianze. Impiegavo il tempo nelle mie giornate a seguirli ed aiutarli. Senza chiedere nulla. Ricevevo solo buoni ringraziamenti, svariati inviti a cena e qualche pacca sulla spalla.

Ma ogni giorno imparavo una regola nuova, una nuova norma, una nuova interpretazione. Imparai a comprendere come pensava ogni singola amministrazione statale, imparai a trovare modalità "alternative" per regolarizzare i dipendenti in ogni contesto.

Tutte le esperienze formarono il mio primo libro, intitolato "Prestazioni Occasionali"[1]

Inizialmente nessun editore volle pubblicare il mio manuale. Ma non mi fermai. Decisi di auto-produrlo, pagando di tasca mia ogni singola spesa, dalla copertina, all'impaginazione, alla grafica, alla stampa. Dopo non molti mesi, subentrò un editore.

Oggi "Prestazioni Occasionali"** è divenuto un best sellers a livello nazionale sulla tematica del "doppio lavoro" dei dipendenti statali. E' il testo di riferimento assoluto per dipendenti e pubbliche amministrazioni.

Noti forse un quoziente di *fortuna* in tutto questo? Pensi ancora che il successo sia la conseguenza della botta propizia, del colpo indovinato o del biglietto vincente?

Nelle storie reali di dipendenti che hanno raggiunto successi eccezionali che scoprirai in questo libro, comprenderai quanto la fortuna possa correre in parallelo al successo e sempre di pari passo con chi ha sempre e comunque continuato la sua corsa.

La fortuna segue sempre i temerari e coloro che ripartono dagli insuccessi.

Parti anche tu subito per il nuovo percorso, dove la realizzazione finanziaria è l'obiettivo e la fortuna segue in parallelo.

Il successo, così come la fortuna, sono una conseguenza, un'attitudine, un risultato di chi non ha creduto di essere sfortunato, ma ha tenacemente continuato a correre anche dinnanzi agli insuccessi.

Solo dopo, la fortuna, ha cominciato a correre con lui.

Il modo migliore per predire il futuro è crearlo.
Dr. Forrest C. Shaklee

---

[1] *"Prestazioni Occasionali" di Massimiliano Acerra. TGBook editore.*

STORIE DI BUSINESS.

Un dipendente, che nel tempo libero amava giocare a tennis al circolo del proprio paese, ha un giorno pensato di esportare in massa la sua professionalità a più persone possibile.

Voleva aprire una grande scuola di tennis che potesse attirare centinaia di persone anche dai paesi limitrofi al suo. Si scoraggiò subito quando fu consapevole degli investimenti necessari. Per un dipendente si trattava di un sogno irrealizzabile.

Un giorno gli fu accennato uno dei mezzi moderni utilizzato frequentemente per formare le persone a distanza, che ribaltava ogni conteggio, ogni concezione.

Poteva arrivare a tante più persone con la sua scuola di tennis.. senza spendere praticamente nulla.

Ha iniziato a montare dei video con lezioni di tennis pratiche e teoriche. Ne realizzò un veloce video-corso pratico da poter essere utilizzato da una moltitudine di persone.

Fissava la sua videocamera su un piedistallo riprendendosi mentre effettuava i colpi dal vivo, per poi inserire l'audio con le descrizioni tecniche rallentando le parti più importanti.

Pian piano ha sviluppato un intero corso di insegnamento completo. Inizialmente molti suoi conoscenti avevano bistrattato la sua idea, la quale, al contrario, si è dimostrata geniale.

Il suo sito, in lingua inglese, è divenuto il punto di riferimento a livello internazionale e già altri soggetti in varie nazioni hanno iniziato ad imitare la sua iniziativa. Oggi questo signore vive di rendite passive generate dalla vendita dei suoi corsi e video corsi.

Ed è partito da dipendente, senza soldi ma solo con il bagaglio dei suoi sogni.

Alfredo, ex dipendente, ha creato un portale innovativo nel quale tutti gli utenti che hanno subito delle multe per infrazioni stradali, possono presentare ricorso. Attraverso il suo portale, è sufficiente inoltrare la propria multa per ricevere in pochi giorni un ricorso preconfezionato da inoltrare all'ente di riferimento con la garanzia del

"soddisfatti o rimborsati". Alfredo si è specializzato nel settore con l'ausilio di un amico avvocato. Oggi il suo portale fattura oltre 120.000 euro all'anno, e lavora solo in una zona specifica!
Molto presto aumenterà la sua copertura territoriale.

Ernesto, da piccolo commercialista di paese, si è trasformato in grande imprenditore. Ha aperto un portale inerente alle strategie fiscali da attuare per le imprese. All'interno sono presenti libri su tutti i settori della fiscalità, corsi in video, audio, e-book.
Ha unito molti professionisti italiani creando un sistema straordinario di joint venture. Ha creato una rassegna di aggiornamenti sulle norme fiscali a pagamento che invia periodicamente a tutti italiani che sono iscritti al suo sistema.
Ha utilizzato "l'effetto leva", ampliando la sua clientela all'infinito rispetto ai pochi clienti che raccoglieva nella sua piccola realtà territoriale.

Stefano, un grande uomo che ho conosciuto, è stato un grande maestro di imprenditoria. Era un operario tanti anni fa. Ma ha utilizzato il primo impiego solo per pagarsi le spese ed i vizi di tutti i giorni, impiegando poi il tempo libero per creare imprese.
Una fonte inesauribile di idee, di condizioni positive, un "surfista" del business pronto a navigare senza paure sulle onde vorticose.
Tutto iniziò per lui anni fa, quando, a seguito di un piccolo incidente, portò la sua automobile in riparazione da un carrozziere. Quando comprese di dover rimanere senza vettura per una settimana, cercò da un altro carrozziere, poi da un terzo, comprendendo che nessun esercente della zona offriva la possibilità di avere una vettura sostitutiva. Tutti lamentavano il fatto di non poter tenere vetture adibite a tali necessità in quanto avrebbero comportato ingenti spese e responsabilità.
La settimana successiva, aveva già il nuovo obiettivo: avere un autonoleggio. In meno di un mese aprì la sua prima impresa, fornendo le proprie vetture a noleggio a tutti i carrozzieri della zona e ai meccanici. Realizzò un successo senza limiti, in quanto la sua iniziativa fu enormemente apprezzata.
Successivamente ha iniziato a noleggiare vetture di lusso a imprenditori. Con i ricavi, ha aperto un'azienda che sviluppa software a ri-

chiesta per aziende. Programmi gestionali o applicativi. In più offre pacchetti e coperture assicurative a prezzi vantaggiosi. Una rivoluzione di vita che mi lasciò allibito quando, recandomi nella sua azienda, notai l'impero che un piccolo dipendente è riuscito a creare.

Antonio, ha creato durante il suo tempo libero il primo portale rivolto agli amministratori di condominio. Un'iniziativa sensazionale che ha fin da subito riscosso grande successo. Ha registrato centinaia di condomini sul portale. I condòmini si registrano gratuitamente sul portale interagendo direttamente con gli amministratori che spesso risultano difficili da reperire. I grandi amministratori pagano un abbonamento all'anno riuscendo a promuovere la loro professionalità e i loro servizi.

L'unico modo per fare un buon lavoro è amare quello che fai.
Steve Jobs

8. PENSIERI E AZIONI

PENSA COME UN'AZIENDA

In questo capitolo inizierai a dare una svolta alla tua condizione economica personale. Segui ciò che leggerai e inizia ad applicare i segreti. La tua vita cambierà molto velocemente.

La tua finanza personale, deve essere paragonata a quella di un'azienda.

Certo, con dei risvolti numerici proporzionalmente più ridotti, ma la struttura mentis e l'organizzazione, deve essere parificata a un'azienda.

Niente di più semplice.

Nell'esempio della storia di Sebastiano, a tuo parere, l'amministratore delegato dell'azienda Coca Cola, avrebbe mai fatto l'iniziale investimento, o meglio acquistare un immobile personale accollandosi un debito per anni ed anni senza guadagnare nulla e, anzi, pagando solamente debiti, affossato da spese che aumentano con il trascorrere del tempo?

Se tu avessi un'azienda, ti accolleresti mai un debito del genere che non genera ricchezza e crescita per l'azienda ma di fatto estrae denaro costantemente per anni indefiniti senza un ritorno economico?

Non lo potresti fare, altrimenti firmeresti anticipatamente il fallimento per te e per i tuoi dipendenti.

Allora perché lo fai nella vita di tutti i giorni e nella tua struttura personale o familiare?

La tua condizione finanziaria familiare detiene forse minor importanza?

Altra domanda: l'amministratore delegato della Coca Cola effettuerebbe mai un investimento simile al secondo esempio che ha eseguito Sebastiano, o come quello di Francesco nel caso dell'energia rinnovabile?

Un investimento dove investi per avere una rendita costante nel tempo che rivaluta e accresce giorno dopo giorno il tuo patrimonio, il tuo capitale, la tua ricchezza?

Tu faresti investimenti del genere per la tua azienda, firmando di fatto la sua crescita, alimentando per lei giorno dopo giorno, attimo dopo attimo i "tre pilastri del potere"?

Certamente si, perché comprendi che è la strada giusta.

Il segreto è: impara *da subito* a pensare come faresti con la tua azienda, applicando il principio su tutto, partendo dalla condizione familiare e partendo da dipendente.

Devi prima imparare ad *essere* un soggetto vincente iniziando da pensieri e abitudini. Di conseguenza ne gioverà in maniera drastica la tua condizione finanziaria e di vita.

- ✓ Il dipendente, si preoccupa dei suoi conti *solo appena riceve lo stipendio*, per poi lamentarsi costantemente nei giorni successivi, alterato per le spese incombenti che decapitano le entrate.
- ✓ Il ricco si preoccupa *costantemente* dei suoi introiti, li gestisce con una strutturazione sistematica e non ha brutte sorprese, perché ha già pianificato in partenza. Così come farebbe per la sua azienda che ha proiezioni finanziarie già strutturate per l'intero anno.

Hai mai notato che le grandi aziende, le multinazionali, sono in grado di stilare un piano annuale e semestrale?

Hai visto cosa avviene nel periodo dei resoconti?

Prendi una multinazionale come la "Coca Cola".

Al termine del periodo fiscale, emana comunicati del tipo: "l'azienda ha guadagnato l'8% in più dello scorso anno, *in linea con le attese*".

Focalizziamoci su questa enigmatica espressione: "in linea con le attese". Ha guadagnato esattamente quello che aveva previsto *almeno sei mesi prima*.

Ti sei mai chiesto come sia possibile che una multinazionale colossale con radici in tutto il mondo, migliaia di punti vendita, possa controllare tutto il suo indotto e indovinare con un margine di errore ridottissimo quanto guadagnerà nel corso dell'anno?

Il tutto condito da una certezza: a fine anno guadagna esattamente ciò che era previsto e prefissato.

Possibile che un singolo soggetto, nei suoi conteggi familiari non riesca nemmeno a far combaciare le spese che deve sostenere, la propria progettualità familiare?

Possibile che un utente medio vada in tilt quando viene recapitata l'imprevista bolletta più salata o una spesa non conteggiata?

Possibile che i conti non tornino mai e il lavoratore dipendente deva ogni messe vivere di privazioni tagliando qualsiasi spesa superflua?

L'unica soluzione diviene quella di ridurre le uscite al ristorante, nel quale la colonna dei prezzi la fa da padrone rispetto alle portate del menù.

Il dipendente, mangia ciò che costa meno, non ciò che piace. Il risultato è la riduzione o la cancellazione delle vacanze, dei viaggi, della nuova TV e di molto altro.

Ma come è possibile che i conti di una multinazionale con migliaia di introiti e indotti in tutti i continenti e miliardi di bottigliette che circolano possano sempre essere corretti, mentre i conti dei piccoli non quadrano mai?

Molto semplice.

La Coca Cola ha un piano. E lo segue. Sempre.

Cosa devi fare TU per diventare ricco partendo da dipendente?

Devi imparare a fare i conti esattamente come un'azienda.

Ti assicuro che diverrà un piacere, perchè le tue condizioni finanziarie cambieranno drasticamente.

Vantaggi:

- ✓ conoscere i numeri di una società, significa conoscere i tuoi.
- ✓ impari a gestire il tuo debito nella maniera più fruttifera.
- ✓ Impari a gestire le tue finanze con una strutturazione organizzata, *qualsiasi sia il capitale da gestire.*

Inutili le frasi "fatte" pronunciate dalla massa che affermano: "Farò i conti quando avrò i soldi. Adesso non li ho".

Impossibile che il denaro possa affluire in quei contesti, in quanto è proprio la gestione e la struttura a generare ricchezza ed è proprio *il saperla amministrare* a creare le basi per farla prosperare nel tempo.

Pensa se un'azienda ponesse in essere lo stesso stile: "inizierò a controllare i conti solo quando avrò tanti soldi".

La struttura della gestione delle proprie finanze, *deve* essere già predisposta anche nelle piccole realtà familiari.

> *Solo colui che conosce poco la natura umana, cerca la felicità cambiando qualsiasi cosa fuorchè la propria indole.*
> Samuel Johnson

Saper valutare i conti significa saper valutare una società. Molto importante. Possiamo valutare di avere una società nostra e saperla gestire con un'ottima strutturazione organizzativa e con le migliori intelaiature fiscali che ci permettono di farla prosperare nel tempo abbattendo le imposizioni fiscali.

Imparare ti può permettere di saper identificare un'azienda, saperla valutare alla lettera qualora tu intenda investire il tuo capitale e sfruttare la potenzialità di un vero e proprio "generatore di reddito".

Imparare da subito i conti economici, ti servirà per essere un buon affarista, per raggiungere più velocemente l'indipendenza finanziaria.

Una volta che sai leggere i numeri, scopri magicamente:
- ✓ tutti i trucchi aziendali utilizzati da coloro che operano nel settore da anni.
- ✓ scopri opportunità che emergono continuamente e che la moltitudine di persone non sa vedere e valutare.

Difficile? No. Con i mezzi moderni impari a conoscere i numeri aziendali in un pomeriggio.

Continua il percorso di lettura e ti piegherò come strutturare sistematicamente le tue entrate e uscite personali in maniera semplice, veloce ed efficace.

RISCHI E RENDIMENTI

Sei sicuro che il vero rischio sia tentare nuove strade di realizzazione piuttosto che restare dipendente?

In questo libro scoprirai gradatamente quale sia il vero fattore di rischio al quale ti sottoponi giornalmente.

Resterai colpito dalla realtà dei fatti, proprio perchè hai probabilmente cercato da sempre un posto da dipendente proprio per conquistare un solo fattore: la sicurezza.

Comprenderai tra poco che essere dipendente espone a rischi maggiori rispetto alle altre categorie di lavoratori, soprattutto se "i pilastri del potere finanziario personale" non sono stati adeguatamente alimentati.

Nell'ambito lavorativo esistono principalmente quattro settori di appartenenza:

1. lavoratore dipendente
2. lavoratore autonomo
3. investitore
4. titolare d'impresa.

Il dipendente, oltre ad avere congrui svantaggi sotto l'aspetto fiscale, presenta un fattore di rischio molto più elevato degli altri.

E' chiaro che essere legati per una vita all'evoluzione di un'azienda o un imprenditore, sottopone il dipendente al pericolo che l'azienda medesima abbia difficoltà finanziarie, possa chiudere, liquidare, trasferirsi.

In questi anni in cui la crisi economica globale è arrivata a coinvolgere anche le aziende più storiche, ciò che scrivo è fattore molto attuale.

Nel frangente in cui ho seguito i dipendenti di successo, ho contestualmente visto anche dipendenti caduti in malora.

Facile spiegarne il motivo.

Un dipendente, non appena sopraggiunge al suo più desiderato obiettivo, quello di ottenere un posto di lavoro a tempo indeterminato, inizia quella che tradizionalmente ritiene una vita di sicurezze.

Inizia a gettare le impalcature consuete, per radicare la sua vita, la sua esistenza, la sua famiglia.

Inizia a risparmiare per acquistare una casa e restaurarla, poi i mobili, l'auto e quant'altro, fuorviato dalla sicurezza del suo nuovo posto di lavoro. In altre parole: è appagato e si ferma.

Ogni volta che mette mano al portafoglio, lo fa per acquistare beni che la tradizione valuta come assolutamente giusti, ma che in realtà tolgono denaro mensilmente, creando una consueta condizione comune come in figura:

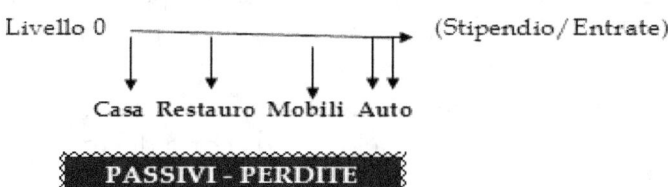

Ricordo uno dei miei seminari sul "doppio lavoro" dei pubblici dipendenti che presento in giro per l'Italia. Insegnavo ai dipendenti a regolarizzare i "secondi lavori" e a trasformarli spesso in grandi opportunità.

Mi trovavo nella città dell'Aquila.

Fu un'esperienza agghiacciante passeggiare per il centro cittadino il pomeriggio precedente al seminario. La città era reduce dal terremoto che non molto tempo prima l'aveva pressochè rasa al suolo.

Guardavo le piazze e gli edifici che fino a poco tempo prima erano stati il fiore della cultura, della storia della città e dell'intera nazione. In quel momento si presentavano come ruderi grotteschi abbandonati all'impotente susseguirsi del tempo.

Parlando con le persone, nonostante fosse trascorso del tempo dal sisma, notavo il formarsi di lacrime indelebili negli occhi. Persone flagellate dalla disgrazia con una macchia nel cuore che nessun tempo potrà mai colmare.

Conobbi due dipendenti, protagonisti dei momenti peggiori del sisma. Mi raccontarono gli eventi e il crollo della loro condizione.

E mentre i loro occhi si arrossavano dal dolore, sul mio volto si sciolse una lacrima. Per alcuni attimi eterni ebbi la sensazione di rievocare quello che loro avevano vissuto.

La disperazione, la fuga, il dolore, lo sconforto.

Avevano lavorato una vita per potersi permettere delle proprietà indelebili da poter tramandare ai figli.

Oggi tutto era distrutto, e nessuno avrebbe mai ripagato quanto costruito, sia sotto l'aspetto economico che sotto l'aspetto spirituale o interiore. Il sisma aveva distrutto non solo le proprietà, ma anche le stesse persone.

Al tempo, anche io avevo creato la loro medesima impalcatura finanziaria. Avevo il lavoro sicuro, ma anche spese fisse mensili inerenti al mutuo per la mia casa, la macchina, le spese per i mobili e altri capricci mensili i quali, senza accorgermene, mi impoverivano costantemente ed inesorabilmente.

Rasentavo la consueta impalcatura tradizionalistica, che molti definiscono con varie terminologie del tipo: "la corsa del topo", o "la ruota del criceto" .

Immagina se un sisma del genere fosse capitato a te facendoti trovare in una condizione del genere:

GENERATORI DI REDDITO

Livello 0 ───────────────► (Stipendio/Entrate)

~~Casa Restauro Mobili Auto~~

PASSIVITA'- PERDITE

I "Pilastri del potere":

➤ ~~CAPITALE~~
➤ ~~POTERE DI RISPARMIO~~
➤ ~~POTERE DI FINANZIAMENTO~~

Avresti continuato a lavorare per pagare beni e proprietà di cui non hai più la materiale disponibilità. Proprio come loro.

Una struttura finanziaria dove risultano assenti i "Generatori di reddito" e dove i "pilastri del potere" non sono stati alimentati a dovere, porta nel tempo all'impoverimento costante. Se poi si vanno ad aggiungere imprevisti di percorso come questi, la povertà, invece di sopraggiungere gradatamente, impatta all'improvviso come un fulmine.

Nel tempo, durante la crisi, ho assistito a condizioni molto peggiori di coloro che perdevano semplicemente le proprietà.

Ho conosciuto dipendenti, amici, famiglie, che da un giorno all'altro si sono ritrovate in liquidazione. La loro azienda ha chiuso, ormai preda della crisi finanziaria globalizzata.

L'unica opportunità per loro, è stata quella di manifestare per strada, insieme agli altri lavoratori, mostrando il dissenso per ciò che giornalmente viene distrutto.

Ma il risultato peggiore, (molto peggiore di chi perde la proprietà ma mantiene il lavoro) è stata questa:

Quando un'impalcatura finanziaria personale *è sorretta solo dalla linea dello stipendio mensile*, **il rischio diviene smisurato, incalcolabile.**

La seconda figura arriva ad allinearsi alla prima, trascinandola dietro di se come un fiume in piena. Cancellare le entrate fisse ed in più avere tutte le frecce rivolte alla passività, sono due ingredienti che messi insieme divengono *distruttivi*.

Cancelleranno ben presto le proprietà.

Le frecce rivolte alla passività sono dei macigni enormi e gravosi capaci di schiacciare la tua condizione finanziaria in breve tempo.

Qual è quindi la condizione finanziaria ideale per coprirsi le spalle dai rischi?

Esattamente quella opposta a ciò che ti viene consigliato costantemente e che vediamo insieme nelle pagine seguenti, ringraziando, come sempre, le strategie dirette messe in atto da altri dipendenti che hanno creato impalcature finanziarie personali forti e corpose tali da sopportare qualsiasi condizione, qualsiasi imprevisto, qualsiasi evento estemporaneo o qualsiasi calamità.

Chi altro cerca una struttura finanziaria personale capace di far navigare nella serenità?

Segui le prossime pagine, e potrai attuare la strategia vincente.

LA MIA STORIA FINANZIARIA

La mia storia finanziaria, ti servirà per comprendere cosa ha cambiato un normale lavoratore dipendente come me e cosa ha attuato per ribaltare la propria condizione partendo da una situazione molto comune.

Ho raccontato, nel capitolo dedicato che leggerai presto, la mia vita sulle montagne russe nei mercati finanziari. Le sofferenze, lo stress, le grandi incertezze emotive, in un cammino pieno di ostacoli dal quale sono uscito con grande caparbietà e costanza.

Ma la storia finanziaria personale è stata costellata da ben altre condizioni non attinenti ai semplici risparmi generati da investimenti in mercati.

Poco prima dei venti anni, sono diventato un pubblico dipendente. Ogni mese, con ottima costanza, cercavo di mettere da parte dei risparmi. Riuscii con ottima regolarità e stabilità e generare un piccolo capitale.

Stavo creano inconsapevolmente i miei "pilastri del potere", prima ancora di sapere cosa esattamente fossero.

Nella mia piccola realtà ero contento di ciò che avevo creato ed avere un piccolo capitale di supporto, mi offriva una rilevante serenità.

Mi sentivo bene, con un lavoro e un piccolo capitale, con la possibilità di godermi il fiore della mia giovinezza.

Poi, abbagliato dalla eccentrica bramosia dei soldi veloci e dei primi forti guadagni, i mercati finanziari prima mi fecero sognare, poi mi fecero cadere in una gravosa demotivazione.

Purtroppo questa è la vera sensazione di chi si sente per un attimo migliore degli altri rischiando senza criterio e poi nasconde dentro di se i propri insuccessi.

Tempo dopo abbandonai tutto. Troppo bella era stato sognare una vita ritenuta irreale contraddistinta da smisurati sogni di ricchezza conditi da miraggi di una vita di benessere trascorsa in un luogo fantastico e fiabesco senza lavorare e con il pieno tempo a disposizione per vivere ogni istante nell'abbondanza del benessere.

Per un lungo periodo sono caduto in un'aurea di demotivazione personale che mi ha accompagnato per anni. Non avevo una strada, solo sogni dissennati senza un fondamento concreto.

La mia voglia di fuggire da tutto e da una condizione di vita che non amavo più fu trascritta in un romanzo, intitolato "L'Amico Fidato", che venne con tutta sorpresa pubblicato ed ebbe un grande riscontro di critica. Sfogai questa mia voglia di scappare da tutto con un bel malloppo al seguito, nella vita del protagonista della storia, il quale, al contrario mio, riuscì a fuggire dalla sua vita con al seguito abbastanza denaro da poter campare di rendita.

Ma quel denaro era stato generato in maniera non troppo lecita e pertanto la vicenda ebbe ben presto risvolti di grande scalpore.

Il realizzare quel sogno e descriverlo con gli occhi del protagonista, fu un'esperienza unica che resta impressa in quelle pagine.

Nella vita reale le cose andarono in maniera molto più ordinaria e prevedibile.

Mi trasferii nel luogo in cui al tempo viveva la mia compagna ed insieme acquistammo la nostra casa convinti che fosse l'investimento della vita e soprattutto l'impalcatura dell'amore.

Accendemmo un mutuo. Provvedemmo a restaurare la nostra dimora ancor prima di andarci a vivere, utilizzando materiali di ottima fattura senza badare troppo alle spese. Finanziai il tutto.

Istallai anche il camino. Volevo il massimo per appagare la prescritta bramosia di essere proprietario così come mi hanno tramandato i miei genitori.

Acquistammo i mobili nuovi, quelli delle migliori marche. Piccole rate comode e senza troppi interessi. Ognuno di noi acquistò una nuova autovettura e ben presto, senza accorgercene, avevamo creato una congrua impalcatura di passività con dei macigni appesi ai nostri piedi che affossavano sempre di più la comune condizione finanziaria.

Eppure eravamo inconsapevolmente contenti, avevamo realizzato tutto ciò che realizza la massa, esattamente ciò che rendeva orgogliosi i nostri genitori, ciò che ci avevano insegnato e che di conseguenza *doveva* essere anche la nostra rappresentazione futuristica.

Dopo poco tempo le condizioni variarono. L'azienda della mia compagna iniziò a ridurre le ore di lavoro, nacque mio figlio e la condizione economica che prima poteva essere abbastanza idonea senza eccessi, si trasformò ben presto in un tormento.

Quando iniziai a guardare dove mi trovavo, mi accorsi, di trovarmi *(tanto per cambiare...)* in questa condizione:

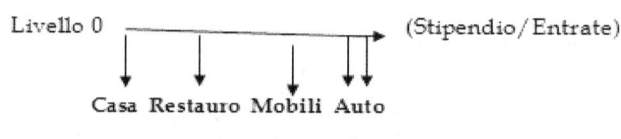

I "pilastri del potere":
- ➤ ~~CAPITALE~~
- ➤ ~~POTERE DI RISPARMIO~~
- ➤ ~~POTERE DI FINANZIAMENTO~~

La mia piccola "azienda" privata, stava fallendo gradatamente abbattuta da me stesso, dalla mia gestione finanziaria.

Poco tempo dopo, quando avevo pagato poco più di cinque anni di mutuo, l'azienda della mia compagna chiuse i battenti, con tutte le conseguenze che chiunque potrà immaginare.

La linea delle entrate non riusciva più a sorreggere il peso enorme delle passività, quelle che nel tempo tanto mi avevano spacciato per sicurezze perentorie della vita.

In quel momento altro non erano che macigni che mi affossavano violentemente, peggiorando il mio umore, la mia condizione, il mio stato, le mie relazioni, le mie amicizie.

Una vita che doveva essere di grandi realizzazioni, sicurezze e felicità, era in breve divenuta una vita di rinunce e ristrettezze, esattamente, e non a caso, come quella vissuta dai miei genitori, che avevano messo in atto la medesima impalcatura.

Esattamente identica.

Nella vita ci sono rischi che non possiamo permetterci di correre,
e ci sono rischi che non possiamo non permetterci di correre.

LA SVOLTA

Era un triste autunno, un po' piovoso e freddo, più degli anni precedenti. Nel momento in cui scrivo queste parole, è trascorso circa un anno.

Un vecchio collega di lavoro, mi contattò per aiutare dei dipendenti che intendevano esercitare un secondo lavoro in regola e avevano letto i miei libri specialistici.

Mi recai presso la sua abitazione per spiegargli le giuste procedure da seguire.

Appena arrivai, ad un indirizzo che non conoscevo, notai un'imponente villa. Entrando, compresi che tutta quella proprietà apparteneva al mio collega. Avevo saputo che da qualche anno non lavorava più nel pubblico impiego, ma non sapevo che attività facesse.

Alfonso aveva cambiato vita. Ricordo ancora quando si sposò e realizzò il suo sogno di una piccola casa di proprietà a Milano.

Erano piccoli sogni di un dipendente come me.

Ma quel giorno, mentre parlavo con lui seduto nel suo sontuoso salotto, avevo dinnanzi a me il medesimo corpo di un tempo, il medesimo volto, ma una persona completamente diversa che *pensava* ed affermava qualcosa di totalmente diverso da quei tempi.

Mi tracciò a brevi linee la sua condizione finanziaria, da dove era partita a dove era arrivata sino a quel momento.

Un percorso inebriante ancora da ultimare.

Aveva iniziato, molto tempo prima, partecipando a corsi su psicologia del denaro, gestione di proprietà immobiliari e gestioni aziendali.

Aveva letto molti libri nel suo tempo libero, focalizzandosi su ciò che voleva imparare.

Aveva finanziato questi corsi e la sua formazione semplicemente con lo stipendio da dipendente. In breve tempo aveva compreso l'impalcatura finanziaria utilizzata dai benestanti e aveva deciso di porre in atto un suo piano personale.

Eppure anche lui aveva una casa di proprietà, mutuo, debiti, difficili condizioni familiari.

Mi raccontò dell'iniziale difficoltà nel reperire fondi, perché la sua passione erano da sempre gli immobili.

Ha iniziato acquistando una seconda casa intestata alla moglie utilizzando alcuni trucchi che ti spiegherò accuratamente più avanti in una sezione dedicata di questo libro.

Per acquistare l'immobile ha dovuto fare i salti mortali, riuscendo a malapena ad ottenere una parte di finanziamento e ottenendo sovvenzionamenti dai propri familiari spiegando loro il suo piano d'azione. Dopo meno di sei mesi ha rivenduto con una plusvalenza del 30%.

Le plusvalenze sugli immobili sono sempre rilevanti.

Comprese che quella costituiva la strada da percorrere nel suo immediato futuro.

Ha posto in vendita la sua abitazione principale che aveva acquistato con sacrifici qualche anno prima. Con il cash generato, ha estinto il debito che costituiva la passività più gravosa e che toglieva risorse ogni mese, ottenendo un ulteriore plusvalenza.

Ha iniziato a cercare un nuovo immobile, con calma e serenità, visionandone molti e cercando di identificare venditori estremamente motivati alla vendita per motivi personali, quali trasferimenti, separazioni, lavoro o necessità di capitalizzazione immediata. Ha acquistato un nuovo immobile con un forte sconto, con il preciso intento di smerciarlo entro breve.

Ancora nel giro di pochi mesi è riuscito a chiudere l'operazione con una forte plusvalenza.

Poco dopo ha lasciato il lavoro da dipendente pubblico creando una società immobiliare. Ha attuato altre operazioni di rilievo tanto da raggiungere in pochi anni una congrua condizione di ricchezza ed indipendenza finanziaria.

Ha imparato a muoversi con i cosiddetti stralci immobiliari, anticipando materialmente le vendite all'asta per ottenere immobili con sconti molto rilevanti.

Le sue proprietà si sono moltiplicate in breve tempo, così come la sua condizione finanziaria, partita da dipendente.

Mi ha raccontato le avversità, le difficoltà, ma al contrario di un tempo, notavo una straordinaria facoltà acquisita.

Aveva smesso di lamentarsi e ad ogni problematica che era emersa con il tempo, mi esponeva il "come" era riuscito a sobbarcarla. Non aveva più limiti, le problematiche dell'esistenza erano nicchie che aveva lasciato in pasto ai suoi vecchi colleghi.

Oggi notavo dinnanzi a me, un uomo che valutava le opportunità, le adeguava al suo stile e oltrepassava in serenità tutte le avversità che si presentavano nel percorso.

Mi consigliò di partecipare ad un corso di un consulente americano che trattava tematiche motivazionali per trasformare la propria mente e rivolgerla alla crescita finanziaria.

Partecipai al corso intensivo della durata di tre giorni.

Quell'evento lo ricorderò per sempre. Ebbe il potere di cambiare la mia condizione mentale sugli aspetti finanziari.

Non dava soluzioni concrete sul "cosa fare", ma offriva cognizioni efficaci sul cosa cambiare della propria condizione e soprattutto sul "cosa pensare". Un'analisi della corretta impostazione mentale da tenere partendo dai pensieri, *la vera radice dei risultati*.

Da quel momento, nella mia mente scattò una molla che probabilmente era sempre stata repressa all'interno, portandomi, in brevissimo tempo, dove sono oggi.

Iniziai a gestire mensilmente i miei introiti, a partire dal mio stipendio, intavolando la radice della mia piccola struttura, del mio ridotto regime "aziendale".

Continua a leggere ed imparare da questo libro e ti svelerò come raggiungere anche tu lo stesso risultato con schemi e regole da attuare in maniera semplice ed efficace.

I miei introiti da dipendente, per la prima volta, venivano gestiti come una piccola azienda, con le regole giuste.

In breve le uscite non erano più un problema, perché gestite con un fondo precostituito, dove annualmente già avevo calcolato la somma delle spese dovute, comprensiva degli esborsi straordinari.

Iniziai un'opera di ridimensionamento delle maggiori passività che affliggevano la mia condizione mensile. Le lacrime di poco tempo prima erano la speranza di adesso.

Sul mio volto era rinato il sorriso.

Amo tutt'ora la mia gestione mensile, alla quale dedico un'ora solo quando percepisco le entrate mensili. E' sufficiente un foglio di carta che costituisce la radice della mia visione.

Tagliai le spese inutili, iniziando dalle piccole, il telefono, il riscaldamento. Scoprii che spesso l'inerzia è nemica delle buone opere.

In ultimo avevo un passivo pesantissimo che ero intenzionato a tagliare una volta compresa la strada finanziaria da seguire: la mia casa. *"Un giorno ne avrò una più bella"*, pensai, ma in quel momento la mia condizione finanziaria non mi permetteva di seguire le regole giuste che avevo appreso.

Accollarmi una passività, una perdita costante per moltissimi anni, senza generare introiti ed affossando quelli che avevo compreso essere i miei "pilastri del potere", era una decapitazione alla quale non volevo più sottostare.

Dopo sette mesi vendetti la mia casa, accettando un prezzo più basso di quanto avevo richiesto.

Una perdita? No, *un guadagno.*

Compresi che vivere in affitto non era una "perdita di denaro" come molti tradizionalmente affermano, ma un vantaggio.

Non avevo più passività infinite. Detenevo capitale rinnovato e soprattutto, i "pilastri del potere" erano di nuovo al loro posto, pronti per essere alimentati e generare la mia nuova vita, la mia nuova identità.

In tre mesi, dopo la vendita, ho acquistato due appartamenti approfittando di un anziano proprietario che proponeva una svendita a costi ridotti in una zona dove gli immobili sono molto ricercati ma hanno anche un valore molto ridotto.

Il primo appartamento, un bilocale con un inquilino già all'interno che pagava l'affitto e che di conseguenza già forniva un reddito immediato, è stato saldato con piccoli risparmi che i miei genitori avevano messo da parte per me e non avevo mai utilizzato.

L'altro appartamento, più familiare, lo finanziai con un nuovo mutuo. Percepivo un affitto di 350 euro dagli inquilini già presenti da anni, pertanto deliberai una rata di finanziamento bassissima, 150 euro al mese. Gli anni di durata non erano un mio problema, visto che mi preoccupavo dei *miei conti*, non di quanto guadagnava la banca, e il mio finanziamento era automaticamente ripagato dal mio sistema con in più la generazione di un ulteriore cash.

Essendo un importo molto basso, la banca mi ha finanziato il 100% con un accordo preliminare.

Ho acquistato due appartamenti *senza sborsare soldi*. Il mio ROI (Return on Investiment) è attualmente altissimo. Così come farebbe un'azienda.

Sono state messe in atto due regole fondamentali: ho acquistato solo "generatori di reddito" e il debito veniva interamente ripagato dal mio sistema generando un ulteriore guadagno moltiplicato per due. L'esatto opposto di ciò che avevo generato negli anni passati.

Il mio capitale rimaneva completamente intatto, pronto per essere utilizzato per altri asset.

Nessun "sentimento" connesso alle proprietà. Pronto a rivenderle non appena si verificherà la condizione di mercato che mi sono prefissato.

Le proprietà sono un mezzo, non un fine.

Successivamente, nel mio percorso formativo e coadiuvando in prima persona centinaia di dipendenti nella realizzazione dei loro obiettivi finanziari, ho conosciuto soggetti che mi hanno parlato delle opportunità che stavano sfruttando sul momento.

Sono passato in breve da colui che li coadiuvava nei processi di regolarizzazione, a vero collaboratore, sfruttando in prima persona determinate chance che il mercato offriva.

Ho acquistato una quota in una società che gestisce un parco eolico.

Ho acquistato azioni al portatore di un'azienda tecnologica che ha aperto le sue filiali in America e si è finanziata con azionariato comune.

In più ho gettato impalcature per due nuove idee alle quali partecipo nel mondo dell'imprenditoria e i miei libri sul "secondo lavoro" dei dipendenti pubblici generano royalty in maniera passiva, o meglio, senza il mio lavoro diretto.

Ho collaborato con un'azienda che attua business in più settori, capace di generare rendite davvero rilevanti.

In più nel mio cammino ho partecipato a società agricole dove attuiamo piantagioni innovative.

straordinaria tecnica che insegno nel capitolo contestuale, il mio rendimento per l'anno 2014 si è chiuso al 35%. e il 2015 con un 14%

di guadagno e sono sicuro che gli anni successivi saranno ancora migliori.

Il tutto praticamente senza utilizzare denaro personale, ma utilizzando la leva finanziaria offerta dal broker.

Qualcuno si chiederà quanto capitale avevo a disposizione.

Esattamente pochi risparmi generati da un normalissimo lavoratore dipendente. Il segreto è stato quello di potenziare i miei "pilastri del potere", recuperando in pieno il potere di finanziamento.

Ho finanziato il tutto. *Finanziato per investire.*

Nessuno sembra accettare questa possibilità. Solo le aziende lo fanno. *Io l'ho fatto.*

Le persone comuni finanziano solo per generare passività infinite come la propria casa e per altre perdite inesauribili, come automobile, cellulare ultimo grido, nuova TV maxi schermo.

Io ho utilizzato il mio potere di finanziamento, ottenuto con una media del 6% annuale, per finanziare "Generatori di reddito", i quali, senza il mio lavoro diretto, producono rendite con un moltiplicatore che parte dal 30% a salire.

Un investimento, un debito, che genera reddito continuo. Esattamente come strutturano e attuano le aziende.

Tutte condizioni e opportunità, che ho imparato a cogliere studiando, leggendo libri settoriali ogni mese, visionando corsi, ascoltando audio lezioni nell'autoradio della mia autovettura con lo scopo di sfruttare al massimo ogni minuto, mentre i miei amici si annoiano visionando programmi televisivi insensati.

E' un processo di crescita ed evoluzione continua.

Ho ribaltato la mia vita, e tutto questo in un solo anno!

Il segreto che devi attuare? Imparare, *voler imparare a tutti i costi.*

Adocchiare le persone che hanno la marcia in più, che corrono forte e aggrapparsi a loro. Se sono troppo veloci afferrargli i capelli e seguirli nel loro percorso estraendo energia e competenza.

Non ho avuto paura di essere meno esperto, l'umiltà è l'arma migliore per crescere costantemente.

La vergogna, così come la superbia, sono muri dinnanzi ai quali si svolta per tornare indietro.

Per questo ho imparato ad evitarle.

Nei corsi ai quali ho partecipato, ho posto in essere una condotta mai utilizzata prima. Guardavo i partecipanti e nelle pause, mi fermavo con loro chiedendo "cosa facessero nella vita". Molti di loro erano persone poco interessanti per i miei obiettivi ma nonostante ciò, avevano sempre ottimi spunti da trasmettere.

Ancora meglio andava quando incontravo le persone giuste, dinnanzi alle quali mi fermavo inerme ad ascoltare, cogliendo ogni opportunità.

In breve tempo, sorprendentemente, le mie rabbie, le mie lacrime, sono oggi divenute gioie, sorrisi, nonché un ritrovato vigore ed autostima. L'aver aperto la mia mente iniziando a cambiare le abitudini, mi ha portato a "vedere" ciò che la maggior parte delle persone comuni non vede, straordinarie opportunità che transitano per strada ogni giorno.

Situazioni che fino ad un anno prima transitavano davanti ai miei occhi, ma la mia scarsa visione, la mia rabbia, le mie lamentele, la mia rassegnazione, la mia mente limitata alle strutture tradizionalistiche, non mi facevano vedere.

Ho compreso sulla mia pelle che se qualcuno ha raggiunto risultati imponenti nella vita così come negli aspetti finanziari, è perché ha maggiori conoscenze di me e probabilmente esistono nozioni che ancora non conosco.

Il segreto? Iniziare a conoscerle da subito, apprendendole da chi le conosce e contestualmente approfondirle con studi, letture, videocorsi, strumenti che al giorno d'oggi sono facilmente reperibili in ogni dove, gran parte gratuitamente o comunque a costi molto contenuti.

Ho compreso quanto "la conoscenza" sia il potere più imponente che abbiamo nel nostro percorso finanziario.

Impara ciò che non sai. *Chi ne sa di più è solo perché ha iniziato prima di te ad imparare.*

La mia conoscenza, è il più grande "generatore di reddito" che ho a disposizione.

Questa, nella figura 1, era la mia struttura finanziaria un anno prima, la struttura delle lacrime, della rabbia:

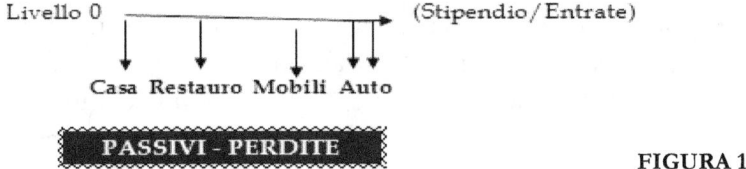

FIGURA 1

I "pilastri del potere":
➤ ~~CAPITALE~~
➤ ~~POTERE DI RISPARMIO~~
➤ ~~POTERE DI FINANZIAMENTO~~

Oggi la struttura, in un solo anno, è drasticamente ribaltata, come nella **figura 2**:

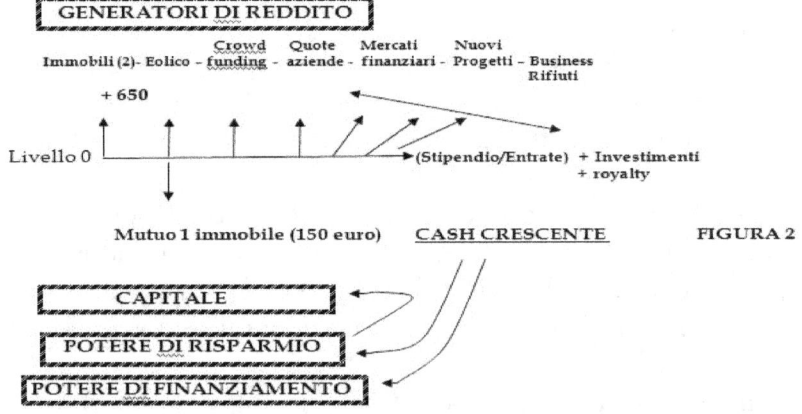

FIGURA 2

Posso assicurarti che un anno prima, non sapevo nulla di tutto questo. Oggi la mia vita è contornata da "generatori di reddito", il vero segreto da perseguire.
Oggi i miei "Pilastri del potere" sono alimentati automaticamente ogni giorno, ogni mese, ogni anno.
Il vero segreto risiede proprio in questi pilastri. I "generatori di reddito" sono solo dei mezzi per alimentarli.
Ho compreso che il denaro è più forte delle mie braccia, quindi è più opportuno che sia lui a lavorare al mio posto, lasciandomi a riposo,

considerando che riesce a generare forza produttiva mille volte superiore alla mia.

Non è straordinario?

Chi altro vuole raggiungere questi obiettivi?

> *"La mia conoscenza, è il più grande "generatore di reddito" che ho a disposizione".*
> *Massimiliano Acerra*

Eppure, ancora oggi, un normale soggetto che si trova nelle condizioni ritenute "sicure" della figura 1, dice ad un soggetto appartenente alla struttura della figura 2, frasi del tipo: *"Tu investi? Ma tu rischi".*

La risposta da dare a coloro che appartengono alla strutturazione della figura 1, è: "No, tu rischi! E rischi grosso...".

Il vero rischio è l'inerzia.

Prova a ripensare, all'inizio del capitolo, quando alcuni miei amici, appartenenti alla figura 1, hanno perso il lavoro. Una croce netta sulla voce "entrate", *significa affondare con tutto l'equipaggio.*

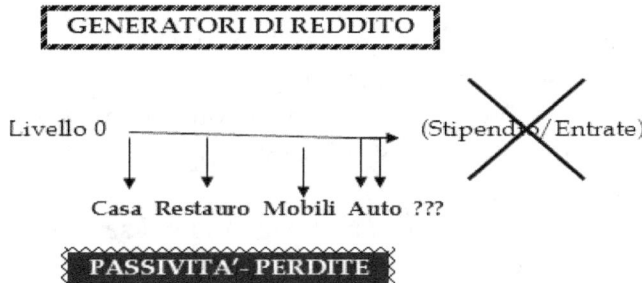

Nella figura 2, prova a pensare alla possibilità di eliminare le entrate inerenti allo stipendio mensile da dipendente..

Noterai certamente una netta differenziazione.

La barca continua a navigare comunque in acque sicure, salvando l'equipaggio, che in questo caso potrebbe essere la tua famiglia e i tuoi figli.

Quindi, per coloro che intraprendono la struttura precostituita e tradizionalistica della figura 1, c'è solo da ribadire:

"Tu rischi veramente. E rischi grosso."

Non è mai troppo tardi per essere ciò che avresti potuto essere.
George Eliot

Rifletti: se tu avessi realizzato una struttura finanziaria corretta fin da subito come sarebbe la tua vita adesso? Se avessi iniziato a 20 anni, come sarebbe la tua vita a 40? E quella della tua famiglia e dei tuoi figli?

Certo i tuoi figli si ritroverebbero a 20 anni in una condizione ben diversa dalla tua.

In più, immagina... Se i tuoi genitori all'età di 20 anni avessero messo in atto una struttura corretta del genere? Che vita avrebbero fatto? E soprattutto.. che vita avresti avuto tu? Forse già a 20 anni saresti partito da una radice di ricchezza.

Ora che hai compreso, sai cosa devi fare, con una parola d'ordine essenziale: *adesso.*

CREA UNA STRUTTURA. IL SISTEMA VINCENTE

In questa sezione scoprirai qual è il vero elemento che può far esplodere il tuo business. Qualunque esso sia.

Cosa hanno fatto materialmente multinazionali come Caterpillar, Mc Donald, Microsoft, Johnson & Johnson, Apple, Gillette?

Hanno creato un sistema vincente.

I prodotti, potrebbero non essere il massimo del settore, ma la struttura funziona alla perfezione in tutto il mondo alla stessa maniera.

Quale sia il trucco? Semplice: lo insegnano i grandi capitalisti, i creatori materiali di aziende multinazionali.

Hai mai provato ad aprire un'impresa? Chi ha provato conoscerà i vari passaggi e gli ostacoli da superare. Chi non ha provato, avrà sentito parlare dalla consueta lista di problematiche ed incombenze da sovrastare.

Facile vedere la differenza con chi fa impresa usufruendo di sistemi in franchising. Un sistema già pronto, già testato, "chiavi in mano" che deve solo essere attivato e già funziona in automatico. Il prodotto, rispetto al sistema e al marchio, diviene un fattore collaterale.

I fatti parlano chiaro e si possono visionare giornalmente: i sistemi sono vincenti. Vedi MC Donald, Burger King, Pizza Hut, Rossopomodoro, ReadHouse Grill, Yamamay, Carpisa, Subway e l'elenco potrebbe essere infinito.

Carpisa non ha le borse migliori del mondo, così come Rossopomodoro non presenta la pizza napoletana più flagrante al mondo, così come la lingerie di Yamamay la si può reperire anche in altri negozi. Ma il loro sistema di vendita, il loro Brand, la loro strutturazione del business è certificata e funziona alla stessa maniera in tutte le parti del mondo.

I panini di MC Donald o di Burger King così come quelli di Subway, potrebbero essere facilmente replicabili nella cucina della propria casa, eppure il sistema che hanno creato non ha come primaria focalizzazione il prodotto, ma piuttosto il loro sistema di sviluppo, capace di replicare la medesima condizione con il prodotto identico, stessi colori, stesse strutture riconoscibili in tutte le parti del mondo.

I prodotti sono una sicurezza ovunque, perché gli stessi panini hanno il medesimo sapore che si trovino in Scandinavia piuttosto che in Spagna o in Australia.

Come afferma Michael Gerber, devi lavorare alla tua impresa, non dentro di essa. **Il vero vincitore è il sistema che crei.**

Ecco perché l'idea innovativa di un nuovo prodotto, non ha più grande efficacia nell'economia moderna se non accompagnata da un sistema vincente e una struttura adeguata.

Ecco il motivo per cui molti nuovi piccoli imprenditori crollano, statisticamente, nei primissimi anni dall'avvio. La loro concentrazione è lavorare per la loro impresa con il fine di tirare fuori lo stipendio. Non lavorare sul sistema. In altre parole sono operai di loro stessi.

> *"Improvvisamente il lavoro che conoscevano così bene, diventa un lavoro che conoscono, sommato a un'altra dozzina che non conoscono affatto".*
> *Michael E. Gerber*

L'imprenditore, prima di vendere il prodotto (che inizialmente potrebbe essere la sua unica focalizzazione), deve essere allo stesso tempo il tecnico che compie il lavoro, il manager che organizza la struttura e si assicura che i tecnici compiano alla perfezione i propri compiti, e l'imprenditore visionario, sognatore che traccia la rotta dell'azienda.

Queste figure sono in contrasto tra loro, in forte conflitto.

Per questo sono figure difficili da personificare tutte insieme con un congruo equilibrio.

Il percorso comune di tanti imprenditori, è comunemente euforia iniziale, seguita da paura, abbattimento e disperazione. La conseguenza è l'iniziare ad odiare il lavoro che tanto piaceva e che una volta amavano di più.

Cosa conta? Come ovviare a questo problema?

Con un sistema ed un piano. Ancora oggi vedo amici che tentano di mettersi in proprio con piccole società focalizzate su un unico obiettivo: estrarre lo stipendio mensile, più alto possibile. valutano solo le entrate.

Nessuno e ripeto *nessuno* si concentra sulla struttura e il sistema da attuare. Si lavora dentro l'impresa e non per l'impresa stessa.

Alla fine volevano essere autonomi, e sono diventati in automatico dipendenti di loro stessi, dipendenti di un'impresa basata sull'estrarre quattrini netti a fine mese per sfamare il desiderio di uno stipendio maggiore e maggiore libertà.

Risultato? molti cercano di diventare imprenditori... rimanendo dipendenti e pensando allo stipendio.

Qualcuno ritiene che chi ha fondato la struttura della Coca Cola, o di Caterpillar, Ebay, Yahoo!, Apple o Johnson & Johnson, abbia creato impresa per guadagnare i fatidici 1500 euro al mese per campare?

Hanno fatto l'esatto contrario: hanno mirato a fare impresa prima, e lo stipendio è arrivato dopo di conseguenza, senza essere nemmeno stimato nel progetto industriale.

Tom Watson, fondatore di IBM, affermava che l'IBM per diventare una grande compagnia, doveva agire come una grande compagnia ancora prima di diventarlo.

Nella sua mente orbitava con veemenza il futuro assetto dell'azienda, non quanto avrebbe guadagnato al 27 del mese successivo.

Il lavoro, il prodotto, sono fattori secondari. La focalizzazione è "lo sviluppo dell'impresa".

Watson affermava infatti che "Ogni giorno all'IBM era un giorno dedicato a sviluppare impresa, non a fare affari".

Inizia a leggere e studiare le strutture che hanno creato i grandi.

La consapevolezza, si basa su riscontri reali dei grandi imprenditori per cui *"il vero prodotto di un'impresa è l'impresa stessa".*
I grandi insegnano, così come i grandi dipendenti che hanno fatto strada hanno insegnato a me.
I miei amici o conoscenti che hanno generato lavori autonomi, ancora oggi parlano di miglioramento di stipendio.
Il loro conteggio è semplicemente focalizzato sul fatto che se da dipendente guadagnano 1000 euro, è sufficiente guadagnarne 1500 da autonomo con il vantaggio di essere libero senza un padrone che comanda.
Mai sento parlare di impresa, strutturazione e sistema, o di grandi numeri e proiezioni future.
Pertanto, non appena il mercato varierà la sua inclinazione e la moda si sposterà su altri prodotti, quell'impresa senza radici, volerà via al primo soffio di vento.
Chi si è focalizzato sullo sviluppo dell'impresa, avrà radici talmente incuneate nel terreno che nemmeno un tornado le sposterà.

> Su chi investiresti oggi?
> Su coloro che generano un'impresa e lavorano per la loro strutturazione?
> O per coloro che aprono un negozio per estrarre lo stipendio mensile?
> Hai dato una risposta?
> Allora se non sei un investitore ma un futuro imprenditore,
> **focalizzati e lanciati su ciò per cui investiresti per primo.**

La priorità è creare un sistema costituito da persone evolute, specializzate nel proprio settore di competenza.
Non hai soldi per coinvolgere esperti nella realizzazione della tua idea?
Prova a farli partecipare attivamente al tuo progetto. Probabilmente, se ci credono, saranno i primi a volerlo perseguire con te e partecipare alla realizzazione e di conseguenza agli eventuali utili.

Basta solo aprire un po' la mente.

Ti hanno parlato di un grande business? Non fare come tutti. Non valutare solo il business e il guadagno.

Valuta il sistema, la squadra, la struttura.

Valuta cento business al giorno. SCEGLINE UNO.

RIEPILOGO DEL CAPITOLO:

1. Lavora all'impresa e non "per l'impresa"
2. Dimentica lo stipendio mensile che devi generare. La "Coca Cola" non è stata creata per far guadagnare 1.500 euro al mese al suo proprietario.
3. Non avere limiti. Pensa in grande. *"Come"* poter ampliare il progetto a tante più persone?
4. Non puoi fare da solo. Contornati di persone motivate, concrete e specializzate sui campi che interessano l'impresa. O le paghi o le fai lavorare con te allo sviluppo.
5. Crea un sistema capace di resistere al tempo, alle variazioni generazionali, cambiando in corsa la sua evoluzione.

DA DOVE PARTIRE?

DIVENTA MILIONARIO CON IL TUO PC. A CASA TUA.

Il futuro è sul web. Non lo hai ancora capito?

Eppure continuo a sentire persone affermare: "io non posso, perché non ci capisco niente".

Impara invece di parlare!

Tutti hanno un PC, ma in pochi ne sanno utilizzare le reali potenzialità.

Il "non ci capisco niente" è una frase insormontabile di chiusura assoluta! Non sapevi nemmeno andare in bicicletta, nemmeno camminare, nemmeno scrivere, finché non hai imparato.

Le persone che non sanno utilizzare il PC, statisticamente odiano chi lavora o sviluppa le sue idee al computer per ore ed ore al giorno.

Io stesso ho incontrato molte persone che si sono lamentate del fatto che utilizzavo molto il PC.

Io l'ho dominato, estraendo il massimo delle potenzialità. E non ho ancora raggiunto il limite.

Chiunque afferma di odiare coloro che trascorrono troppe ore al PC, certamente non lo sa utilizzare. Questa è una certezza assoluta.

Conosce solo alcune basi, sa ascoltare la musica, andare su internet o divertirsi con i giochi.

Ti dirà che piuttosto di imparare ad utilizzare un PC preferisce fare altro. Il suo "altro" solitamente è passeggiare, chiacchierare, guardare la TV.

Chi conosce e sfrutta le reali potenzialità del processo informatico, ama stare al PC ed imparare giorno dopo giorno nuove regole, nuove opportunità, nuove strategie.

Non serve essere ingegneri informatici. Nemmeno io lo sono.

I sistemi moderni sono estremamente semplificati e ti offrono la possibilità di sviluppare i tuoi progetti con pochi click e con software semplici e dedicati alla tua necessità.

Non sai usare il PC? Inutile prendersela con chi lo utilizza. Prenditela piuttosto con te stesso.

Ti stai togliendo dalle mani la più grande potenzialità del presente e del futuro. Internet e il web non conosceranno crisi.

Spesso ascolto frasi come: *"stai troppo al PC, meglio fare dello sport."*

Come si può concepire questa differenza? Posso stare al PC e fare un'ora di sport al giorno ed essere in forma.

Praticare sempre sport al posto del PC, non ti porterà niente in tasca.

Sarebbe come dire che è meglio l'amore del denaro. Due cose che non hanno alcuna attinenza, visto che senza denaro non puoi vivere, e puoi tranquillamente avere entrambe le cose.

Questa frase, così come le altre, sono il solito alibi per non imparare.

Hai mai visto un ciclista che non trascorre giornate intere in bicicletta?

Hai mai visto un nuotatore che non trascorre ore in piscina, o un corridore che non passa giornate sulla pista?

Pratica e allenamento sono la base della conoscenza e del risultato.

Come puoi pensare di imparare il PC se odi trascorrerci delle ore?

Certe persone, vorrebbero imparare e accettano di frequentare corsi a pagamento per le basi del PC. Appena terminano il corso sono stanche e non hanno desiderio di applicare le nozioni apprese direttamente sul proprio PC per altre ore.

Quel corso non porterà a nulla, così come lo scalatore che ha terminato il corso teorico e non ha voglia di andare in montagna ad allenarsi.

Il nuovo mondo è sul web! Ogni giorno transitano opportunità infinite che certamente ti stai perdendo. Montagne di soldi.

Se non impari ad utilizzare le potenzialità del web, sarai relegato solo ad aprire il negozietto all'angolo, investendo un mare di capitali, per avere un ristrettissimo numero di utenti nel circondario o nel quartiere ai quali attacchi tutte le speranze di riuscita.

Dovrai pregare che scelgano il tuo negozio per i loro acquisti e che continuino a farlo per il resto dei loro giorni, per farti andare in pensione tranquillo.

E con gli investimenti che hai intrapreso, i primi anni di attività, saranno devoluti solo a recuperare le spese.

Nel Web, entri praticamente a costo zero, e la potenzialità di utenti e acquirenti per i tuoi prodotti e servizi è pressoché illimitata.

I numeri parlano chiaro: i negozi e-commerce sono multimilionari, così come anche le agenzie viaggi sul web. E gli esempi potrebbero essere infiniti.

L'agenzia viaggi di quartiere deve sperare di vendere alcuni viaggi tutti i giorni e per sempre per assicurare un minimo stipendio al suo proprietario e mandarlo in pensione.

I numeri parlano chiaro eppure le persone non vogliono capire.

Continuo a sentire soggetti che investirebbero almeno 50.000 euro per il negozietto all'angolo e quando gli propongo l'alternativa dell'attività sul web, hanno difficoltà ad investire 2.000 euro per farsi gestire la realizzazione.

Impara a sviluppare siti utilizzando i moderni CMS. Ti permettono con pochi click di realizzare pagine prestampate accattivanti e complete.

Impara subito le nuove strategie di mercato, il web marketing. E' il vero motore del presente e del futuro, la struttura attraverso la quale riesci ad arrivare a migliaia o milioni di contatti utili per presentare i tuoi prodotti o la tua offerta.

Oggi esistono sistemi per raggiungere milioni di persone in pochi giorni.

Il treno passa anche per te.

Questi utenti sono anche a disposizione tua, ed attendono la tua offerta, il tuo prodotto, il tuo servizio e la tua professionalità.

Impara da subito questi sistemi.

Troverai tutorial gratuiti molto spesso sviluppati da giovani adolescenti. Incredibile ciò che potrai realizzare da oggi con semplicità e da casa tua.

La persona che dice che non si può fare, non dovrebbe interrompere la persona che lo sta facendo.

STORIE DI BUSINESS.

Salvatore, un ex dipendente, sopraggiunto ai limiti della disoccupazione, ha letteralmente inventato un'attività da un'attività già esistente.

Da anni siamo abituati a prendere la patente recandoci presso un'autoscuola della nostra città. Le tariffe sono quelle imposte, i servizi sempre gli stessi. Eppure Salvatore ha voluto fare qualcosa di più. Ha lanciato un servizio on-line tramite il suo blog, nel quale puoi esercitarti gratuitamente sui quiz e affrontare gli esami della patente. Se vuoi usufruire dei servizi connessi, puoi farti spiegare gli errori più comuni commessi dagli individui che affrontano un esame di guida, gli errori statistici più commessi all'esame di teoria, come evitarli, come essere promosso al primo colpo senza disavventure, come risparmiare molto denaro nel processo che porta al conseguimento della patente di guida.

In breve tempo il suo servizio così unico, ha ricevuto migliaia di assensi, le stesse agenzie di scuola guida hanno contattato Salvatore per acquistare il suo programma esclusivo e riproporlo all'interno della loro struttura.

Oltre all'attività diretta, vende le sue licenze, un altro asset di business che ti spiegherò nel corso di questo libro.

Un'esperienza affascinante che si è promulgata a macchia d'olio in brevissimo tempo.

Oggi Salvatore vive di ciò che genera il suo programma automatico, migliorando di volta in volta il settore, strutturandolo sempre meglio, aggiornandolo e vendendo il risultato alle agenzie interessate.

Ha iniziato da solo, con un PC e senza competenze speciali. Oggi il suo progetto "Guida e Vai" ha preso il volo.

Daniela, ha creato un sistema nutrizionale rivolto al dimagrimento e al benessere. Ha creato video-corsi e presenta seminari specialistici di settore. Chi partecipa ai suoi corsi, acquista la licenza di utilizzare il suo sistema nutrizionale già preconfezionato con la possibilità di poterlo insegnare e rivendere.

Daniela guadagna sia dai corsi, sia con le licenze sia con il sistema di network connesso a coloro che rivendono il suo metodo.

Ha semplicemente utilizzato la sua specializzazione applicando la leva delle licenze.

Mauro ha attuato il primo portale italiano attraverso il quale puoi vendere i tuoi videocorsi.

Ha creato il primo sistema in Italia che ti permette di insegnare online la tua professionalità a centinaia di persone in tempo reale, attirando migliaia di utenti.

Tutte attività generate iniziando senza soldi e partendo da dipendente.

Dino, dipendente amante della fotografia, ha sempre amato fotografare e creare immagini e situazioni inedite. Oggi ha creato un portale con centinaia di immagini che vende singolarmente. Immagini idonee per pubblicità, siti internet, blog, locandine e quant'altro. Ha uti-

lizzato un sistema di famose ditte americane che vendono immagini per il web su scala mondiale.
Dino sta strutturando attualmente anche una sezione "video per il web".

Armando, notando che molte compagnie telefoniche istallano antenne e ripetitori sui tetti delle case, nei capannoni o sui terreni laddove la ricezione dei cellulari è scarsa, ha impiantato sulla sua abitazione e in altri terreni appositamente individuati, delle antenne contrattualizzate dalle compagnie telefoniche che offrono congrui compensi mensili per ogni antenna istallata (anche 800 euro mensili), tanto da generare una rendita mensile più o meno doppia rispetto a uno stipendio, contrattualizzata con le compagnie per oltre venti anni.

9. "GENERATORI DI REDDITO"

I GENERATORI DEI MERCATI FINANZIARI

In questo capitolo comprenderai come generare reddito attraverso i mercati finanziari calcolando il rischio, arrivando ad azzerarlo completamente per ottenere rendite cospicue e vitalizie per te e i tuoi familiari.

Da questo momento dominerai anche tu i mercati finanziari con un metodo preciso che ti genera rendite cospicue anche con poco denaro. Seguilo attentamente.

Utile partire estirpando da subito la concettualità mentale insita nella maggioranza delle persone:

"Investire nei mercati finanziari è rischioso".

E' questa l'idea di partenza sulla quale si colloca l'impalcatura di questa sezione.

Non perché questa considerazione sia appropriata, ma perché è l'impostazione mentale tradizionalistica sulla quale si collocano le considerazioni della maggioranza delle persone.

E come ben sappiamo, il pensiero, il convincimento, crea l'azione conseguente, la condotta e la concezione sulla quale si eleva la nostra esistenza.

Hai presente quando nel capitolo della "legge del *come*" ho parlato di un iniziale pensiero di assoluta chiusura che sbatte un enorme e gravoso portone in faccia? I pensieri determinano precisamente queste fattispecie.

Sei convinto che investire sia rischioso?

E' un alibi del tuo essere, alacremente utilizzato per non informarti, non imparare ed evitare a priori.

Chi non sbaglia non cresce, e questo fattore lo stai ben comprendendo.

Se nella vita "eviti", la tua evoluzione grafica è certamente ribassista.

Questa è la sezione rivoluzionaria nella quale ti svelerò come invertire questa rotta e guadagnare costantemente dai mercati finanziari, in serenità, senza patemi d'animo e come creare un'esistenza migliore per te e cambiare già dalla radice quella dei tuoi figli.

> *Coloro i quali affermano che investire sia rischioso,*
> *non guadagnano certamente dagli investimenti.*
> *Massimiliano Acerra*

Devi comprendere un fattore: se ti collochi nella parte bassa del livello, come il 95% delle persone, eviterai ogni rischio, valutando la sua ipotetica malsana conformazione.

Inizierai la consueta e costante elencazione di tutti i lati negativi che comporta un investimento diverso da quello che ti propone la banca o il tuo consulente finanziario.

Entrerai nella contestualità tradizionalistica eretta per noi dai nostri genitori, dalla scuola, dall'istruzione, dalla società e certamente anche dalle stesse banche, ben dedite a darti un 2% lordo (che cataloghierei facilmente in archivio con la dicitura "elemosina"), per poi utilizzare il tuo denaro per investimenti in leva finanziaria di ben altro tenore.

Investimenti ben più remunerativi, che puoi attuare anche tu senza il loro aiuto.

In questo libro ti svelerò, inoltre, come investire in quello che investono le banche.

Il rischio è investire? No, il vero rischio è non fare nulla.

Lo scoprirai tra breve.

L'inerzia, più che un rischio, con il tempo diviene una certezza. Certezza di impoverirsi sempre di più. Perché le spese aumentano, così come le tasse, mentre gli stipendi viaggiano ad una velocità proporzionalmente dimezzata.

Chi non fa niente non si aspetti niente.

All'inizio tutto sembra difficile se non impossibile. Molti si fermano dinnanzi ad un'innata procedura disfattista generata dal proprio essere. *"E' troppo difficile, non riesco."*

Hai mai pensato di comandare un aereo? Appare realmente difficile, eppure è sufficiente studiare per qualche anno, prendere un'abilitazione, attuare un tirocinio e il gioco è fatto.

Per tutti.

Imparando ciò che non sai, abbatti la paura.

Chi altro vuole applicarlo anche ai mercati finanziari?

Negli investimenti, prendi sempre in considerazione il piano.
La strategia di uscita è più importante di quella di entrata. Sempre.

TRE TIPI DI INVESTITORE

1. **Investitore scadente.**
   Non conosce niente della finanza. Solitamente corrisponde a colui che non solo non ha competenze, ma non *vuole* averne. Afferma di non capire nulla di finanza e giustifica i suoi scarsi investimenti con questo pretesto. Solitamente non investe o lascia i suoi denari in conti deposito con scarsissimi interessi o in titoli di Stato.

2. **Investitore medio.**
   Colui che si informa, che muove qualcosa. Non si arricchirà mai, ma comunque ha una conoscenza media del settore e molto spesso si vanta di averla e alla fine acquista prodotti finanziari preconfezionati della banca o dal proprio promotore finanziario spuntando qualche punto percentuale in più.

3. **Investitore intelligente e avanzato.**
   Si tratta dell'investitore che ha voglia di conoscere gli strumenti finanziari e le aziende, si informa, partecipa a corsi e cerca di imparare da coloro che hanno avuto successo. Ha dei limiti solo sui rischi che vengono calcolati sempre e preventivamente. Non ha limiti di profitti. Più acquisisce consapevolezza più aumentano, più scorre il tempo, più aumentano i ricavi.

E tu di quale categoria sei?
Se comprendi di essere catalogato nei primi due punti, occorre iniziare un ottimo percorso di formazione.

Questo libro ti servirà per gettare le basi idonee e partire subito con una rinnovata consapevolezza.

Acquisirai da questo momento gli strumenti idonei per iniziare il tuo percorso di risalita, controllando i rischi e generando profitti costanti senza limitazioni. Con una semplicità sconcertante.

Non essere tra coloro che "di tutto conoscono il prezzo, di niente il valore".
Negli investimenti, considerati il comproprietario di una società,
non uno speculatore.
Benjamin Graham

LA MENTALITA' VINCENTE

In questo capitolo ti svelerò i segreti del "cavallo e della tartaruga".
Due soluzioni vitali per la tua condizione finanziaria.
Entrambe importanti.
Da questo capitolo in poi inizierai anche tu a dominare i mercati finanziari, aprendo la porta finalmente a profitti percentuali degni di un investimento, che iniziano dal 12% annuale e non hanno limiti di crescita.
Iniziamo dal cavallo.
Vuoi guadagnare più soldi in maniera più veloce?
Segui l'evoluzione di questo capitolo e al termine il cavallo correrà alla velocità della luce.
Ho creato personalmente una "watchlist", o meglio, un piccolo elenco di aziende che controllo periodicamente in un paniere virtuale, anche seguendo i consigli o i calcoli di esperti del settore. *Valuto personalmente i numeri di ogni singola azienda.* Fallo anche tu.
Nella tua formazione personale, includi per prima cosa *la conoscenza diretta della struttura dei rendiconti finanziari.*
Impara ciò che scrivono le aziende, cos'è il ROI, il ROE, l'EDIPDA, L'EDIT, l'indice BETA e quant'altro.
In quanto tempo? Con quale difficoltà?
Ti servono solo un pomeriggio e trovi tutto sul web. E' tutto semplice. Non ci sono pretesti.

Le aziende che ho selezionato sono solide, fiorenti, vincenti da anni, generano profitti consolidati e dividendi costanti con piani duraturi nel tempo.

Qualsiasi azienda che venga pescata all'interno di questo paniere, è scelta sicuramente bene.

Crea il tuo paniere. Dieci dodici aziende al massimo. E ti spiego cosa farne.

Molte persone, non avendo cognizione di quelle che possono essere le regole e le metodologie, mi dicono: "tu *giochi* in borsa".

Giocare?? Io non sto giocando, io sto investendo denaro per generare plusvalenze. Faccio lavorare il denaro per me. Il denaro è un ottimo servitore se sfrutti il suo potere.

Non solo non sto giocando io, ma non sta affatto giocando l'azienda nella quale ho deciso di investire il mio denaro.

Io acquisto quote di un'azienda, *non gioco in borsa*.

Chi fa trading speculativo a breve, gioca e rischia il collo.

Io acquisto quote di un'azienda che ha un piano industriale, un piano di marketing, proiezioni di dati numerici studiati al tavolino da grandi amministratori, capaci di generare ricchezza nella gestione di grandi multinazionali.

Questi uomini, *non stanno giocando affatto*.

L'amministratore delegato della "Coca Cola", per citarne uno, appartenente ad un'azienda con un brand molto forte e conosciuto in tutto il mondo, crea piani strategici di acquisizione, marketing e incremento delle vendite a livello mondiale. Piano di crescita della società e del fatturato.

Non sta affatto giocando ne in borsa ne tantomeno nella realtà. Io non gioco con chi fa sul serio. Io mi aggrappo al cavallo da corsa. E lo seguo, *con un metodo*.

Ecco la mentalità che devi calzare fin da subito approcciandoti ai mercati finanziari.

Sappi scegliere le aziende migliori. Impara a leggere i numeri, Investi in queste società. Una volta che hai depositato il tuo denaro, hai la consapevolezza che professionisti scelti per gestire l'azienda e per farla crescere nel corso degli anni, lavoreranno per te.

L'unica regola da applicare: segui la società, *ma applicando il tuo metodo*.

Il motivo è semplice: anche se una società è solida e fiorente, le fluttuazioni naturali dei mercati finanziari devono essere controllate *sempre,* applicando un metodo ferreo e sicuro.

Adesso ti spiegherò nel dettaglio il metodo che utilizzo personalmente e che mi porta a generare in tranquillità profitti annuali che partono dal 15%.

Stai attento solo a valutare attentamente te stesso e il tuo atteggiamento. Potresti ritenere di essere un investitore e in realtà sei uno speculatore di breve.

Non devi restare coinvolto nella volontà di prevedere l'andatura dei mercati.

Se segui questo errato modello, il fattore emozionale la farà da padrone e cadrai presto nella corrente speculativa dove solo il prezzo e il guadagno contano, non la creazione costante di valore.

Lascia correre il mercato con le sue fluttuazioni. Non cercare di prevederlo. Piuttosto comprendilo e applica costantemente il tuo metodo.

> *Un viaggio di mille miglia inizia con un solo passo.*
> *Lao Tze.*

Il vero trucco dei più grandi, sta nel lungo termine. Più aumenti il fattore temporale, più diminuisci drasticamente il rischio. Il tempo è tuo amico.

Acquista quote ed esci dal gioco. Attendi. Ci sono persone che lavorano per te e per far fluttuare le aziende che hai scelto.

Ricorda: tu stai investendo nella creatività, nell'innovazione, nel potere produttivo protratto nel tempo che offrono le aziende. Chi usa l'appellativo "gioco in borsa", sta sbagliando strada alla radice.

Tu non giocare. Impara a pensare questo. Investi nello sviluppo.

Il mercato DEVE crescere nel lungo termine, perché il mondo deve andare avanti. E tu investi su questo.

Le aziende preparano piani di sviluppo per crescere, studiando ogni particolare. Per questo devi seguirle con un'ottica del genere e lasciare la speculazione ad altri.

Compra aziende di cui ti fidi e di cui conosci i rendimenti. E tienile.

Tutto qua. Alla fine devi comprare quando il mercato è basso e vendere quando è alto. Nulla di più semplice. L'unica problematica risiede nel fatto che le persone sono influenzate dall'andamento e dalla fluttuazione dei mercati e il loro livello psicologico ne risulta condizionato.

Paura delle oscillazioni? Le quotazioni che il mercato attribuisce in quel preciso momento ad un'azienda quotata, sono guidate dall'emotività, non dalla realtà.

La verità su un'azienda, sta nei suoi numeri, nelle sue prospettive e nei suoi risultati, piuttosto che nel prezzo del momento o delle illusorie previsioni.

Il momento in cui la paura vola ai massimi livelli, coincide con i momenti in cui il mercato è ai minimi. E' il momento in cui magnati come Warren Buffet entrano in gioco.

In questa maniera non sbagli mai. Competenza e metodo sono le armi vincenti e le più semplici da acquisire.

Di seguito scoprirai come muoverti con un metodo vincente ed efficace e acquisirai la competenza per muoverti da solo, con risultati concreti fin da subito.

Ricorda: i mercati possono essere rischiosi, ma le buone aziende no.

Calcola i rischi, applica un buon metodo e scegli una grande azienda. Tutto qui. Valuta in modo indipendente rispetto ai mutamenti sociali, politici e alle naturali fluttuazioni di mercato.

Resta inchiodato su questi principi finanziari, di fronte a un mercato guidato dalle emozioni.

Inutile passare la notte e il tempo della tua giornata per guadagnare qualcosa in più ed esporti a rischi e stress. Quel denaro probabilmente lo perderai all'operazione successiva dove le tue emozioni la fanno da padrone sul metodo.

Lascia stare investimenti a breve. Non preoccuparti delle oscillazioni. Tu conosci il valore intrinseco dell'azienda e sai che presto o tardi il mercato se ne accorgerà quando vedrà i numeri. Questa è la vera essenza dell'investitore.

Se ti venisse proposto di entrare nel capitale di una società di un amico che hai visto, di cui conosci la produzione, il prodotto e le potenzialità, di cui conosci numeri e sviluppo potenziale, ti esporresti nell'investimento? Certamente si, perché *conosci l'azienda,* le proiezioni, il direttivo.

Allora investi in aziende che conosci e che sai cosa porteranno.
Investi in aziende i cui profitti, per un circuito naturale, saranno certamente più alti in un futuro.

Non è davvero difficile identificarle se conosci il nome e il marchio, e non serve uno scienziato o un consulente per vederle. Lo puoi fare anche tu con il semplice intuito o guardando la pubblicità in TV.

Cerca le aziende che hanno un vantaggio competitivo sulle altre. Che siano durature.

Sul mercato americano sono quotate le più grandi aziende al mondo. Acquista azioni di società a lunga scadenza e ricorda: *se non hai intenzione di tenere in portafoglio un azienda per dieci anni, non pensare di tenerla nemmeno per dieci minuti.* Questo è ciò che proclama Warren Buffet.

Con la speculazione di breve, puoi essere momentaneamente nel giusto o sbagliarti con effetti disastrosi. Un vero investitore si considera *comproprietario* di una grande impresa e presta attenzione principalmente ai suoi risultati e alla qualità della sua gestione.

Funziona il metodo? Funziona *sicuramente*.

Acquista solo aziende di cui sai che la gente non può fare a meno. Pensa ad esempio a Coca Cola, Johnson & Johnson, Gillette. Pilastri del settore che la gente utilizza e utilizzerà inevitabilmente e sempre nel futuro.

Individua alcune aziende, non molte, anche solo tre o quattro, e scegli di stare con loro. Meno ti muovi sul mercato e meno rischi.

Saranno loro a lavorare per te. I loro amministratori delegati creeranno dei piani di crescita a livello globale per raggiungere la crescita e l'eccellenza. E Tu devi solamente stare con loro. Senza lavorare.

Stanno già lavorando loro alla crescita e all'evoluzione. Non c'è bisogno del tuo aiuto.

Non preoccuparti delle fluttuazioni o del fatto che la quotazione di quell'azienda possa rimanere ferma per del tempo rispetto alla quotazione di altre che corrono di più. Preoccupati piuttosto dei suoi numeri.

Se l'azienda è sana e continua a generare profitti aziendali ricchezza e crescita, certamente il mercato la premierà molto presto e ne riconoscerà il vero valore intrinseco.

Il mercato non sbaglia mai.

L'emozione delle persone sbaglia, non il mercato.

Ricordo gli anni 2000 quando aziende nate dal nulla fluttuavano copiosamente nelle borse mondiali. Società senza profitti e con solo grandi sogni.

Poco dopo tutto è scoppiato e il mercato ha riportato alla luce solo quelle aziende con radici solide di piani e profitti, facendo affondare tutto il resto.

Le gente sbaglia, non il mercato.

Benjamin Graham affermava che i buoni affari non si fanno comprando e vendendo titoli, ma esercitando una certa disciplina nel controllare e tenere, guadagnando con dividendi e aspettando che la percezione del valore della società si allinei alla realtà.

Cosa serve? Tecnica? Studi infiniti? Nulla di tutto questo.

Solo un adeguato approccio mentale e un metodo.

Quindi ricorda sempre: gli amministratori delle grandi multinazionali, sono certamente più bravi di te nel generare ricchezza per aziende con migliaia di filiali mondiali.

Segui il loro lavoro.

E' l'unico sistema per avere profitti infiniti nel tempo.

A tal proposito procurati un libro che è praticamente una bibbia del settore e che identifica questo metodo e la struttura vincente da attuare: "Investitore intelligente" di Benjamin Graham.

Un'operazione di investimento, dopo attenta analisi, risulta essere quella che promette la garanzia del capitale e un rendimento soddisfacente. Le operazioni che non soddisfano questi requisiti sono rischiose.
Benjamin Graham

QUALE RISCHIO?

In cosa consiste la conformazione di pensiero per cui investire è solo rischio? Semplice. Da piccolo sentivo continuamente ventilare frasi del tipo:

"Non rischiare mai", *"meglio poco ma sicuro"*, *"chi va piano va sano e lontano"* *"chi rischia prima o poi si rompe il collo"* e molte altre locuzioni predeterminate che vengono perpetuate nelle generazioni.

Le persone investono in strumenti finanziari consigliati dagli istituti di credito con un preciso intento: *non perdere*. Chiunque investe per non perdere e non per guadagnare, otterrà il risultato che cerca: non perdere.

Certamente una conseguenza ben difforme dal *guadagnare*, generare reddito, ricchezza e successo.

Dall'altro lato si erigono invece i soggetti che generano ricchezza dai mercati.

Qual è la differenza tra queste due fazioni? Certamente il metodo, la logica e l'obiettivo.

La domanda sorge spontanea: chi detiene la *reale opportunità di arricchirsi*, tra un soggetto che investe per realizzare almeno il 25% all'anno applicando una metodologia specifica e un soggetto che investe per la sicurezza di non perdere realizzando il 2% annuale?

Senza dubbio la risposta è semplice: il primo individuo, il quale, applicando il principio degli interessi composti, ha la reale opportunità di arricchirsi entro pochi anni.

Il secondo soggetto otterrà semplicemente quello che vuole: la sicurezza, o meglio la *certezza assoluta* che la sua condizione finanziaria non cambierà mai.

E' possibile intraprendere la strada per raggiungere l'indipendenza economica? Certo, basta imparare.

Continua la lettura e scoprirai *come* farlo e quali strumenti utilizzare.

Adesso ci troviamo nell'era dell'informazione, della comunicazione e dell'informatizzazione, lontanissimi dai tempi in cui sono nate le "frasi fatte" o le accezioni proverbiali che ho accennato poco sopra. Frasi divenute vere e proprie regole di comune credibilità popolare.

Eppure, ciò che sento ventilare nell'aria, sono le medesime frasi fatte, le stesse espressioni, nonostante molto acqua sia passata sotto ai ponti.

Ma chi propone queste frasi? Chi genera questa classificazione di pensiero?

Osserva attentamente questo fattore, valutando con effettiva rilevanza la condizione finanziaria di chi le pronuncia con tanta convinzione.

Ancora una volta ti troverai dinnanzi a soggetti con una parabola discendente. Sicuramente.

Il fattore finanziario di chi non rischia, o investe per *non perdere*, è un fattore finanziario in ribasso. In altre parole: soggetti con problemi finanziari protratti nel tempo o con una condizione prestabilita per tutta la vita. Sicuramente.

Ma investire è veramente rischioso?

Una cosa è certa: il 95% dei soggetti, collocato nella parte bassa del grafico e che oserei definire "persone tradizionalistiche", evitano il rischio.

Il 5% restante: calcola il rischio.

Una differenziazione sostanziale.

Il rischio fa parte della crescita, ma non deve essere evitato, ma semplicemente controllato, circoscritto, calcolato già prima di partire. Quando lo si calcola, in realtà, si rischia molto di meno di coloro che affermano di non rischiare.

Nel campo prettamente finanziario, il ricco "calcola il rischio" e non sgarra dal suo piano d'azione. E cresce, imparando ogni giorno.

Calcola quando entrare *nel preciso istante in cui ha già tracciato la via di fuga*.

Il povero? "evita il rischio", non vuole imparare, non vuole compromettere, lascia ad altri l'onere di gestire il suo denaro. Di conseguenza, non cresce, non si informa, non intraprende, non crea.

Ma qual è il vero rischio? Te lo sei mai chiesto veramente?

IL VERO RISCHIO

Chi rischia di più? Il dipendente o il benestante? Molti pensano che il benestante sia un soggetto che ha rischiato l'osso del collo e abbia avuto solo un elevato quoziente di fortuna.

La verità è che il dipendente ha *creduto* di non rischiare nulla, ma in realtà rischia tutti i giorni il tracollo finanziario.

Ho scoperto nel tempo, vedendo con i miei occhi, che il vero rischio è l'inerzia.

Il dipendente è legato con la corda al collo dalle briglie del denaro e dalle sorti incerte del suo datore di lavoro.

Molti dipendenti hanno cercato il posto fisso e una volta trovato, hanno sperato che il datore di lavoro portasse avanti l'azienda fino alla loro pensione, contro crisi dei mercati, crollo di produzione e quant'altro.

Quando il datore di lavoro, per motivi prettamente finanziari, è costretto a cambiare sistema di produzione licenziando, delocalizzando, chiudendo filiali, certamente deve, per forza degli eventi, salvaguardare la propria azienda a discapito dei dipendenti. Probabilmente il datore di lavoro si era prefissato un determinato obiettivo finanziario e, una volta raggiunto, l'azienda non ha più motivo di esistere.

I dipendenti sono stati pagati per il lavoro che hanno generato e mentre l'imprenditore si è arricchito, i dipendenti hanno "campato" di speranza, per poi rimanere a bocca asciutta.

A fronte di tutto questo, chi rischia veramente? Siamo sicuri che il rischio sia quello di chi prova a investire, di chi prova a fare il salto di qualità, di chi ha un obiettivo e un piano finanziario?

Chi rischia di più? L'imprenditore che raggiunge obiettivi sfidanti, o il dipendente che resta a casa ed ha percepito il solo stipendio di 1000 euro al mese?

La verità è una sola: *il non voler correre rischi espone a dei rischi ancora maggiori.*

Se vuoi diventare ricco partendo da dipendente, cambia il tuo concetto di rischio prima che sia troppo tardi.

Il vero rischio è l'inerzia. Non dimenticarlo.

La verità è una sola: il non voler correre rischi espone a dei rischi molto maggiori.

Desidero raccontarti la storia di mio zio. Leggila con attenzione, perchè ha il potere di farti comprendere il vero rischio a cui ti esponi giornalmente.

Mio zio lavorava tanti anni fa in una famosissima azienda produttrice di caschi per motocicli.

Ha acquistato una casa da ristrutturare, per adibirla ad abitazione principale. Ha investito i capitali di una vita, giorno per giorno, per fare in modo che quella casa divenisse una reggia. Ha finanziato l'acquisto e la ristrutturazione. Sta ancora pagando le quote, proprio tutt'ora, mentre scrivo.

Nel tempo ha rinnovato il mobilio, acquistato prodotti di miglior qualità, aumentando anche il benessere "visivo" della sua condizione di vita.

Sovvenzionava, inoltre, gli studi della figlia.

Una condizione familiare molto frequente ai giorni nostri.

Mio zio era un operaio. La moglie impiegata part-time con un reddito molto ridotto.

Hanno vissuto con scarse risorse, giorno per giorno, mese dopo mese, per anni. Hanno rinunciato a ferie, vacanze, cene, divertimenti, per finanziare ciò che avevano creato.

Ma cosa aveva mio zio in realtà? Proviamo a visionare la sua "scheda finanziaria":

Mio zio deteneva una serie di passività rilevanti che giorno dopo giorno hanno eroso la sua esistenza.

Cosa aveva cercato per anni?

La sicurezza. La certezza per la sua famiglia di uno stipendio fisso, la garanzia di una casa, una proprietà tangibile, come gli era stato insegnato fin da piccolo.

Peraltro quella casa era stata acquistata con l'istinto irrazionale dell'emotività, del sentimento e non certo con la "visuale" commerciale.

L'emotività, la passione, ti porta ad acquistare un immobile perché ti piace, perché ti fa innamorare, perché ti fa sognare un mondo infinitamente privato dove nessuno possa mettere piede.

Non viene valutata la posizione commerciale, la tranquillità, il prezzo al metro quadro di quella specifica zona, la vicinanza da strade rumorose con alto tasso di passaggio.

Per la "propria" casa, non si valuta certo tutto questo.

In altre parole mio zio aveva creato un'impalcatura di sicurezza così come creano tutte le persone che oggi definisco "tradizionalistiche".

Non è forse questo che hanno creato le nostre famiglie?

Anche tu stesso hai creato tutto questo con convinzione e certezza?

Ti trovi quindi *realmente* in una condizione di sicurezza?

Nelle prossime righe comprenderai finalmente la risposta concreta a questa domanda.

Alcuni anni fa, l'azienda nella quale lavorava mio zio andò in fallimento, chiuse nel giro di brevissimo tempo.
Mio zio si trovava esattamente in questa condizione:

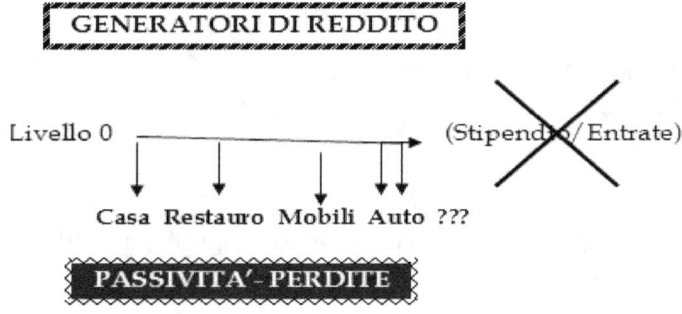

I "TRE POTERI" FINANZIARI PERSONALI:
- ➤ ~~POTERE DEL CAPITALE~~
- ➤ ~~POTERE DI RISPARMIO~~
- ➤ ~~POTERE DI FINANZIAMENTO~~

Adesso mi chiedo: la sicurezza non è comprare casa, avere un posto fisso con stipendio assicurato e altro? Perché non funziona? Perché non ha funzionato? Per quale motivo oggi non funziona più?
Lui ha fatto esattamente quello che gli era stato insegnato!
Lui ha seguito quello che viene insegnato a tutti ancora oggi!
Eppure attualmente è al limite della povertà.

Pensate se mio zio si fosse trovato, una volta chiusa la fabbrica e inibito al lavoro, in una condizione finanziaria di QUESTO tipo:

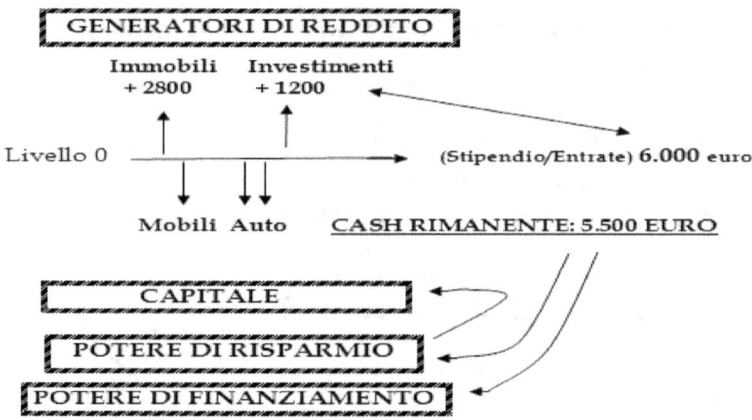

In questo caso mio zio, una volta perso il lavoro, avrebbe potuto rimanere in tranquillità, senza affrettarsi a cercarne un altro strozzato dalla necessità.

Il grafico raffigurato è la storia semplice di Sebastiano (che hai trovato nel capitolo dei "generatori di reddito"), un lavoratore dipendente che ha messo in atto un'impalcatura semplice senza inventarsi nulla di nuovo, ma minando adeguatamente i punti giusti, con una strutturazione finanziaria e non emotiva, alimentando in primo luogo i "tre pilastri del potere".

Chi rischia quindi? Chi genera una condizione come mio zio o chi investe?

Alimentare i "pilastri del potere finanziario personale", ti porta nella condizione finanziaria che nessuno insegna, perché troppo difforme, troppo pazza per quella che è la mentalità comune.

> *Chi investe per <u>non perdere</u> cercando la sicurezza,*
> *la ottiene sicuramente.*
> *La sicurezza assoluta che la sua condizione finanziaria*
> *non cambierà mai, ma potrà solo peggiorare.*
> *Massimiliano Acerra*

Il vero rischio sta nell'investitore, mai nell'investimento o nel prodotto.

Il prodotto, l'opportunità, sono sostanzialmente entità neutre, una migliore l'altra peggiore.

Il rischio vero è nell'investitore, colui che spesso si catapulta in investimenti senza valutazioni adeguate e soprattutto senza formazione, senza l'istruzione necessaria per ovviare ad ogni accadimento emergente.

L'investitore rischia quando si ferma dinnanzi ai problemi che emergono nella sua mente, quando gli stessi problemi sono solo un blocco sterile e non un'occasione di approfondimento e formazione.

Vuoi fare il salto di qualità?

Ecco la chiave. Passa alla lettura del capitolo successivo.

I mercati finanziari non saranno più un rischio o un problema, ma un'opportunità e una fonte di reddito concreta.

La vita è come il mare. O lo si guarda standosene a riva o lo si naviga appieno godendo delle sue immense bellezze, anche se così facendo si incappa in qualche burrasca.
Omar Falworth

IL CICLO MAGICO DEGLI INTERESSI COMPOSTI

Prova a ricercare su un qualsiasi motore di ricerca un calcolatore degli interessi composti, come ad esempio quello presente su www.moneychimp.com

Inserisci una quota di partenza, una quota di risparmio mensile che sei in grado di generare e un interesse che devi raggiungere di almeno il 15% annuale. Ti accorgerai che nel giro di dieci anni, hai la reale opportunità di ottenere un capitale veramente rilevante.

Se raddoppi gli anni, il capitale non raddoppierà, ma quasi triplicherà. Se riesci ad aumentare l'interesse annuale medio la rendita diviene esponenziale.

Lo puoi mettere in atto da subito, per te o per i tuoi figli. Il calcolatore dell'interesse composto ti dimostra come un giovane dipendente che inizia questo processo all'età di 20 anni, quando sopraggiunge all'età di 40 anni detiene la reale opportunità di aver generato ricchezza e un capitale rilevante che si apprezza automaticamente con il passare del tempo.

L'interesse composto, o composito, lo si applica anche con altri generatori di reddito che non siano i mercati finanziari, ma che hanno l'opportunità di generare profitto a partire dal 20% all'anno.

Se ad esempio, ti ritrovi a 18 anni con un capitale di 8.000 euro che hai generato con risparmi o regali dei genitori, e riesci ad aggiungere a questo capitale poco più di 300 euro al mese, generando un interesse di almeno il 15% medio all'anno, avrai generato ben 125.761 euro in 10 anni. Ne avrai 28.

Ma se attendi di avere 40 anni, con il medesimo piano, avrai generato non certo il doppio della cifra, ma bensì:

806.263 euro!

Questo è il circuito degli interessi composti.

Inizia da giovane ad avere un piano. Segui le regole di questo libro. Se non puoi farlo per te, insegnalo ai tuoi figli.

All'età di 40 anni saranno liberi di vivere una vita come tu stesso hai sognato e mai realizzato.

E prova a pensare se il tuo rendimento fosse maggiore del 15% cosa potresti realizzare dal niente.

Rifletti.

Se non ci pensi tu, non ci pensa nessuno.

Chi capisce l'interesse composto è destinato a guadagnarlo.
Chi non lo capisce è condannato a pagarlo.
Tom e David Gardner

FONDI COMUNI. PERCHE' NO?

In questo paragrafo inizierai a comprendere quali strumenti utilizzare e quali no. Ha inizio la radice del cambiamento.

Da anni c'è chi suggerisce di agire da solo o con fondi indicizzati. Difatti, nella realtà, i fondi comuni che ti vengono proposti, hanno costi di gestione nascosti che nel tempo arrivano ad erodere una buona quantità di profitti.

FONDO COMUNE

Il fondo comune è amministrato da gestori che, generando compravendite nel processo di gestione, pagano commissioni e tassazioni che chiaramente vengono a pesare nelle spese di gestione finale del fondo. Di conseguenza, si assottigliano nel tempo gli eventuali profitti.

Al contrario, i fondi indicizzati, gli ETF, non presentano questo problema. Possono essere meno appetibili alla massa in quanto spesso meno conosciuti, ma certamente nel lungo termine possono generare maggiori soddisfazioni abbattendo di fatto costi di gestione e tassazioni.

FONDO INDICIZZATO

I fondi indicizzati sono fondi "passivi" che seguono l'andamento di un indice senza materialmente generare compravendite di titoli.

Con i fondi comuni, devi infatti chiederti "chi stai arricchendo in realtà". I fondi comuni seguono a ruota l'andamento degli indici rispettando il cosiddetto Benchmark.

E' statisticamente provato che quando il mercato è salito in media del 12,5% all'anno (mercato americano), in realtà i fondi comuni hanno guadagnato, in proporzione, meno del 10% annuo per la problematica della gestione.

Dietro ai fondi ci sono persone, o spesso sistemi, che seguono le onde del mercato e ogni compravendita, comporta tassazioni e spese che alla fine, paga l'utente in commissioni di gestione.

Alla fine, vince sempre il banco, come al casinò.

Questi costi possono sembrare bassi all'inizio, ma nel lungo termine ti assicuro che incidono pesantemente. Quando guadagni, guadagni meno, quando perdi, perdi di più.

Se rifletti bene: con un'autogestione, e i mercati che guadagnano una media del 12,5% all'anno, 10.000 euro divengono dopo 25 anni ben 170.800 con gli interessi composti, mentre se investiti in fondi comuni amministrati, il profitto si riduce a 98.200. Una gran differenza nel lungo termine.

Il fondo comune, per portare profitti immediati, deve fare movimenti durante gli anni. I gestori sanno che le persone guardano i profitti nel breve termine, vogliono soldi subito e quindi vengono effettuate movimentazioni di mercato per ovviare a questa richiesta. Ma ogni movimento prevede costi e tasse.

Come afferma Warren Buffet, il più grande investitore al mondo, *"Gli investitori, come categoria, più si muovono e meno guadagnano"*.

RENDI RICCO TUO FIGLIO FIN DALLA NASCITA

Hai appena imparato come intraprendere la strada della ricchezza attraverso i mercati finanziari.

Adesso scoprirai come arricchirti con la strategia della tartaruga, come arricchire *certamente* tuo figlio quando sarà in età adulta e perchè i tuoi genitori non ti hanno arricchito.

Ti ho parlato dei fondi indicizzati e della loro convenienza rispetto ai fondi comuni.

Le statistiche parlano chiaro: i fondi azionari solo nel 60% dei casi sono riusciti ad eguagliare l'andatura del mercato.

Senza contare le spese di gestione che affossano i profitti.

Il mercato, con la sua andatura lenta e costante, alla lunga ha fatto meglio.

Quindi: perché non investire sul mercato invece che sui fondi comuni che raggruppano titoli e settori?

Perché non mettere in portafoglio un ETF che replica l'andatura del mercato?

Perché non farlo anche tu? Cosa aspetti?

Nel lungo termine, invece di scegliere dei titoli singoli, perchè non sceglierli *tutti*?

Ad esempio l'indice americano S&P 500 è il raggruppamento delle 500 maggiori aziende del mercato americano e di conseguenza, del mercato globale.

Nell'indice se un'azienda cala i suoi rendimenti o diminuisce la capitalizzazione, automaticamente viene sostituita da quell'azienda che al contrario ha generato ricchezza e aumentato la sua capitalizzazione.

Quindi ci saranno sempre e solo le migliori. L'indice seguirà in automatico l'evoluzione dei tempi.

Se l'indice fa meglio di tutti, perché non seguirlo?

Lento e costante. Ecco il segreto.

Sei giovane? Hai dei figli?

Preleva dal tuo conto 50 o 100 euro al mese e parcheggiali su un ETF indicizzato sul mercato S&P 500 o similari.

Parcheggia ogni mese e dimentica.

Quando iniziare? Se stai ancora leggendo forse non hai compreso la potenzialità di questa azione per i tuoi figli. Altrimenti avresti già attuato questa opportunità.

Quindi andiamo avanti e lo capirai leggendo.

Quando avevo 18 anni ed ho iniziato a lavorare, ho dovuto iniziare da zero per creare la mia vita e il mio percorso finanziario. I miei genitori, con tanti sacrifici, avevano accantonato piccoli risparmi privandosi di vacanze e benessere.

Stessa cosa hanno fatto i loro genitori e stessa cosa farai tu con i tuoi figli. Qualche piccolo risparmio accantonato, che forse servirà giusto per finanziare una parte della prima macchina. A 18 anni i tuoi figli dovranno cercare comunque un lavoro e sperare di trovarlo.

Ben pochi hanno il dono di essere ereditieri di grandi ricchezze.

Perché non crei per tuo figlio un futuro migliore?

Perchè non farlo diventare un ricco ereditiere?

Puoi farlo adesso, in questo momento.

Scegli un broker (o una banca) che ti offre, possibilmente on-line per risparmiare spese e gestione, l'accesso ai mercati finanziari. (A tal proposito, scrivimi sul mio sito, www.massimilianoacerra.it, ti darò delle dritte vincenti e ti mostrerò gli strumenti più utilizzati dai dipendenti).

Sottoscrivi un piano di accumulo su un fondo indicizzato che replica un mercato, un grande mercato, come quello americano.

Inserisci anche solo 50 euro al mese. *E dimentica.*

Quando tuo figlio avrà 30 anni si troverà con una sorpresa realmente gradita. Nulla a che vedere con il gruzzoletto che potresti accantonargli privandoti del tuo benessere e delle tue vacanze o di una cena al ristorante con tuo marito o tua moglie.

Apri il fondo con solo 100 euro. Inserisci 50 euro mensili e dimentica.

Il mercato ha reso medie superiori al 10% con picchi del 20-25%.

Una media bassa, al 12%, permette a tuo foglio di trovarsi in tasca a 30 anni ben 165.171 euro, e non i pochi spiccioli che con tanto amore e sacrifici avresti accantonato per lui.

E se per caso dedichi a lui una cifra di 100 euro al mese?

La somma sale a 327.347 euro.

E se per caso la media interessi sale di pochi punti, al 15% medi in 30 anni?

La somma diviene 606.569 euro, ben sufficiente per aiutarlo ad avere un'attività, strutturare le sue idee, avere una sede, una rendita vitalizia e molto altro.

Vorrei segnalarti che negli ultimi 50 anni lo S&P 500 ha reso in media più del 15%. contando i dividendi delle aziende.

Immagina i risultati...

Stai ancora leggendo? Strano che ancora non hai attuato la strategia vincente per sistemare la vita di tuo figlio e dei tuoi cari.

Peccato che i tuoi genitori non l'abbiano fatto per te da quando sei nato.

Perché non farlo tu per tuo figlio o per te stesso?

Se ancora non hai chiamato la tua banca, certamente ti manca l'ultimo step. Scegliere lo strumento giusto e conoscere le domande primarie.

Ti svelerò di seguito le risposte che cerchi.

Quando iniziare ad investire?

Adesso, immediatamente. Alzati dalla sedia.

Mi meraviglio che ancora non hai riposto il libro per iniziare. Questo libro ti può attendere tranquillamente sulla credenza per poche ore.

Per una strategia del genere fregatene del momento, fregatene se il mercato è ai massimi o ai minimi.

Se è ai massimi va bene. Se è ai minimi... Meglio ancora!

Ecco gli strumenti per attuare questa grande opportunità e far lavorare i profitti in automatico.

Il fondo Vanguard 500 Index Inv replica i 500 titoli maggiori americani. Dall'anno di quotazione ha generato plusvalenze davvero rilevanti anche superiori all'esempio riportato. Tu stesso ti accorgerai delle possibilità che hai per le mani.

Ed è solo *uno* degli strumenti disponibili.

Quale mercato scegliere? Scegli quello che ti ispira di più. Conta che i mercati ormai su muovono con andatura globalizzata.

Io, per il tenore delle multinazionali presenti, ho scelto il mercato americano.

Contattami sul mio sito e ti mostrerò i sistemi che utilizzo io, i fondi che ho scelto e la mia watchlist. www.massimilianoacerra.it

Questa strategia farà partire tuo figlio da una base ben diversa da quella con cui sei partito tu.

Il tutto, accantonando solo ed esclusivamente poche decine di euro al mese.

La strategia della tartaruga arricchirà i tuoi figli o comunque te stesso.

Per il resto del capitale da investimento, segui la strategia che ti presento nei prossimi capitoli e oltre la tartaruga, anche il cavallo inizierà la sua corsa.

Eguaglierai certamente il mercato con rendimenti proporzionalmente più alti, così come fanno i più grandi investitori del mondo.

Applica entrambe le strategie. Sia la tartaruga che il cavallo. Vinceranno sicuramente. Ognuno la sua corsa.

Vai su www.massimilianoacerra.it e scarica il "CAPITAL BOX FORMULA". Imparerai tutto il sistema gratuitamente!

GLI STRUMENTI DELLA SVOLTA

Quali sono gli strumenti finanziari migliori? Qual è il metodo più idoneo e sicuro per generare profitti a due cifre? Il day-trading, dove l'investitore opera movimenti sui mercati chiudendo ogni posizione nella giornata stessa?

Lo scalping, dove le operazioni possono avere la durata di pochi secondi? In cosa investire? Azioni? Obbligazioni? Opzioni? Valute? Commodities?

Non sarebbe sufficiente un intero libro per descrivere ogni singolo strumento finanziario utilizzabile.

La scelta del più adatto dipende intanto dalla personalità dell'investitore, dal denaro disponibile e dal tempo libero che può essere dedicato alla gestione del portafoglio.

Personalmente ho provato praticamente tutti questi sistemi, dal day-trading allo scalping, applicando quindi un approccio ai mercati estremamente frenetico e convulsivo.

Ho investito in opzioni, cowered warrant, valute, commodities.

I capitali da investire non sono in reale problema.

Non servono capitali immensi per iniziare e guadagnare.

I gestori, i broker, le banche, ti fanno lavorare in leva finanziaria moltiplicando virtualmente i tuoi fondi. Quando investivo in day-trading, manovravo oltre 100.000 euro, ma sul mio conto personale erano presenti appena 1.200 euro. Il resto era leva finanziaria offerta dall'istituto di credito.

Ciò che voglio insegnarti oggi è una metodologia sicuramente vincente, con un approccio ai mercati estremamente rilassato, dove il tuo apporto gestionale è minimo e i profitti hanno il tempo di correre senza il tuo continuo controllo.

Un metodo idoneo per tutti coloro che non vogliono soffrire sui mercati, per coloro che non hanno tempo disponibile ma che vogliono comunque creare a fine anno rendite rilevanti protratte nel tempo con rischi ridotti e calcolati.

Conta che si tratta del metodo utilizzato da investitori di fama mondiale quali Warren Buffet, Donald Trump, Benjamin Graham e altri. Loro affermano che l'investitore più movimenta sul mercato, più perde profitti e rischia. I mercati cavalcati nel lungo termine, senza convulsioni, sono una manna dal cielo. Le aziende, con i loro piani di crescita strutturati nel tempo per generare profitti costanti e sempre più consistenti, lavorano per te.

Loro studiano un piano e lo attuano nel tempo aspettando.

Tu devi seguire la loro orma.

> *Non arrenderti mai,. Perché quando pensi che tutto sia finito,*
> *è il momento in cui tutto ha inizio.*
> *Jim Morrison*

Perché ho scelto questo metodo? Ti racconto la mia storia sui mercati finanziari e ti accorgerai che chi parte senza un metodo e la giusta inquadratura, trova dinnanzi grandi ostacoli.

Ma, se segui subito la strada giusta, il percorso è vincente e otterrai grandi premi e profitti.

Ho iniziato con investimenti nel mercato azionario italiano. (oggi sono passato all'americano, un mercato meno volatile e soprattutto con aziende colossali di consistenza globalizzata e non localizzata.)

Ai tempi investivo con un orizzonte temporale di alcuni mesi e riuscii a capitalizzare un discreto guadagno. In maniera rilassata e serena attuando un metodo molto basilare.

Correva l'anno 1998 che certifica la mia elevata esperienza personale sui mercati.

Ho frequentato corsi e seminari di ogni genere, nei quali ho imparato le basi di ogni strumento finanziario.

I corsi di formazione molto spesso sono gratuiti e organizzati dagli stessi istituti di credito o dai broker (coloro che ti offrono l'accesso ai mercati e la possibilità di fare compravendite).

Pertanto puoi formarti praticamente gratis.

Dopo alcuni mesi, con il mio amico Nicola, abbiamo iniziato a fare day-trading, con operazioni giornaliere o comunque con un margine temporale molto ristretto. Con la vecchia moneta nazionale, la lira, abbiamo generato circa trenta milioni in soli tre mesi. Qualcuno sobbalzerà dalla sedia pensando che fossimo due grandi finanzieri specializzati.

In realtà eravamo solo pazzi e fortunati. Ci buttavamo dall'aereo senza paracadute e siamo stati fortunati a non romperci il collo e a cadere in piedi.

Ma tutti i nodi vengono al pettine.

Poco tempo dopo, tornato indipendente, ho continuato a eseguire operazioni senza strutturazione, senza criterio, senza metodo. Ma stavolta la fortuna ha girato la testa dalla parte opposta e mi ha abbandonato. Ho perso tutto il capitale che avevo guadagnato intaccando anche il resto della mia condizione finanziaria. Non ho fatto debiti, certo, ma ho dilapidato tutto.

Ho interrotto l'attività, ormai demotivato e avvilito.

Circa un anno dopo sono tornato sui mercati, applicando strategie di scalping, o meglio operazioni di pochi secondi, molto frenetiche.

La fortuna ancora non era con me, oscillavo in alti e bassi.

Senza un metodo preciso di lavoro, si può parlare solo di fortuna.

Poi ho iniziato con il day-trading. Operazioni che potevano durare alcune ore, ma sempre e comunque chiuse nell'arco di una giornata.

Ho ricominciato a guadagnare con costanza, il metodo funzionava, ma il mio quoziente di stress condizionava le mie giornate in maniera negativa. L'attività non migliorava la mia vita, ma la peggiorava in quanto intaccava il mio fattore emotivo in maniera consistente.

Decisi di smettere, ed è stato così per molti anni.

Guadagnavo, ma decisi di smettere.

Compresi che gli investimenti dovevano migliorare la mia vita, non peggiorarla.

Ai tempi ero legato al quoziente *fortuna*. Era preponderante nelle mie operazioni. Un fattore al quale non bisogna mai affidarsi troppo sui mercati finanziari.

Meglio calcolare il rischio in maniera drastica e lasciare il quoziente fortuna a tutti gli altri.

Da tempo, attuando un mio preciso piano finanziario volto al raggiungimento in breve dell'indipendenza finanziaria, ho ricominciato.

Mi sono chiesto: con quale metodologia guadagnavo costantemente e senza pensieri?

Esattamente quando ho iniziato. L'unico metodo che funzionava stabilmente e che, ho scoperto, funziona e funzionerà sempre, contro ogni tempo e ogni moda.

Un metodo lontano da convulsive operazioni inasprite e condite di stress.

I mercati finanziari sono solo UNO dei miei asset per giungere all'indipendenza economica. Ne esistono altri, altre fonti sulle quali ho deciso di prestare maggiore attenzione e pertanto lascio che le aziende che ho scelto abbiano la potenzialità di crescere supportate da un metodo che funziona da solo, senza il mio coinvolgimento diretto e continuo.

Il mio unico onere, è controllare ogni tanto che tutto rientri nel giusto contesto e il piano proceda senza intoppi.

Di quale metodo si tratta? Di quello più vecchio e più semplice, dove non si deve affatto essere grandi sapienti per applicarlo, ma che funziona sempre, da anni. E funzionerà.

Porta e porterà sempre profitti a due o tre cifre.

Nella prossime pagine lo apprenderai punto per punto, e sarai in grado di applicarlo fin da subito senza eccessive competenze.

Gli ostacoli sono quelle cose spaventose che vediamo ogni qualvolta distogliamo lo sguardo dalla nostra meta.
John Davison Rockefeller

LA STRATEGIA VINCENTE

Immagina di fare 5 investimenti, quindi di inserire capitali in cinque aziende diverse.

Ricorda il primo fattore: calcolare il rischio sempre e *prima di tutto il resto.*

Ad esempio in queste ipotetiche operazioni decido di perdere al massimo il 3% per singolo investimento.

Prendiamo il peggiore dei casi, per farti comprendere come il fattore fortuna non sarà più un tuo problema.

Immagina di essere tremendamente sfortunato. Quattro di queste cinque aziende, dal momento dell'ingresso sul mercato, perdono il 50% del loro valore.

Una sola guadagna il 50%. Davvero un brutto inizio.

Chiaramente, con il mio metodo, tu sarai già uscito quando l'azienda perdeva il 3%.

PRIMA AZIENDA: -3%

SECONDA AZIENDA: -3%

TERZA AZIENDA: -3%

QUARTA AZIENDA: -3%

Decisamente una condizione molto sfortunata.

Immagina che la quinta azienda, al contrario, parte positivamente e guadagna il 50%.

Io lascio correre i cavalli vincenti, e ogni volta che l'azienda sale, io sposto il mio livello di uscita più in alto. Il mio livello da: -3% passerà a zero alla prima salita, quindi a +5%, +10% e così via, man mano che il cavallo corre, seguo pronto ad uscire solo nel caso in cui si presenta un drastico cambio di direzione.

Quando l'azienda giungerà ai massimi, al 50% di guadagno, io non uscirò, perché non posso sapere se continuerà la sua salita. Non mi permetto di sfidare il mercato prevedendolo. Lo lascio andare nella sua direzione.

E finchè il cavallo corre, io corro aggrappato a lui.

Immagina che l'azienda questa volta inverte la rotta. Torna indietro e il mio livello di uscita blocca l'operazione con un +45% di plusvalenza.

Facciamo i conti: contando che avevo perduto un 12% totale per le altre, la mia operazione globale e la mia esposizione sui mercati si chiude con un profitto del 33%, avendo inizialmente calcolato il rischio per poi azzerarlo gradatamente.

Utile far notare una precisa contingenza: con questo metodo, *ho azzeccato solo un'operazione vincente su cinque!*

E ben quattro delle mie ipotetiche aziende hanno perso ognuna il 50%!

Questo esempio serve per farti comprendere quanto ciò che tutti descrivono come impossibile e rischioso, in realtà sia semplice e realizzabile. Basta avere un metodo ferreo che abbia soprattutto la potenzialità di azzerare i nostri limiti umani.

La mia esperienza sui mercati finanziari mi ha fatto comprendere che più esponevo le operazioni alla mia indole e soggettività e più rischiavo il collo.

Ecco perché chi espone la propria emotività diretta sui mercati perde denaro. Ecco perché il 95% delle persone che entrano sui mercati perde e dilapida il capitale entro brevissimo tempo. L'emotività è un limite umano e più solleciti il tuo limite più rischi il collo.

Difficilmente puoi combattere contro la paura, il rimorso, l'avidità, l'angoscia, il panico.

Puoi studiare manuali di crescita personale, ma sarebbe stupido voler costantemente sfidare emozioni estreme.

Chi esclude il lato emozionale dal mercato, vince correndo con lui. Sempre.

Ci sono due cose che non tornano mai indietro:
una freccia scagliata e un'occasione perduta.
Jim Rohn

IL METODO PASSO A PASSO PER VINCERE SUI MERCATI

Di seguito scoprirai tutti i segreti del metodo, punto per punto, da applicare subito, per vincere sui mercati e ottenere lauti guadagni in totale serenità, visionando l'andatura dei mercati solamente una volta alla settimana. Senza patemi.
Il MIO. Il metodo "One Time Week".

Prima fase: scegliere le aziende migliori. Non devi essere esperto, scegli il meglio, aziende che conosci per fama, per numeri concreti. Vai su semplici siti internet che ti fanno visionare i numeri delle aziende. Sono gratuiti, come ad esempio "Yahoo Finanza".
Certamente la tua banca ti offrirà il medesimo servizio se lo richiedi. Conta sempre che il mercato americano, quello che io ho scelto, è costellato da aziende mondiali e globalizzate.
Trovi nomi come Microsoft, Apple, Caterpillar, Gillette, Coca Cola, Jonson&Jonson, Foot Looker, Colgate-Palmolive, MC Donald, Walt Disney, e moltissime altre aziende mondiali che certamente conosci. Conta che gli americani sono molto avanti nello sviluppo di strategie di marketing che in Europa arrivano sempre con un ritardo di qualche anno.
Pertanto se l'azienda americana ha ottimi presupposti di partenza nel suo paese, o nuovi grandi prodotti o sistemi, sai che quando li esporterà in altri paesi, i numeri moltiplicheranno esponenzialmente.
Scegli i migliori.

Compagnie finanziariamente conservative con una storia di dividendi costanti negli anni e un prezzo d'acquisto non più di 20 volte superiore ai ricavi annuali (tecnicamente viene denominato P/E, prezzo utile per azione).

Dovrai escludere in maggioranza i titoli tecnologici da questo paniere. Consiglio di inserirne al massimo uno in un portafoglio, considerando l'alta volatilità.

Non investire in un settore, investi nelle imprese. Un settore potrebbe avere momenti meno eclatanti nel tempo, ma le imprese vincenti continuano la sua corsa.

Valuta i numeri principali. Su Yahoo finanza è presente una guida semplificata per imparare a valutare i conti aziendali.

E sono meno di dieci. Le impari in una giornata.

Verifica l'indica BETA, o meglio il rapporto di volatilità di un'azienda. Scegli la meno volatile.

Seconda fase: entra sul mercato. Lo chiamano in gergo il "Timing". Quando entrare? Con aziende del genere... Subito!

Segui le direttive seguenti.

Quando entro nel mercato, non lo faccio mai con la cifra piena che ho pensato di inserire, ma entro gradatamente. Ecco il trucco per calcolare drasticamente il rischio. Entrando con una cifra che non supera il 30% della quota finale che voglio destinare a quell'investimento, mi allaccio un possente paracadute pronto a salvarmi per tempo in ogni caso di pericolo.

Quando ho iniziato con il nuovo metodo, mi sono imposto di rischiare al massimo 150 euro per singolo investimento. Quindi gli ingressi a mercato non superavano di molto i 2.500 euro per singola azienda.

Questa tecnica consente di gestire bene le oscillazioni e anche se l'azienda, per un colpo di sfortuna, scende del 4-5% nei giorni successivi, sono sempre coperto da un buon margine. Esco comunque una volta superata la soglia massima del -7%. Ma questa soglia, in proporzione, non deve essere maggiore di 150 euro o comunque della cifra che ti puoi permettere di sopportare e che *hai già predeterminato in partenza*.

Quando l'azienda sale di almeno il 10%, comincio a incrementare la quota, spostando così il punto di uscita che sale proporzionalmente andando ad azzerare qualsiasi perdita ed iniziando a generare profitti.

Tutto questo avviene mentre dormo o sviluppo altri progetti. Le aziende, così come agiscono per generare ricchezza e lavoro, generano anche profitti per me.

Questa guida scorre velocemente, ma l'andatura delle aziende sul mercato sarà molto più lenta, permettendoti larghe pause e molto tempo per riflettere in serenità sul da farsi.

ATTENZIONE: Non farti ingannare da aziende che crescono a ritmi vertiginosi, creando un rapporto di volatilità alto. In altre parole: se il titolo offre possenti oscillazioni sia in guadagno che in perdita, lo lascerei correre da solo. Le aziende con meno oscillazioni fanno meno scena, ma alla lunga ti offrono profitti costanti e sonni molto più tranquilli.

Ricordo di aver visto molti dei miei amici rammaricarsi quando un loro titolo guadagnava in un giorno lo 0,10%, quando un altro titolo tecnologico soggetto a forti oscillazione guadagnava il 3%.

Ho imparato a valutare un semplice fattore: il mal di cuore lo lascio agli altri. Io mi metto in tasca un profitto ottimo e soprattutto sereno, senza patemi.

Ho calcolato che quel misero 0,10% al giorno, rispetto ad altri, è uno 0,50% a settimana, quindi il 2% al mese, quindi il 24% all'anno. Poco mi interessa se si muove meno degli altri.

Chiaro il concetto?

E le oscillazioni del mercato? Come puoi gestirle?

Quando i miei conoscenti attirano la mia attenzione, segnalandomi che la borsa ha perso il 7% in una settimana, rispondo che non me ne frega niente.

Le montagne russe, il "giocare in borsa" lo lascio agli altri. Le mie aziende non giocano, e generano profitti così come i loro amministratori hanno proiettato e prestabilito nel tempo e negli anni. E lo sanno fare molto meglio di me e molto meglio dei conoscenti scettici che si fermano a guardare le oscillazioni della giornata.

Gli amministratori delegati delle aziende non scherzano affatto, non giocano in borsa. I miei conoscenti si. Quindi preferisco seguire chi fa sul serio.

Il destino non è questione di fortuna, ma è questione di scelte.
William Jennings Bryan

QUANDO USCIRE DA UN INVESTIMENTO

Molti mi chiedono quando sia il momento più adatto per uscire dall'investimento prendendo possesso dei profitti.

Risposta molto semplice: MAI, se l'azienda ha grandi numeri e forti prospettive di crescita proiettate nel tempo.

Tuttavia il mio metodo deve continuare ad essere ferreo e non ammettere incertezze.

Nel tempo le cose possono cambiare, e quelli che erano grandi numeri prima e grandi prospettive, potrebbero non esserlo più. Quindi sono sempre pronto ad uscire di scena se per caso il vento gira e la mia azienda si dovesse rimangiare almeno il 30% dei guadagni che mi ha generato. E ripeto: *dei miei guadagni*, non del suo prezzo.

Il cavallo va fatto correre, ma quando inverte la rotta o si azzoppa, dobbiamo essere pronti a prendere profitto.

Senza questo metodo, le persone escono quando non è il momento perdendo la corsa e non escono quando le discese sono infinite.

Se invece, al contrario, appena entro nel mercato, il mio titolo scende drasticamente?

Con questo nuovo metodo, che lascia spazio alle naturali oscillazioni di mercato esponendomi in maniera del tutto marginale alle perdite iniziali, a dire il vero capita pochissime volte di imbattersi in un arretramento drastico. Soprattutto perché si tratta di aziende di un certo calibro soggette a volatilità contenuta.

Tuttavia, se l'azienda scelta arretra sorvolando la soglia del mio -7%.. parte l'accetta.

Immagina un boia che alza la pesante arma quando siamo attorno al -5%. E se qualcosa va storto, calcolando i prezzi in chiusura, lascia partire il peso dell'accetta decapitando la corsa del titolo al ribasso.

Non ci sono SE e non ci sono MA.

Non ci sono scusanti, speranze o ipotesi. L'accetta decapita chiunque, anche i migliori.

L'azienda può essere solida, forte, ed avere solo un momento di appannamento. Certo risalirà prima o poi.

Ma l'accetta parte comunque. Inesorabile.

Ho visto parenti e amici attendere per anni l'ipotetica risalita di un titolo, corroborati dallo stress e dalla concitazione.

Solo perché la loro accetta non è partita per tempo.

La massa agisce senza un metodo. Per questo non ha successo sui mercati.

Quando un titolo corre al rialzo, hanno paura di *perdere i profitti* generati e chiudono l'operazione anzitempo.

Quando il titolo corre al ribasso .... non hanno il coraggio di chiudere e aspettano all'infinito fino alla disfatta, sognando imponenti risalite. Assurdo.

Ricorda sempre il principio dei cinque titoli iniziali con l'esempio riportato. In questa maniera le perdite sono tagliate subito alla base e ridotte al minimo grazie alla bassa esposizione iniziale.

I profitti invece corrono, corrono sempre e vengono incrementati nel tempo, sempre di più con l'aggiunta di altre quote. Il cavallo che corre viene alimentato, coadiuvato, nutrito.

Il cavallo che si ferma e si azzoppa, viene lasciato indietro ed abbandonato al suo destino. E' la mia legge del mercato.

E funziona. Sempre.

Il mercato non perdona gli indecisi, e premia i determinati.

Il mio rischio, come hai potuto vedere, è calcolato e molto limitato. Coloro che evitano il rischio invece che calcolarlo, investono per *non perdere* invece che per guadagnare, accontentandosi del 2% lordo del conto deposito della loro banca.

Un giorno mi chiesi: rischieresti 150 euro per guadagnare il 30%, forse il 50% o il 100% o il 500%? Certo che si!

Tu le rischieresti?

Bene, se la risposta è si, inizia da subito. Il metodo è infallibile, ed è il metodo più vecchio del mondo.

Se hai pochi capitali iniziali, puoi compensare con l'effetto leva offerto dai broker o istituti di credito.

Se invece decidi di non rischiare nemmeno 150 euro per guadagnarne un'infinità e vuoi investire con l'unico intento di non perdere, sai che ti accontenterai di qualche spicciolo a fine anno. Giustificherai il tutto con il fatto che non sei esperto, non hai esperienza, non sei bravo, non ci sai fare. Nessun problema, ma sappi che questo alibi ti lascerà dove sei. Non lamentarti di una situazione che tu stesso hai deciso di mantenere.

Ricorda: il vero rischio, nell'era moderna, è stare fermi, non progredire, non imparare.

Questo è il *vero rischio* che deve realmente spaventare le persone, non certo quello dei mercati.

Il rischio sui mercati può essere calcolato, ma il rischio che genera l'inerzia è incalcolabile.

LA PROVA: cambiano le mode così come i prezzi sui mercati, ma le emozioni, l'emotività delle persone, quella non cambierà mai. Per questo investire quando gli altri scappano in preda al panico e uscire quando tutti entrano in base all'euforia, è una strategia che ha sempre pagato e ripagherà sempre, in tutti i campi, proprio perché è fondata da ciò che non cambierà mai: l'emotività delle persone.

Come lettore di questo libro, ti offro l'opportunità di scrivermi sul mio sito per conoscere l'elenco aggiornato delle aziende che ho scelto e che sono nel il mio portafoglio.

Sarebbe stato inutile pubblicare il tutto adesso, visto che, dal momento della pubblicazione, tanti fattori potrebbero essere variati sui mercati.

Vai sul mio sito, troverai un e-book sempre aggiornato per te con la mia "lista calda". Aziende che sono una cassaforte e su cui investire senza ripensamenti. Vai su: www.massimilianoacerra.it

ESEMPIO PRATICO DEL METODO.

Un esempio pratico che ti sorprenderà.

Per comprendere adeguatamente a cosa possono portare i mercati finanziari investendo con la giusta mentalità, non pensando alla speculazione, ma bensì ad essere parte interante di un'azienda e seguirla nel tempo, è sufficiente visionare il grafico di uno dei titoli che detengo nella mia watchlist e nel mio portafoglio personale.

Controlla il grafico seguente, dell'azienda EMC (EMC Corporation Common Stock) leader in attività di sviluppo, vendita, distribuzione di supporti di memoria e piattaforme per l'archiviazione di dati, quotata sull'indice "Dow Jones" del mercato borsistico americano.

Come si può notare dal grafico e dal risultato evidenziato in basso a destra, il prezzo del titolo ha ottenuto un rialzo di poco più del 32.000%.

In altre parole, in circa 26 anni da quando è stato quotato, se tu avessi investito solamente 10 euro oggi avresti in tasca 320.000 euro, non contando i dividendi distribuiti dall'azienda, che ad oggi ammontano a circa l'1,60% annuale, che incrementerebbero le performance di un ulteriore + 42%.

Con gli interessi composti di cui ti ho già parlato, la performance non sarebbe maggiore solo del 42%, ma di molto di più.

Ma... Se ci pensi... Nessuno investe solo 10 euro.

Pertanto, se tu avessi investito 100 euro, dimenticandoli, oggi ti ritroveresti con 3.200.000 (tre milioni e duecentomila euro) dividendi esclusi.

Se avessi investito la cifra minima che un investimento normale mette sul mercato, cioè 1.000 euro, oggi saresti multimilionario, con oltre 32 milioni di euro, senza contare gli interessi composti generati dai dividendi.

Ma ciò che fa drizzare i capelli ancora di più, se tu avessi attuato il metodo che ti ho insegnato, avresti guadagnato tre volte tanto senza attendere 26 anni!

Come puoi ben vedere, attorno agli anni 2000, il titolo è arrivato a quotare oltre tre volte il prezzo di valutazione attuale che è di circa 30 dollari.

Con il metodo che ti insegno e che io stesso attuo, certamente avresti cavalcato l'onda rialzista, e vedendo la discesa impetuosa che ne è susseguita, avresti chiuso il tuo investimento non a 100 dollari di quotazione, ma probabilmente attorno agli 82-85, contando che il metodo prevede di chiudere una posizione qualora l'azienda si rimangia circa il 25-30% dei profitti che ha generato.

Quindi avresti chiuso 13 anni fa.. con una performance di circa il 75.000%, oltre il doppio delle proiezioni attuali segnalate. Adesso riprova a pensare di aver investito 100 o 1.000 euro o forse aver investito di più, senza patemi, senza preoccuparti troppo delle onde del mercato.

Ti lascio fare il conto.

Con questo metodo avresti cavalcato le onde massimizzando i profitti, sempre e comunque.

Stai ancora aspettando? Hai il metodo e gli strumenti.

E' l'ora di salire sul cavallo e iniziare a galoppare. Adesso.

Tra vent'anni non sarete delusi delle cose che avete fatto, ma da quelle che non avete fatto. Allora levate l'ancora, abbandonate i porti sicuri, catturate il vento nelle vostre vele. Esplorate. Sognate. Scoprite.
Mark Twain

RIEPILOGO. I 10 SEGRETI DA APPLICARE SUBITO.

1. Impara ad essere un investitore intelligente ed avanzato.
2. Preferisci i fondi indicizzati per il lungo termine.
3. Applica in contemporanea sia la strategia della tartaruga che quella del cavallo. E inizia subito.

4. Ricorda che l'*investitore* è rischioso, non l'investimento.

5. Comprendi che il vero rischio è stare fermi, non i mercati finanziari che possono essere gestiti e calcolati.

6. Impara il circuito degli interessi composti.

7. Considerati il comproprietario dell'azienda, non uno speculatore.

8. Impara a leggere i numeri delle aziende in un giorno.

9. Impara solo le fondamenta dell'analisi tecnica

Inizia subito e applica il metodo in corsa.

RIEPILOGO: IL METODO DEL CAVALLO DA CORSA:

Quando entrare nell'investimento:
- Entra subito, con solo il 30% della cifra che hai prestabilito per quell'investimento. Lo STOP parte a -7%.
  Fai in modo che quella soglia sia una cifra massima che puoi sopportare.

Quando accumulare:
- Accumula gradatamente fino ad arrivare al 100% della quota che vuoi investire. Durante la salita, che sarà inevitabile, accumula quando vedi momenti di storno e ripartenza conseguente del titolo.

Quando uscire dall'investimento:
- Chiudi in profitto quando la tua azienda si rimangia il 30% dei profitti che ti ha generato.

Non ti fidare mai del consiglio di persone che ti promettono grandi rendimenti e fai soprattutto attenzione ad accettare consigli di amici e parenti: i cattivi consigli solitamente sono gratis.
Benjamin Graham

STORIE DI BUSINESS. LA STORIA DI GIOVANNI.

Ho voluto segnalare la storia di Giovanni, in quanto con assoluta semplicità ha sfruttato i mercati finanziari per creare una rendita fissa minima che gli ha consentito di cambiare totalmente i suoi programmi futuri ed andare in pensione anzitempo.

Leggerai nelle righe seguenti, come applicare ancora una volta una strategia semplicissima per crearti una rendita extra fissa che può cambiare la tua sorte finanziaria.

Giovanni, è un dipendente statale che anni fa lavorava con me. Aveva raggiunto l'età della pensione.

Mi confidò di voler continuare comunque a lavorare. Dai conteggi che aveva eseguito presso l'ente previdenziale, lavorando svariati anni in più, avrebbe ottenuto una pensione un po' più corposa e avrebbe pertanto potuto pagare più agevolmente le spese e il mutuo per la propria abitazione.

Mi disse di non avere idee alternative e di non aver volontà di imparare niente di nuovo alla sua età.

Gli prospettai un piccolo conteggio scritto su un foglio di carta.

Restò allibito.

Transitai dinnanzi alla sua abitazione un mese dopo. Un grande cartello "vendesi" aveva preso il posto delle fioriere che esponeva sul balcone.

La sua dimora era stata valutata 280.000 euro. Ne realizzò 240.000 al netto. Ha estinto il mutuo rimanendo con 200.000 euro netti in tasca.

Li consegnò interamente nelle mani di un buon promotore finanziario che nel suo piccolo, senza rischi, gli assicura tutt'ora il 5% annuo di rendita senza sorprese. Il capitale della sua abitazione, da una perdita costante, una spesa protratta negli anni, è di colpo divenuto un possente "generatore di reddito" che produce 10.000 euro annui in serenità che, tradotti, costituiscono oltre 800 euro mensili.

Giovanni, non ha inventato niente di nuovo. Nessuna idea rivoluzionaria. Ha solo iniziato, con il mio aiuto, a "pensare" in maniera diversa, a cambiare le proprie abitudini finanziarie.

Risultato? Non ha avuto più bisogno di lavorare. E' andato subito in pensione, non appena il gong ha suonato il primo rintocco utile, con una rendita protratta negli anni molto più alta di quanto gli avrebbe fruttato restare a lavorare.

Prima pagava mensilmente 400 euro di mutuo, così come nell'immagine seguente:

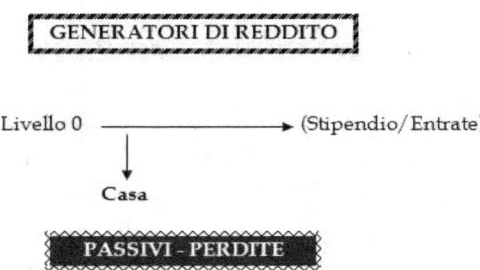

Attendendo semplicemente di pagare il mutuo fino al termine, oltre che restare a lavorare per pagare la spesa fissa fino alla chiusura, avrebbe semplicemente azzerato i conti, come nell'immagine seguente:

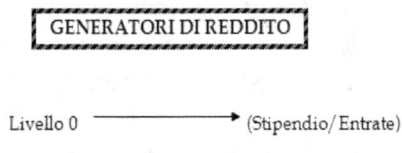

Con questa modalità, ha invece smesso subito di lavorare subito, estinguendo la spesa fissa e generando delle rendite fisse e continuative senza il suo diretto lavoro. Semplicemente facendo lavorare il denaro al posto suo. Materialmente era diventato nuovamente padrone dei suoi "Pilastri del potere", in particolare del "Potere del Capitale", proprio come nella figura seguente.

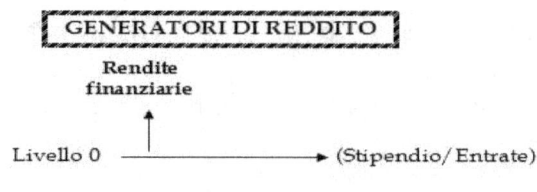

Il capitale che prima era immobilizzato, anche dopo aver pagato il mutuo fino al termine, non avrebbe mai generato un plusvalore crescente.

Attualmente paga 400 euro di affitto mensili nell'appartamento in cui vive, che sono ampiamente ripagati dal suo semplicissimo sistema che genera un ulteriore cash di oltre 400 euro in più.

Non c'è più bisogno del suo lavoro manuale, ormai..

C'è chi lavora per lui.

Ecco, con poco, cosa possono creare i "pilastri del potere personale", e far lavorare il denaro al posto delle braccia.

Molte persone, quando racconto la semplice storia di Giovanni, commentano sorridenti: "ah.. ma così è semplice! Potevo farlo anche io.."

Certo sicuramente, rispondo sempre, ma con una differenza:
lui l'ha fatto.

> *Puoi avere ciò che vuoi semplicemente se sei disposto a liberarti*
> *dalla convinzione che tu non puoi averlo.*
> Robert Anthony

Registrati subito, ADESSO su
https://www.massimilianoacerra.it/risorselibri/
e scarica le risorse gratuite che messe a disposizione dei lettori.
**TROVI LA MIA WATCHLIST DI TITOLI CHE AGGIORNO
COSTANTEMENTE.**
Una serie di titoli azionari sui quali io stesso investo, scelti tra i
migliori al mondo e che aggiorno semestralmente nella lista.
**TI REGALO ANCHE IL METODO PER GESTIRLI IN
AUTONOMIA!**

Entra e accedi alle risorse gratis.

In più accedi ai vari canali, su Telegram, You Tube e il gruppo
chiuso su Facebook "Mipai, in pensione quando vuoi tu", dove
vengono inseriti aggiornamenti, spunti, opportunità di investimento condivise, pensieri e l'autore è spesso in diretta Live con
gli utenti per interazione, domande e risposte.

SCAN ME

10.   GENERATORI DI REDDITO.

I GENERATORI DEL MERCATO IMMOBILIARE

Il mercato immobiliare, è un punto fondamentale nel tuo processo di ricchezza e benessere economico.

Le proprietà immobiliari o comunque le operazioni immobiliari che vedremo, costituiscono i "generatori di reddito" più corposi e sicuri di tutto il sistema.

Regola primaria: mai dimenticare i "Pilastri del potere finanziario personale" e la loro alimentazione costante.

Qualsiasi spesa non inerente a prodotti di prima necessità, *deve generare reddito*. Sempre. Proprio come farebbe un'azienda.

Devi comprendere questo fattore basilare fin dalla partenza, in ogni settore, in ogni campo, anche nel mercato immobiliare.

Acquistare la propria casa e tenerla per tutta la vita, per quanto possa ripagare la propria emotività personale, è un investimento errato proprio perché va contro alla regola principale.

Acquistare immobili è quindi sbagliato?

Assolutamente no! E' giusto e doveroso, in quanto costituiscono un potere redditizio di elevato valore.

Il mercato immobiliare funziona da anni e funzionerà sempre. I più grandi magnati della terra hanno ingenti proprietà immobiliari per una serie di ragioni.

Sarà difficile che un immobiliarista non sia ricco.

Sotto svariati aspetti, il mercato immobiliare è migliore di quello dei mercati finanziari o degli strumenti finanziari come azioni, obbligazioni, valute, opzioni e quant'altro.

Se adeguatamente sfruttato ed intelligentemente strutturato, permette di pagare tasse ridotte al minimo da spalmare nelle compravendite trasportando di fatto i crediti.

Scoprirai nelle pagine seguenti tutti i segreti.

Nel mercato azionario, le tasse le corrispondi subito, già al termine di ogni singola operazione.

Gli immobili presentano consistenti sgravi fiscali di vario genere, anche sull'accesso al credito.

Inoltre, mentre su altre tipologie di investimento devi sperare nella rivalutazione del tuo capitale, negli immobili puoi compiere azioni immediate per migliorare le strutture, renderle più idonee, con azioni tali che permettono un'immediata rivalutazione del bene, che solitamente è proporzionalmente superiore alle spese sostenute per il restauro.

Chi può arricchirsi con gli immobili? Chiunque, dal dipendente, all'operaio, al benestante.

Servono ingenti capitali per iniziare? Assolutamente no! Come ben sai puoi acquistare un immobile anticipando una minima quota di capitale e farti finanziare il resto a tassi bassissimi.

Puoi anche acquistare senza soldi e senza capitale, come ho fatto io.

Se già hai un finanziamento in corso per un immobile, ma la rata è poco consistente, ti può essere concesso un secondo finanziamento per un ulteriore immobile.

Per iniziare a muoversi in questo mercato, non servono capitali e il processo che genera plusvalenze è molto veloce e consistente.

> **Il segreto per iniziare:**
> devi avere i tre "pilastri del potere" ben saldi per muoverti sul mercato immobiliare e gestirlo come "generatore di reddito".

Ecco perché ho puntato più volte il dito sull'importanza di alimentare sempre i "tre pilastri del potere".

Il mercato immobiliare è un affare anche nei periodi di crisi?

Ecco la domanda che mi pongono con insistenza i dipendenti.

Utile sottolineare che gli immobili continuano ad essere una grande fonte di reddito nonostante i periodi di crisi.

Quando senti dire che gli immobili non sono più un affare, devi sapere che si tratta della classica onda emotiva che porta gli individui a demoralizzarsi quando i mercati sono al ribasso e ad esaltarsi quando sono al rialzo.

Centinaia di dipendenti hanno creato e creano tutt'ora impalcature finanziarie vincenti e hanno generato reddito e ricchezza con gli immobili.

Troverai nelle pagine seguenti molte testimonianze dirette e molti esempi pratici dei sistemi utilizzati per generare ricchezza, partendo da dipendente e molto spesso partendo senza soldi.

IL TRIANGOLO DEL CASH

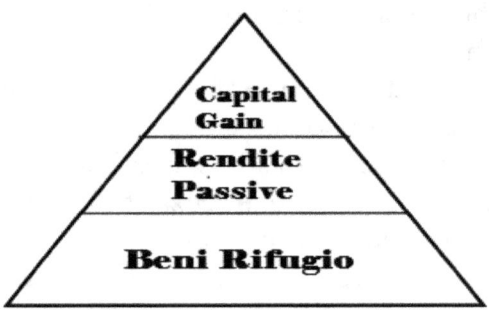

Il triangolo della redditività, rappresenta la collocazione ottimale nella quale inserire gradatamente tutti i tuoi investimenti o comunque le tue operazioni finanziarie e le fonti di reddito varie.

I beni rifugio, sono i beni tangibili, quelli non soggetti a reali svalutazioni, come gli immobili o l'oro. Beni che anche in tempi di crisi possono essere fortemente rivalutati.

Le rendite passive, sono le rendite generate da royalty, investimenti, diritti d'autore, invenzioni industriali. Rendite generate senza il lavoro diretto.

Il capital gain è l'introito generato da una compravendita, che sia immobiliare, azionaria, commerciale o quant'altro.

Gli immobili sono l'unico bene che ha lo straordinario potere di essere presente in tutti i quadranti del triangolo.

Può essere bene rifugio in periodi di crisi, può essere rendita passiva con locazioni e capital-gain in caso di compravendita.

Per crearti una condizione di indipendenza finanziaria, devi incrementare adeguatamente tutte e tre i settori del triangolo, in particolare il settore centrale. Di conseguenza, non devi privarti di generare reddito con gli immobili che restano il bene più idoneo per creare una piramide di ricchezza.

FINANZIA GLI IMMOBILI. SEMPRE.

Devi comprendere una regola fondamentale: quando acquisti degli immobili devi sfruttare sempre l'effetto leva. Non esiste altro bene al mondo per cui un istituto di credito eroghi una quantità consistente di denaro a tassi stracciati ed in certi casi irrisori.

REGOLA FINANZIARIA DELLA RICCHEZZA.
Per un immobile finanziato durante l'acquisto e successivamente messo a reddito, la rata del finanziamento deve essere sempre molto più bassa della quota di affitto percepita. Indipendentemente dagli anni di durata del mutuo o finanziamento.
La sovrapposizione tra affitto percepito e mutuo pagato,
DEVE generare un cash positivo.

Come puoi vedere, poco importa se il finanziamento viene pagato per più anni e la banca percepisce maggiori interessi.
Difatti, materialmente, il finanziamento non viene pagato direttamente dall'acquirente, ma viene ripagato dal sistema, generando congiuntamente una rendita mensile e una proprietà.
La regola principale sul debito che hai imparato nel capitolo contestuale, è stata perfettamente attuata.

Regola della ricchezza sui debiti:
"Debiti? Non farne mai. Ma se li devi fare, fai in modo che siano ripagati dal sistema che hai generato e non da te direttamente".

Secondo caso, il più comune: le persone meno scaltre che non hanno cognizioni finanziarie, generano finanziamenti con l'unico intento di non "regalare" troppi interessi all'istituto di credito, preoccupandosi dei resoconti della banca e non dei propri.

Inoltre cercano di fare finanziamenti molto corti, con rate più massacranti con l'intento preciso di pagare per un tempo minore, decapitando di fatto, anni di vita e benessere.

Ed ecco sviscerato il segreto principale dell'indipendenza finanziaria.

Esso è racchiuso in queste due differenziazioni sostanziali:

- Nel primo caso citato, il mutuo è di fatto un "generatore di reddito". *Aggiunge* denaro alle entrate mensili.

- Nel secondo caso, è finanziariamente una passività, semplicemente perché a fine mese *toglie* una parte consistente di denaro dalle tasche.

Il prestito è molto più lungo nel primo caso? Nessun problema, perché lo sta pagando qualcun altro.

Se si trattasse della tua azienda, quale strategia applicheresti per farla crescere esponenzialmente, la prima o la seconda?

Ti ricordo ancora che la tua condizione finanziaria personale E' di fatto la tua piccola azienda, con entrate e uscite.

Non dimenticarlo mai. Sarà sempre la base della tua ricchezza finanziaria.

Il mercato immobiliare è in crisi? Conviene investire?

Molti dipendenti, quando parlo di immobili, mi dicono che oggi il mercato immobiliare è in crisi, che non conviene investire. Paradossalmente ne ho visti molti dopo poco tempo acquistare la propria casa con la certezza di aver fatto un grande affare considerando i prezzi in calo.

La mentalità del dipendente, rispetto alla concezione dell'imprenditore, non contempla *"l'investimento" immobiliare"* come fattore prevalente per il raggiungimento dell'indipendenza economica.

Il dipendente, nell'immobile, vede e valuta solamente l'effetto emozionale della proprietà privata.

Nelle pagine seguenti, comprenderai da solo se conviene veramente investire in immobili, se si tratta realmente di crisi, e cambierai la tua concezione sull'investimento immobiliare fin da subito.

La qualità della vita di un uomo è in diretta proporzione al suo impegno ad eccellere indipendentemente dall'attività da lui scelta.
Vincent Lombardi

STRATEGIE IMMOBILIARI PER DIVENTARE MILIONARIO

MOLTEPLICI MODALITA' DI REDDITO IMMOBILIARE

Gli individui finanziariamente eruditi, utilizzano molte modalità alternative di manovra sugli immobili per generare redditi e profitti.
Da questo momento apprenderai tutti gli strumenti necessari per utilizzarli anche tu e aprirti la strada per la ricchezza anche senza investire grandi capitali.

"DIRITTO DI OPZIONE SULL'ACQUISTO".

L'inquilino paga un normale canone di locazione con l'unica differenza che dopo un certo numero prestabilito di anni, diviene proprietario.
Molte persone non lo usano, ma chi è finanziariamente erudito, utilizza questa strategia da anni.
Con questo sistema, è il proprietario che si sostituisce alla banca dettando le proprie regole sul riscatto, in una maniera molto più conveniente per il l'inquilino, in quanto non deve pagare tasse, interessi, spese, atti, e può generare il suo capitale d'acquisto spalmato nel tempo, senza dover tirare fuori il 30% o 40% di capitale proprio, con tutte le problematiche connesse.
Con questo processo, tu (venditore) diventi una banca, e proponi condizioni molto più vantaggiose e concrete di una banca stessa che eroderebbe molti più interessi nel tempo.
Mentre per il compratore vi sono queste concrete agevolazioni, per il venditore i vantaggi non mancano.

Può, da contratto, attribuire tutte le spese straordinarie che emergono nel tempo a carico del compratore che di fatto detiene l'usufrutto dell'immobile.

Il venditore potrà farsi dare un anticipo contrattuale che vada a coprire il medesimo anticipo pagato all'acquisto dell'immobile, azzerando di fatto ogni spesa sostenuta per l'acquisto.

Le tassazioni per una simile operazione, sono ridottissime, e non è previsto capital gain come nel caso di un investimento sui mercati finanziari.

In relazione all'opzione di acquisto, ti racconto l'esperienza diretta attuata da Paolo, dipendente di una fabbrica nel milanese.

Ha cambiato in pochi anni la sua condizione finanziaria. Aveva la passione per gli immobili, ma non aveva possibilità di poterne acquistare.

Ha ideato un sistema straordinario. Voleva generare un reddito da affittanze ma non poteva avere immobili di proprietà.

Ha contattato proprietari disposti a vendere il proprio immobile con opzione di acquisto a riscatto. Alcuni proprietari hanno accettato e Paolo, si è materialmente ritrovato proprietario di svariati immobili senza averli acquistati e senza avere la proprietà diretta, accordandosi per una quota mensile limitata.

Ha materialmente sub-affittato tutti gli immobili a prezzo di mercato, arrivando in certi casi a raddoppiare abbondantemente il cash prodotto dall'operazione. Il suo riscatto produce nel tempo le sua proprietà, generando forti guadagni mensili. Addirittura Paolo potrà decidere di non riscattare alcuni immobili ai termini contrattuali, avendo generato comunque un cash che ha già automaticamente ripagato le sue spese di locazione mensile.

Ha iniziato con un'operazione fino ad arrivare a svariate operazioni similari che gli hanno generato un miglioramento radicale della propria condizione finanziaria.

Cosa ha fatto Paolo? Ha affittato materialmente delle case senza detenerne la proprietà diretta, utilizzando un sistema molto creativo. Attualmente ha sub-affittato ben dodici immobili con la medesima strategia, creandosi una cospicua rendita mensile che ripaga, inoltre, le sue locazioni mensili assicurandogli la proprietà degli immobili stessi, senza pagarli direttamente di tasca.

Se vorrà, potrà riscattarne solo alcuni alla fine oppure nemmeno uno. Tutto nella piena legalità.

STRATEGIE DI BUSINESS CON GLI IMMOBILI

Esistono moltissime modalità per massimizzare un investimento immobiliare e le imparerai tutte nelle pagine seguenti.
Ho preferito parlare di ogni sistema direttamente attraverso la voce dei dipendenti che lo hanno applicato, quindi troverai testimonianze e casi reali di attuazione.

Le tecniche da applicare per fare business sul mercato immobiliare sono: lo short trading, l'house flipping, locazioni, affitti brevi o affitti turistici, modalità contrattuali, cambio di destinazione, sub-locazioni, aste giudiziarie, stralci creditizi e molto altro.

LO SHORT TRADING. Anche denominato "cessione del preliminare, consiste materialmente nel proporre l'acquisto di un immobile al venditore con l'atto preliminare sul quale si appone la clausola che l'acquisto verrà effettuato entro i termini prestabiliti dal proponente o *da altra persona da lui prescelta*.
In altre parole, tu fai l'atto preliminare, ma qualsiasi altro soggetto da te prescelto, entro i termini prestabiliti, potrà acquistare l'immobile.
Sono molteplici gli esempi di dipendenti che sfruttano questa clausola normativa per fare business.
Materialmente ottengono un forte sconto sul prezzo di acquisto sottoscrivendo l'atto preliminare con un termine più lungo di chiusura (ad esempio sei mesi).
Entro quel termine, hanno rimesso l'immobile in vendita con i loro canali aggiungendo una quota variabile al prezzo, in considerazione del tenore dell'immobile.
Se ad esempio chiudi il preliminare d'acquisto per una cifra di 100.000 euro e trovi un nuovo acquirente che offre 110.000 euro, entro i sei mesi prestabiliti, riuscirai ad ottenere un guadagno di

10.000 euro in brevissimo, senza sborsare nulla e senza mai intestarti realmente l'immobile.

Esiste una tecnica semplice per sfruttare questo sistema assolutamente legale. Per sapere come hanno fatto i dipendenti a guadagnare cifre ragguardevoli con poche operazioni, puoi scrivermi sul mio sito e sarò felice di darti testimonianza e metodo.

L'HOUSE FLIPPING. E' la particolare tecnica di commercio di immobili. Si tratta di identificare una serie di venditori particolarmente motivati alla vendita per svariate ragioni, e acquistare l'immobile ottenendo sconti ragguardevoli.

L'immobile viene poi restaurato (laddove ve ne sia necessità) e posto in vendita a prezzo di mercato, con la previsione di lauti capital gain generati in breve.

Quando si parla di immobili, si parla sempre di cifre ragguardevoli. Smerciare anche un solo immobile all'anno significa aver guadagnato probabilmente quanto guadagna un lavoratore dipendente nel medesimo arco dei 365 giorni, con la differenza che il dipendente li ha lavorati attimo dopo attimo.

Stessa cosa vale per la tecnica della "cessione del preliminare", se applicata per più volte all'anno.

L'AFFITTO BREVE, è una particolare metodologia di locazione molto di moda attualmente. Si tratta di dare in locazione un immobile o una stanza per un periodo anche di più settimane consecutive. L'attività è soggetta a tassazioni ridotte e gestita praticamente come un Bed&Breakfast. L'unica differenza è costituita dal periodo di permanenza degli avventori, che solitamente è più lungo.

LA SUB-LOCAZIONE, è la reale possibilità di dare in locazione un alloggio che in realtà è già locato da noi. Se nel contratto è citata la facoltà di sub-locazione, le opportunità di business possono essere molteplici.

Matteo, dipendente di Milano, lavora in un'officina meccanica. L'affitto che pagava per vivere a Milano gli prosciugava gran parte dello stipendio mensile, per questo sub-affittò due stanze della sua casa a due studenti universitari. Un vecchio metodo per suddividere le spese.

Constatando l'immediato vantaggio conseguito, iniziò a valutare un'opportunità creativa: perchè non eseguire la medesima operazione per una pluralità di alloggi?

Iniziò a cercare appartamenti in affitto, consegnando decine di proposte scritte a prezzi molto ribassati. il 90% delle proposte venivano rifiutate, ma non era un problema per Matteo che si concentrava sulle proposte andate a buon fine. Iniziò con il primo appartamento affittato a suo nome ad un canone inferiore al mercato. Immediatamente, trovò due giovani ragazzi disposti a prendere l'abitazione in affitto a prezzo di mercato, circa 120 euro in più di ciò che lui pagava.

Ha poi trovato il secondo appartamento, poi un terzo. La sua plusvalenza per singolo appartamento varia tra i 100 e i 250 euro.

Attualmente, nel momento in cui scrivo, Matteo gestisce ben 13 appartamenti, creandosi mensilmente una rendita automatica superiore allo stipendio che percepisce nella sua officina.

Il tutto senza lavorare e senza avere proprietà intestate, mutui, spese fisse, responsabilità o quant'altro.

Esistono poi **I CAMBI DI DESTINAZIONE** quali opportunità di business. Strutture storicamente utilizzate come autorimesse, fienili, edifici commerciali, che spesso vengono acquistati per tale finalità a prezzi molto scontati e una volta effettuato il cambio di destinazione ad uso residenziale, vengono ristrutturati e venduti a prezzo di mercato.

Alfredo, ex pubblico dipendente attualmente divenuto investitore immobiliare a tempo pieno, è specializzato in questo business. Ricerca immobili a costi ridotti, spesso abbandonati, che non vengono più utilizzati per la loro finalità e, qualora sia possibile, con un cambio di destinazione e un adeguato restauro, li trasforma in grandi alloggi residenziali.

Utilizza lo stesso metodo per i terreni, con i quali estrae plusvalenze effettivamente elevate.

Difatti seleziona terreni agricoli o spesso abbandonati e quando nota che nelle vicinanze iniziano a fiorire costruzioni, si accerta della futura possibilità di adibire anche il terreno interessato a tale finalità. Una volta accertato, si reca dal proprietario e offre la ridotta cifra prevista per l'attuale destinazione. Molto spesso i proprietari, non essendo a conoscenza di metodologie immobiliari o piani di sviluppo, cedono i loro terreni agricoli a costi pressochè irrisori. Le plusvalenze su certe operazioni sono davvero rilevanti.

ASTE GIUDIZIARIE E STRALCI CREDITIZI. Consistono nella possibilità di acquistare proprietà immobiliari protestate con un forte sconto.

Si tratta di proprietà per le quali l'attuale proprietario non è stato in grado di saldare l'intero finanziamento, e l'istituto di credito ha pignorato il bene.

L'immobile, dopo un certo periodo, viene sottoposto ad asta giudiziaria e può essere acquistato da chiunque con forti sconti sul prezzo di mercato.

Ho personalmente frequentato un corso intensivo acquisendo tutte le nozioni legali idonee per muoversi in questo settore.

Se desideri fare affari nel mercato della aste giudiziarie o fallimentari, devi avere anche tu una preparazione tecnica di base, una formazione specifica sulle questioni legali connesse alle aste.

Le opportunità fioriscono continuamente, in tutte le città, in ogni luogo. E' sufficiente cercare e proporre le proprie offerte. Solitamente, nel mercato immobiliare, chiusa una porta si aprono cento altri portoni.

Stessa cosa vale per gli **STRALCI CREDITIZI**, dove i compratori intervengono *prima* che l'immobile vada in asta giudiziaria.

A tal proposito leggi la prossima storia.

STORIE DI BUSINESS

Un investitore di livello pensa in grande, pensa nel lungo termine e sa pazientare.

Un investitore sfrutta i problemi di chi non sa gestire il proprio denaro.

Il mio amico Alfonso, ad esempio, si è arricchito con i cosiddetti "stralci creditizi". Lui identifica i soggetti protestati che non possono più pagare crediti e mutui inerenti ad un immobile acquistato.

Interviene risolvendo il debito in accordo con il protestato e la banca creditrice finanziando e negoziando l'acquisto dell'immobile previo un pagamento in denaro ad entrambe le parti.

Con questo metodo accontenta tutti.

Il protestato riesce a saldare il proprio debito uscendone anche con un guadagno. L'offerta di Alfonso prevede la chiusura del debito residuo più un ulteriore "regalo" in denaro.

Il creditore, riceve anticipatamente il saldo del debito senza attendere tempi indefiniti e aste giudiziarie che potrebbero prevedere tempi biblici con ulteriori forti riduzioni del prezzo dell'immobile.

In ultimo: è contento Alfonso, che acquista immobili con rilevanti riduzioni sul prezzo che arrivano anche al 70%, partendo da una forte leva di mercato per la successiva commercializzazione del bene.

Alfonso ha solo imparato alcune norme di settore e si è formato acquisendo un buon potere di negoziazione.

MASSIMIZZARE L'INVESTIMENTO IMMOBILIARE

Marco, ha acquistato una casa in zona collinare con un grande appezzamento di terreno annesso.

L'acquisto è stato eseguito con un forte sconto sul prezzo di mercato. Il suo intento, come gli avevo consigliato, era quello di creare una plusvalenza dalla compravendita.

A seguito dell'acquisto e di un minimo restauro, ha rivenduto l'immobile dopo alcuni mesi.

Nel preciso contesto, Marco ha utilizzato ulteriore creatività per massimizzare l'investimento.

Ha rivenduto l'immobile generando una buona plusvalenza, lasciando ai compratori solo un piccolo giardino di proprietà, tenendosi l'ampio appezzamento di terreno per se. Ne ha rivenduto la metà a dei proprietari terrieri circostanti interessati ad ampliare i loro spazi agricoli. La parte rimanente è tutt'ora affittata e genera un cash mensile continuativo.

Questo è un esempio di come, senza inventare niente di sbalorditivo, si possa massimizzare con semplicità un investimento immobiliare.

E ancora....

Antonio, un dipendente che lavora nel sud Italia, aveva ricevuto in eredità un immenso appezzamento di terreno lasciato dai propri genitori.

Nessuno lo acquistava, nessuno voleva coltivarlo, considerando la difficile collocazione sperduta tra le colline e l'aridità della zona. Antonio ha ceduto in concessione tutto il terreno ad un'azienda che costruisce parchi eolici, e il suo terreno da un appezzamento senza valore, si è trasformato in un generatore di reddito costante protratto all'infinito.

Oggi i suoi terreni aridi generano denaro più di quanto genererebbero se fossero coltivabili. E senza lavorare.

Il cugino di Antonio, il quale è stato l'ispiratore dell'idea, anni prima, visionando aziende nei paesi limitrofi che montavano parchi eolici, aveva acquistato una serie di terreni aridi praticamente regalati da vecchi contadini. Quando la moda dell'energia eolica al sud Italia si è espansa, lui era pronto. Oggi vive solo di locazioni generate dai suoi terreni aridi, che apparentemente erano apparsi inservibili.

Quando li acquistò, i medesimi contadini che lo vedevano interessarsi tanto a terreni aridi e infecondi, lo scambiarono per un pazzo visionario che probabilmente pensava di poter estrarre l'oro al di sotto di terreni spogli.

Rocco, un lavoratore dipendente, anni fa ha acquistato un appezzamento di terreno troppo arido per essere coltivato e situato in una zona troppo soleggiata per generare culture proficue.

Aveva visionato l'incentivo che lo stato offriva a chi investiva in impianti fotovoltaici.

Rocco, invece di predisporre un impianto sopra il tetto della propria abitazione generando appena il minimo indispensabile per recuperare le spese, pensò ad un investimento più proficuo.

Ha investito, finanziandoli, 80.000 euro in pannelli solari da istallare sull'intera proprietà.

Circa il 50% lo ha ottenuto come sgravio fiscale sull'istallazione, recuperando parte dell'investimento.
Oggi Rocco guadagna circa 1.500 euro al mese e oltre 20.000 euro all'anno senza lavorare, solo grazie al suo investimento.
E l'incentivo statale è garantito per 20 anni.
Ha già recuperato il suo investimento e si muove con nuove opportunità sempre nel settore delle energie rinnovabili.

COME ACQUISIRE GRANDI PROPRIETA' IMMOBILIARI CON POCHI SOLDI O PARTENDO DA ZERO

Marcello, voleva acquistare un grande condominio con molti appartamenti. Al contrario di Sebastiano (la cui storia ho narrato nelle pagine precedenti), che ha reperito i capitali in gran parte vendendo la propria casa di proprietà, Marcello non aveva grandi capitali da investire.
Aveva dei risparmi, la possibilità di finanziarsi e null'altro. Era un dipendente, ma avrebbe comunque voluto divenire un proprietario immobiliare.
Quando mi contattò, con l'intento di trovare soluzioni per sviluppare una sua ipotetica idea di lavoro alternativo, mi parlò del suo fine.
Voleva lavorare di più per reperire fondi tali da acquistare una o più proprietà immobiliari di grande valore e portata.
Durante la conversazione telefonica, mi accorsi che il secondo lavoro che Marcello voleva realizzare, era in realtà un progetto alternativo non radicato su una volontà reale, ma un progetto di transito, per approdare a ben altra realizzazione.
Voleva fare il cameriere nelle ore libere, per accumulare capitale da investire in immobili in un ipotetico (e lontanissimo...) futuro.
Molto spesso, come io stesso ho imparato con l'esperienza maturata sul campo, i progetti di transito vengono basati su proiezioni numeriche molto fantasiose e spesso irrealizzabili nella realtà.

Per finanziare un condominio con i risparmi di un dipendente, non sarebbero sufficienti due vite, anche aggiungendo piccoli introiti extra con ulteriori ore di lavoro come cameriere.

Ricordo di avergli proposto l'eventualità di attuare direttamente il progetto più corposo evitando di transitare attraverso programmi alternativi, dove la focalizzazione e la volontà sarebbero state limitate ed eccessivamente lontane dal reale obiettivo. Ogni uomo che si focalizza su un obiettivo irreale o transitorio, non offre il meglio di se stesso, arrivando ben presto a tralasciare quel medesimo obiettivo e, di conseguenza, anche la finalità vera del suo traguardo.

Lo invitai a cercare, oltre al suo amico, altri soci pronti a finanziare il suo progetto.

Iniziò a cercare, a chiedere, ad azionare un meccanismo capace perlomeno di estrarre tutte le possibilità conoscitive di realizzazione.

Ancora una volta, Marcello, così come molti altri dipendenti, ha utilizzato un mio spunto, divenendo in breve un esperto del settore. Ancora una volta mi sono trasformato da maestro ad allievo, imparando come si possano attuare grandi progetti iniziando da zero e partendo da dipendente.

Insieme ad altri investitori reperiti strada facendo, ha acquistato il primo condominio raggruppandosi in una società di scopo. Ha messo in atto, inconsapevolmente, il moderno crowdfunding del quale ti parlerò nelle pagine seguenti.

I soci sono partiti con la prima proprietà. Sono poi passati alla seconda. Con i forti redditi percepiti hanno realizzato progetti all'estero. E più acquistano proprietà, più il potere della società aumenta, più crescono il potere di finanziamento e gli incentivi. Gestiscono le proprietà in parte mettendole a reddito da locazioni e altre restaurandole per rimetterle sul mercato generando imponenti plusvalenze.

Per molto tempo ha utilizzato la rendita alternativa in parallelo al suo stipendio.

Oggi Marcello non è più un dipendente. E' un ricco proprietario immobiliare.

Ha dovuto sorpassare problemi burocratici, imparare a costituire una società, studiare passaggi, numeri, strutturazioni aziendali. Mi ha raccontato ultimamente che questo percorso, al contrario di quanto si possa pensare, è stato affascinante e costruttivo, motivandolo giorno dopo giorno a creare e generare nuove opportunità..

> *Un gruppo di persone che condivide un obiettivo comune,*
> *può raggiungere l'impossibile.*
> *Henry Ford*

I TRE SEGRETI VINCENTI DA APPLICARE PER FARE BUSINESS CON GLI IMMOBILI

Come avrai compreso in questo capitolo, le possibilità di generare redditi alternativi con gli immobili sono veramente molteplici. Puoi generare opportunità di business e introiti extra partendo da dipendente, con capitali minimi o anche senza denaro.
Di seguito scoprirai tre segreti vincenti, tre condotte da tenere sempre, qualsiasi sia la strategia di business immobiliare che tu voglia attuare tra quelle esposte.

1- **Alimenta costantemente i "3 pilastri del potere finanziario".** Ecco la prima regola da non dimenticare mai.
Acquista o genera reddito con gli immobili, ma sempre alimentando i tre poteri. Non crearti debiti senza che siano ripagati dal tuo sistema. Nel caso che lo scopo sia la successiva vendita del bene, acquista con un piano di business prestabilito e con la previsione di una forte plusvalenza entro breve termine.
Se l'acquisto di un immobile *toglie* soldi mensilmente per un tempo indefinito senza alcun piano, evita assolutamente.

2- **Escludi il fattore emozionale**. Cerca il tuo immobile con pazienza, nelle zone più "liquide" sotto l'aspetto commerciale.
Un immobile acquistato in una zona poco ricercata, può essere difficile da piazzare in via successiva. Visiona sui siti specializzati (solitamente presso gli uffici delle Entrate) i prezzi al metro quadro della zona di riferimento.

Valuta quindi: zona, vista, parcheggio, garage o proprietà annesse, vicinanza dalle zone centrali della città e conseguente lontananza da strade eccessivamente trafficate e rumorose o ferrovie.

Escludi totalmente il tuo fattore emozionale, il tuo sogno nel cassetto, la tua bramosia di "proprietà privata".

Investi, alimenta i poteri oggi, cresci, per avere rendite e proprietà sempre più cospicue domani.

Se preferisci la proprietà *"oggi"*, come fa la massa, ti troverai nella deviazione opposta: una vita di rinunce protratta per anni indefiniti e una parabola inesorabilmente discendente.

Il tuo piccolo "impero" si costruisce con il tempo e con una strutturazione logica. Ad esempio, la "Coca Cola", non è nata in un giorno, era una piccola azienda locale che poi è cresciuta anno dopo anno seguendo una strategia aziendale.

I suoi investimenti fin dall'inizio hanno certamente alimentato i "tre pilastri del potere" fino a diventare un impero finanziario a livello mondiale.

3 - Cerca il tuo immobile a forte sconto.

Il mercato insegna che il vero affare lo si fa all'atto dell'acquisto, difficilmente all'atto della rivendita.

Il prezzo di acquisto è certo, quello della rivendita potrebbe essere variabile e le condizioni di mercato potrebbero essere molteplici. L'unica certezza che hai è la valutazione attuale di mercato ed il prezzo di acquisto.

Se compri a forte sconto, parti già sul trampolino di lancio.

Per "sconto" non intendo una proposta ridotta di qualche migliaio di euro come si usa quando si acquista la propria casa di proprietà.

Intendo riduzioni di prezzo a partire dal 30% a salire.

Come attuare un simile risultato?

Con la pazienza. L'immobile non è la tua anima come nel caso della proprietà privata, ma un mezzo per il raggiungimento di un risultato economico.

Non hai quindi fretta e l'importante è considerare sempre i due punti precedenti di questo capitolo.

Ricorda che le plusvalenze su un immobile, se gestito bene fin dall'acquisto, sono molto consistenti, nel senso che *una sola operazione all'anno* molto spesso è pari al corrispettivo di una dichiarazione dei redditi annuale di un dipendente.

Pertanto la fretta è nemica dei buoni affari.

Il segreto sta nel cercare venditori estremamente motivati per varie ragioni: trasferimento imminente per lavoro, separazione coniugale, problemi finanziari, necessità di capitalizzare e motivi similari.

Non è difficile trovarne, basta chiedere, parlare con le persone o con i consulenti immobiliari.

A quel punto presenti la tua proposta scritta di acquisto al prezzo più conveniente *per te*. Il 95% delle proposte verrà rifiutato. Poco male, perchè sai che è **la sola proposta** che va in porto che può già cambiare la tua connotazione finanziaria.

L'intento è prettamente commerciale. La valutazione di un immobile, sarà poi facilmente rivalutabile, grazie ai restauri che puoi attuare.

Per acquistare a forte sconto, questa tecnica è infallibile e puoi valutare contestualmente anche le aste giudiziarie.

Se vuoi avere successo, il tuo desiderio di successo deve essere più grande della tua paura di fallire.
Bill Cosby

Registrati subito, ADESSO
https://www.massimilianoacerra.it/risorselibri/
Scarica le risorse gratuite che messe a disposizione dei lettori.

LA CHECKLIST OPERATIVA PER INVESTIRE NEL MERCATO IMMOBILIARE.
La Road Map assoluta per diventare un investitore professionista con tutti i passi concreti da attuare.
Una lista che vale oro, estratta da anni di esperienza sul campo.
Accedi e scaricala insieme a tutte le altre risorse dedicate.

In più accedi ai vari canali, su Telegram, You Tube e il gruppo chiuso su Facebook "Mipai, in pensione quando vuoi tu", dove vengono inseriti aggiornamenti, spunti, opportunità di investimento condivise, pensieri e l'autore è spesso in diretta Live con gli utenti per interazione, domande e risposte.

SCAN ME

11. COME GENERARE DENARO PER I TUOI PROGETTI

REPERIRE MIGLIAIA DI EURO PER IL TUO PROGETTO

In questo capitolo scoprirai finalmente come reperire migliaia di euro per i tuoi progetti e poterli realizzare partendo con poche risorse e talvolta senza denaro.

Occorre fare prima una premessa.

Molte persone continuano a considerare la precostituita cognizione che per generare grandi ricchezze o grandi progetti, siano necessarie immense fortune sottostanti.

Consueta la diceria che afferma: *"solo chi ha grandi capitali può mettere in atto grandi progetti, grandi imprese, o giungere all'indipendenza finanziaria"*.

In altre parole: solo chi ha tanti soldi può fare, divenire, realizzare. Chi non ne ha, non può realizzare nulla se non la modesta bottega sotto l'angolo di casa.

Probabilmente nella tua vita vuoi generare un progetto in grande, ma immediatamente interrompi la tua fantastica glorificazione in quanto non hai abbastanza denaro per realizzarla.

Il tuo problema non è il progetto irrealizzabile ne tantomeno la mancanza di soldi. Il vero problema è un altro.

Non ti sei posto la fatidica domanda che potrebbe già da oggi cambiare la direzione della tua condizione finanziaria e dei tuoi progetti. L'hai imparato con la "legge del *come*".

Se parti con una condotta che pone come prima enunciazione perentoria *"non posso perché..."* , hai già automaticamente chiuso ogni opportunità. Il gravoso portone chiude inesorabilmente le proprie branchie sprangando ogni opportunità di attuazione.

Ma se variasse la premessa, varierebbe il risultato.

Se tu iniziassi con il *"come posso...?"* la tua macina a vapore schiuderebbe le sue branchie abbattendo gli scogli che eclissano e comprimono il fiore della creatività.

Sai che è possibile reperire migliaia di euro per i tuoi progetti?

Allora inizia a mettere in atto la legge che hai imparato in questo libro.

"*Come* posso reperire i finanziamenti per realizzare il mio grande progetto?"

Qualcosa si muove.

Se hai creato un'esistenza attorniata da "generatori di reddito", certo avrai un capitale e soprattutto il potere di finanziamento. Avrai tra le mani "i tre pilastri del potere finanziario".

Ma se il progetto è ancora più grande, hai tante soluzioni "creative" che puoi attuare.

Il tuo progetto ha potenzialità di realizzare, introiti consistenti, rendite a due cifre che siano documentabili e dimostrabili?

E' un progetto bomba?

Cerca finanziatori.

Si tratta di un business concreto? Non farai difficoltà a trovare persone interessate. Puoi muoverti tra conoscenti, familiari e amici. Ricorda che l'effetto leva ripaga sempre.

Se il progetto presenta potenzialità di profitti immediati, non farai fatica a poter promettere e generare per i tuoi investitori un lauto introito percentuale su ciò che investono.

Ricorda che le persone sono ben felici di poter investire il proprio capitale in progetti concreti, con delle fondamenta realistiche, tangibili e consistenti, considerando che il loro istituto di credito farebbe "dormire" i capitali su un aspro cuscino spinoso di un 2% lordo di rendita.

Il tuo progetto prospetta rendite a due o tre cifre ma non hai soldi per realizzarlo? Prometti lauti compensi in percentuale. Quando inizi a dare una base del 10% di rendita sul capitale investito, inizi a far smuovere recondite barriere di pensiero inizialmente sotterrate dalla quotidianità di una sicurezza utopistica.

Se poi alzi il tiro, perché ne hai la possibilità, allora fai drizzare un marchingegno di assuefazione che propone opportunità davvero interessanti.

Metti per iscritto con un professionista le fondamenta del tuo progetto, con numeri, proiezioni, rendite spese e introiti.

Proponile ai tuoi investitori, confortandoli con la certezza scritta di un contratto nel quale si disciplina giuridicamente la loro rendita. Sarà l'unica spesa che avrai per la realizzazione del tuo progetto e poco dopo…sarà lautamente finanziata!

Se hai rendite proiettate in percentuali a due cifre, l'esborso di una lauta percentuale per i tuoi investitori non sarà un problema. Sarebbe un problema pagare un 30% se generi il 100%? O pagare il 100% se generi il 1000%? Certo che no.

Puoi addirittura utilizzare uno dei metodi vincenti dell'era moderna, l'azionariato comune, le vecchie cedole al portatore.

Una start-up che parte con una progettualità concreta e proiezioni di rendite a due o tre cifre, è in grado di generare in un solo anno la completa copertura del capitale per gli investitori, e, successivamente, di produrre prolifici introiti spesso a due cifre da ripartire in proporzione al capitale investito.

Per l'investitore diviene una rendita passiva, generata da investimenti che divengono di fatto "generatori di reddito" mensili… Senza lavorare.

Voglio raccontarti la storia di Marco presentandoti il sistema che ha inventato. Marco, operario dipendente di una piccola azienda, ha progettato la realizzazione di un immenso parco divertimenti. Un giorno ha conosciuto dei soggetti squattrinati, ma che detenevano l'immenso dono dell'ambizione e della fermezza nel voler raggiungere gli obiettivi.

Nessuno di loro aveva capitale idoneo per la concretizzazione dell'idea.

Hanno guardato in grande e sviluppato un grande progetto.

Si parlava di milioni di euro.

Risultato? Hanno realizzato il progetto senza spendere un centesimo, dimostrando che siamo dinnanzi al mondo delle opportunità, che la legge del "come" aggregata alla formazione finanziaria, condita dalla volontà *vera* di conquistare un obiettivo, sono degli ingredienti bomba che spaccano il muro del suono.

Come Marco e i suoi amici hanno generato migliaia di euro poi divenuti milioni?

Scopriamolo insieme.

La maggior parte delle persone ha obiettivi troppo piccoli e troppo lontani.
Mark Victor Hansen

IL CROWDFUNDING

Il crowdfunding (dall'inglese crowd, folla e funding, finanziamento) o finanziamento collettivo in italiano, è un processo collaborativo di un gruppo di soggetti che utilizzano il proprio denaro in comune per sostenere gli sforzi di persone, organizzazioni e imprese.
È una pratica di micro-finanziamento dal basso che mobilita persone e risorse. Il termine trae la propria origine dal crowdsourcing, processo di sviluppo collettivo di un prodotto.
Il crowdfunding si può riferire a iniziative di qualsiasi genere, dall'aiuto in occasione di tragedie umanitarie al sostegno all'arte e ai beni culturali, al giornalismo partecipativo, fino all'imprenditoria innovativa e alla ricerca scientifica. Il crowdfunding è spesso utilizzato per promuovere l'innovazione e il cambiamento sociale, abbattendo le barriere tradizionali dell'investimento finanziario.
Il web è solitamente la piattaforma che permette l'incontro e la collaborazione dei soggetti coinvolti in un progetto.
Il crowdfunding, è un'importante fonte di finanziamento. Viene utilizzato ogni anno dalle imprese grandi e piccole per circa mezzo milione di progetti europei che altrimenti non riceverebbero mai i fondi.
Si conta che nell'anno 2013, solo in Europa, sono stati raccolti fondi pari a circa un miliardo di euro. Si stimano aumenti esponenziali nel prossimo futuro (milioni di miliardi entro il 2020) grazie al crowdfunding, che trova tutti gli elementi per poter sprigionare al meglio le sue potenzialità nel web 2.0.

Marco e i suoi amici, hanno di fatto presentato il loro programma utilizzando il crowdfunding, e in pochissimi mesi hanno finanziato un progetto per milioni di euro rendendo il capitale agli investitori in soli 12 mesi ben condito da lauti guadagni, del tenore di almeno il 50% o il 100% di ritorno. Il loro progetto ne valeva cento volte tanto.
Cosa hanno compiuto di fatto? Si sono semplicemente chiesti *"come reperire migliaia di euro per il nostro progetto?*

Ipotizza di aver inventato il nuovo Facebook. Immagina che sia una start-up con immense potenzialità e possibilità di sviluppo.

Prima di metterla sul mercato offri quote agli investitori presentando per iscritto il tuo programma aziendale di sviluppo ben dettagliato.

Durante le presentazioni, chiunque decida di entrare nel capitale della tua nuova società, potrà investire il proprio capitale acquisendo delle quote.

In cambio, parteciperà agli utili della società una volta lanciata sul mercato e riceverà rendite proporzionate alla percentuale di quote acquisite. Se la tua è un'azienda vincente che propone numeri esorbitanti, i tuoi investitori godranno di guadagni smisurati rapportati agli utili.

Se poi, come nel caso di Facebook, la tua azienda venisse quotata presso la borsa valori, le quote al portatore, acquisite a prezzo stracciato, arriverebbero a detenere un valore milionario.

Le quote possono essere mantenute per sempre finché l'azienda continua a generare profitti.

Tu puoi personalmente mantenere la maggioranza delle quote, e utilizzare il denaro degli investitori per entrare sul mercato, investire nello sviluppo, nel marketing, nel potenziamento della società. Il tutto, materialmente, con la possibilità di non utilizzare capitale personale.

In questo si riassume la potenza dell'azionariato comune e del crowd-funding.

Io stesso ho imparato ad entrare nel capitale di società ad azionariato comune, le quali, se presentano un buon programma finanziario e ottime proiezioni futuristiche, possono essere ottime opportunità di investimento in considerazione di ciò che può avvenire nel futuro. Anticipare certe operazioni, può essere una mossa vincente, soprattutto se poi l'azienda decolla e mira a una futura collocazione su importanti mercati.

Non c'è passione nel vivere in piccolo, nel progettare una vita che è inferiore alla vita che potresti vivere.
Nelson Mandela

12. IL POTERE MILIONARIO DELLA CONOSCENZA

"LA CONOSCENZA E' POTERE"

Ti trovi dinnanzi ad uno dei capitoli più importanti dell'intero libro.

Da questo momento imparerai a fare della conoscenza la tua arma vincente che ti porterà a varcare la soglia, a salire il primo gradino ed elevarti dalla massa.

Passo dopo passo l'apprendimento e la consapevolezza saranno la tua arma per diventare milionario.

Molti dipendenti mi pongono costantemente la fatidica domanda: *"Cosa devo fare come prima cosa? Come devo partire per fare il salto di qualità? Da dove?"*

Nel nuovo mondo dell'informazione, in cui un titolo accademico non detiene più valore o comunque occupa una rilevanza più che mai marginale, la conoscenza permane sempre e comunque il fulcro e l'impalcatura da cui partire.

La conoscenza ha un potere immenso, infinito.

Il tuo maggior potere è ciò che puoi imparare, anche se questo non ti porta ad acquisire un titolo accademico.

L'informazione e la formazione finanziaria è alla base di tutto.

Impara strategie e norme fiscali. Di conseguenza sai come gestirle e come pagare meno tasse.

Se resti nel quoziente comune di conoscenza, pagherai sempre più tasse e guadagnerai sempre di meno.

Se tu decidessi di progettare case, per prima cosa dovresti studiare per ottenere la qualifica di geometra.

Ma per formarti su strategie di impresa, tattiche di investimento, pianificazioni ed obiettivi, non hai necessità di conseguire alcun titolo accademico.

Hai comunque necessità di formarti intensamente.

Più leggi, più cresci. Più impari più rompi un muro che appariva inizialmente invalicabile. E' statisticamente provato che se leggi un libro al mese inerente al tuo settore di interesse, in un anno diverrai un massimo esperto.

Ricordi quando ho scritto, all'inizio del libro, che da adolescente odiavo studiare perché ritenevo inutile imparare materie che ritenevo di scarsa utilità nel prosieguo della mia vita?

Attualmente credo che lo studio sia fondamentale per il conseguimento degli obiettivi.

Oggi mi ritrovo con grande bramosia e volontà a studiare e leggere giornalmente libri su libri inerenti al settore di mia competenza. E più leggo, più cresco.

Più imparo e più sono capace di raggiungere obiettivi perfezionando il cammino, aggiustando il tiro.

Se non cresci retrocedi. Se non ti evolvi ti impoverisci e non solo sotto l'aspetto finanziario.

Nella nuova era dell'informazione, in un mondo che corre ad una velocità frenetica, la conoscenza è il fulcro attorno al quale ruota la tua realizzazione. Non pensare mai di realizzare un obiettivo senza formazione personale.

Ho conosciuto amici e colleghi che sono partiti con progetti importanti attuando solo realizzazioni pratiche. Nel lungo termine la carenza di conoscenza personale li ha messi al muro.

Chi vuole fare impresa senza conoscerne le radici attuative, molto presto dovrà pagare dazio.

Questo libro è il risultato, lo specchio, di una formazione forsennata, di nozioni pratiche, di coadiuvazione di dipendenti nella realizzazione dei loro obiettivi finanziari, di ricerche, di letture, di scritture, di azioni concrete che ho messo in atto da tempo.

Oggi mi ritrovo a studiare giornalmente nozioni, strategie, strutture aziendali, network, mercati, PNL.

Qualcuno mi dice ancora: *"sono cose difficili"*. Lo pensavo anche io. Poi ho comprato il primo libro. Scoprii che conteneva la soluzione al primo problema. Con il secondo libro identificai la soluzione al secondo problema....

Inizia il tuo percorso di formazione e, giorno dopo giorno, la tumultuosa difficoltà che avevi identificato inizialmente, si attenuerà dopo ogni libro, si comprimerà allo scorrimento di ogni pagina, si spezzerà dinnanzi ad ogni principio appreso, la schiaccerai con i piedi ad ogni risultato raggiunto.

Inizia a leggere il primo libro. Ha certo un prezzo molto ridotto e, con tutta probabilità, lo trovi anche nella biblioteca della tua città. Gratuitamente.

Inizia! Non ripetere nella tua testa in maniera spasmodica *"sono cose difficili"*, utilizzando questa scusante come alibi per non partire.

Ti ritroveresti presto chiuso nel silenzio dell'indolenza per non essere stato capace di giungere ad un risultato concreto rispetto a chi, con poco, ti è passato avanti solo perchè ha una competenza o una conoscenza acquisita migliore della tua.

L'inoperosità è apatia. L'inerzia è povertà.

Sai qual è l'unica differenza tra te e colui che ha raggiunto un successo o un obiettivo?

Quella persona è partita con azioni concrete. Tu no.

Per questo, parti adesso. Subito. Carica l'energia che è in te, scaccia la pigrizia, dai un calcio all'inerzia, tira un pugno all'apatia. E parti. Da subito.

Ricorda sempre: tu sei forte e intelligente come gli altri, probabilmente più degli altri.

Il cervello è come un muscolo. Allenalo. Scoprirai che è capace di movimenti, di funzionalità, di dinamismo e risolutezza più di quanto tu abbia mai immaginato.

Ricorda ancora: quando identifichi persone che hanno raggiunto obiettivi sfidanti, esse hanno una sola differenza rispetto a te: *sono partite prima*. Hanno solo iniziato a dare energia e vigore al loro cervello prima di te, hanno compiuto azioni prima di te, si sono formate prima.

Oggi loro sono lo specchio e il risultato di ciò che hanno imparato negli ultimi anni, negli ultimi tempi.

Oggi *tu* sei lo specchio e il risultato di ciò che hai imparato negli ultimi anni, negli ultimi tempi..

Ops.. Non hai imparato nulla? Ti stai accorgendo che non hai fatto nemmeno una ricerca, uno studio, non hai seguito libri e corsi inerenti al tuo settore di interesse?

Ecco identificato il problema. Ecco il motivo per cui la tua condizione finanziaria è rimasta immutata.

Oggi estrai il raccolto che hai seminato finora.

Adesso conosci il segreto. Cambia da subito.

Domani, tra cinque anni, sarai lo specchio di ciò che hai seminato *oggi*. Ricorda.

Parti adesso, come un pazzo. Non ti fermare, non farti fermare dai pregiudizi di una società radicata sul convincimento bigotto e tradizionalistico.

Non generare alibi ad ogni passo affermando di non agire perché non hai tempo, non sei abbastanza bravo, gli altri sono più bravi di te, perché la tua famiglia non te lo permette, perché pensi di non capirci nulla, e per mille altri inutili e abominevoli scuse.

Stai mentendo a te stesso.

La realizzazione è questione di priorità, non di tempo.

Non rimandare. In questo libro imparerai come gestire un obiettivo e come raggiungerlo in maniera schiacciante.

Inizia subito. Inizia con la formazione.

Vuoi diventare un esperto di finanza? Impara a Farlo. Vuoi diventare geometra? Impara a farlo. Il tuo obiettivo è essere libero sotto l'aspetto finanziario e creare ricchezza partendo da dipendente ma non lo hai ancora realizzato? Scrivi un piano migliore e inizia ad imparare i passi per realizzarlo.

Se vuoi di più nel futuro, investi di più nel presente.

Non è mai troppo tardi per intraprendere la giusta strada e il corretto percorso finanziario da seguire.

Certe volte un semplice libro può accelerare drasticamente questo processo.

Il secondo libro può dare la svolta.

Dal terzo in poi, avviene il miracolo.

> Quando identifichi persone che hanno raggiunto obiettivi sfidanti, essi hanno una sola differenza rispetto a te:
> **sono partiti prima.**
> Hanno solo iniziato a formarsi e dare energia al loro cervello prima di te, hanno solo compiuto azioni prima di te, hanno solo iniziato il giusto cammino prima di te.

Coloro che insegnano, i maestri, i coach, gli uomini di successo e i grandi letterati, fanno della loro conoscenza il loro mestiere. Così come, alla vecchia maniera, anche il medico o l'avvocato.

Colui che tiene un seminario, è un soggetto che ha studiato in maniera approfondita una materia e la insegna a chi non la conosce.
Ha semplicemente compreso il segreto e il potere della conoscenza.

La tua catena è tanto forte quanto è forte il suo anello più debole.
Massimiliano Acerra

AUMENTA LA VELOCITA'

In questo capitolo scoprirai come aumentare il tuo apprendimento triplicando la velocità.
Non sarebbe magnifico apprendere in un mese quello che gli altri apprendono in tre?
A fine anno ti troverai con un bagaglio cognitivo tale da essere un esperto del tuo settore.
Leggi attentamente le pagine seguenti.
Metto in atto strategie di "lettura veloce" per imparare più velocemente e raggiungere con maggiore rapidità la consapevolezza e farla crescere giornalmente.
Ho scoperto, nel mio percorso formativo, che il nostro cervello è una macchina che corre alla velocità della luce focalizzandosi sul processo dell'immagine.
Esso identifica qualsiasi cosa fotografandone l'immagine in pochi millesimi di secondo.
Ti è mai capitato di visionare un cartello in strada transitando velocemente con la tua vettura ed immediatamente associarne il messaggio, il logo, il fatto che quella determinata immagine identifichi un'azienda e i suoi prodotti?
Comprendi che il tuo cervello è capace di questo utilizzando pochi millesimi di secondo senza nemmeno leggere i messaggi ma semplicemente "fotografando" mentalmente un'immagine?
Hai notato che il tuo cervello viaggia ad una velocità pazzesca rispetto alla reattività delle tue azioni?
Applica questo principio nella lettura, per imparare più velocemente ciò di cui necessiti.

Sai che anche tu puoi leggere al triplo della velocità di un qualsiasi utente, assimilando potenzialmente nozioni senza diminuire l'apprendimento?

Usa "il trucco dell'immagine".

Tutti mentre leggiamo un testo ripetiamo mentalmente le parole, con una "vocina" nascosta che segue i tuoi occhi mentre leggi.

Si, esattamente. Ripete per te la lezione mentalmente. Sottovoce. Praticamente stai leggendo due volte.

Tu procedi al passo di lumaca con la tua vocina ripetente, mentre il tuo cervello spazia come un fulmine tra le galassie alla velocità della luce.

Ti sarai certamente accorto che mentre leggi devi fermarti spesso in quanto la tua mente è distratta e sta pensando cosa aggiungere alla lista della spesa o agli appuntamenti del mattino seguente.

Incolpando te stesso per la carenza di attenzione dedicata, devi rileggere di nuovo o forse interrompere la lettura.

Ti è mai capitato di dover ascoltare qualcuno che tratta argomenti che non ti interessano? Oppure qualcuno che parla troppo lentamente per cui sei infastidito e annoiato tanto da pensare ad altro durante la conversazione?

Probabilmente se quella persona ti chiedesse di ripetere ciò che ha affermato sino a quel momento ti coglierebbe egregiamente impreparato.

Ecco la verità. Quando leggi e sei distratto, in realtà non sei stanco. Il fatto è che tu cammini, mentre il tuo cervello vola.

Tu leggi e ripeti con la vocina in sottofondo pensando che se non poni in essere una simile andatura non comprenderai abbastanza. Così ti hanno insegnato a scuola.

Il tuo cervello intanto, si trova nella condizione appena descritta, annoiato della tua lentezza tanto che nel frangente riesce a trovare il tempo di pensare ad altre due cose.

Prova a scorrere le parole come se fossero immagini a velocità triplicata, senza ripetere con la vocina di sottofondo. Ti accorgerai straordinariamente che il tuo cervello ti segue. Ti accorgerai di apprendere ugualmente e in maniera anche migliore e di diventare sempre più veloce.

Nulla di più elementare. Tu e il tuo cervello state viaggiando alla stesa velocità. Finalmente correte insieme all'unisono.

Oggi io leggo dai due ai tre libri al mese, aumentando drasticamente la conoscenza nel mio settore.

Come ho imparato ad utilizzare questa tecnica?

Certo non è apparso un arcangelo nel sonno e con una magica bacchetta mi ha inebriato con l'aurea prodigiosa e incantata.

Ho preso un libro, visionato video, mi sono formato. Giungendo al risultato.

Come raggiungere un traguardo?

La prima regola è: impara e formati. Divieni un esperto del tuo settore. Non devi sapere tutto, ma devi sapere.

Inizia subito con la formazione. E' il primo passo verso un cammino di ricchezza.

Nelle prossime pagine scoprirai come la formazione personale può realmente arricchirti in brevissimo tempo.

> *Chiunque smetta di imparare è vecchio, che abbia venti o ottanta anni.*
> *Chiunque continua ad imparare resta giovane, la più grande*
> *cosa nella vita è mantenere la propria mente giovane.*
> *Henry Ford*

TUTTO E' GIA PRONTO PER PARTIRE SUBITO

Voglio darti una grande notizia. Hai una straordinaria fortuna!

Molti oggi affermano che la vera problematica del mondo sia che tutto è già stato fatto, scritto e comprovato. Si afferma che sia una limitazione.

Al contrario è una risorsa illimitata a tua disposizione!

Una potenzialità davvero affascinante con connotazioni di infinito.

Pensa solamente ai grandi scienziati del passato. Coloro che hanno inventato la lampadina, il motore a scoppio, la prima canzone. Hanno dovuto inventare, scervellarsi senza sapere dove sbattere la testa.

Hanno provato e riprovato, senza mezzi, senza riferimenti.

Thomas Edison ha fallito 10.000 volte priva di inventare la lampadina.

Tu oggi hai un immenso vantaggio. Anzi mi correggo: uno smisurato, sterminato, incalcolabile vantaggio.

Tutto è già stato scritto e comprovato.

Hai un problema da risolvere? Qualcuno l'ha certamente già risolto prima di te e ne ha lasciato traccia.

Vuoi conoscere una tecnica o un sistema? Qualcuno l'ha già applicato prima di te e ne trovi testimonianza.

Vuoi conoscere una strategia, imparare qualcosa di nuovo in maniera semplice? Certamente qualcuno prima di te ha già scritto, riscritto, semplificato, studiato, annotato, registrato.

Vuoi fare formazione? Nessun problema nell'era moderna.

Pensa ad Alessandro Volta. Se per generare la sua invenzione avesse oggi a disposizione biblioteche infinite, librerie on line con miliardi di titoli in tutte le lingue, articoli, siti internet, blog, video, immagini, tutorial video che ti insegnano passo a passo.

Pensa se potesse scrivere quattro parole su un motore di ricerca e trovare praticamente la soluzione a tutto.

Se potessimo raccontarlo ad Archimede, che per imparare e mettere a punto un progetto ha dedicato anni ed anni di studi solitari.

Oggi non hai più scuse, non hai attenuanti.

Da subito puoi imparare tutto quello che vuoi e divenire in brevissimo tempo un'autorità nel tuo settore.

Da oggi se hai un talento, lo puoi sviluppare in maniera straordinaria ed hai tutti i mezzi a tua disposizione per farlo.

Tutti mezzi semplificati e a basso costo se non addirittura gratuiti.

Sarà sufficiente mettere in atto una delle prime strategie aziendali da conoscere: offri qualcosa di unico anche partendo da un'idea già esistente.

Anche se tutto già esiste, offri, di quel settore, ciò che nessun altro può offrire.

Non devi acquisire tutti i clienti del mondo, te ne bastano ben pochi.

Ma quando verranno da te, fai in modo di essere preparato.

Il primo passo che comprenderai in questo libro è formarti e ti sarà facile.

Sormonta da subito il tuo unico ostacolo: **te stesso e le tue scusanti**.

Il resto, è semplice.

Carica la tua determinazione per raggiungere l'obiettivo e inizia a formarti da subito. Più cresci e più il tuo obiettivo si avvicina.

Non avere fretta, i risultati arrivano giorno per giorno. Se arrivassero subito non avresti il sistema e la condizione per sostenerli. Devi prima essere preparato a gestire un sistema.

Inizia a formarti subito.

> *La fortuna è ciò che accade quando la preparazione incontra un'opportunità.*
> *Seneca*

Se giochi una partita a tennis e hai un'unica difficoltà: il rovescio.. il tuo avversario colpirà sempre li. Questa tua carenza ti porterà a perdere un game, dopo un set e infine la partita.

Allinea i punti in cui sei meno forte. La tua catena è tanto più forte quanto lo è il suo anello più debole.

Formati. Il tuo limite è essenzialmente costituito da ciò che non sai.

> *"Sia che tu pensi di farcela o di non farcela, avrai certamente ragione.*
> *Henry Ford."*

IL TUO FLUSSO ILLIMITATO DI DENARO

Qual è la vera potenzialità dell'uomo?

Hanno fatto storia i grandi uomini, quelli che hanno studiato, hanno inventato, hanno lasciato il segno.

Oggi, come allora, il più grande flusso di denaro che puoi generare è direttamente connesso alla tua formazione e alla tua conoscenza.

Tra poco scoprirai come far diventare il tuo sapere una vera e propria miniera di soldi.

Molti dipendenti tendono a risaltare le difficoltà della formazione, effetto che viene posto come alibi per restare incollati nell'inerzia.

In particolare, viene posto l'accento sul costo dei corsi di formazione, che in certi casi può essere proibitivo.

Una piccola digressione in tal senso appare utile richiamarla.

La formazione è fondamentale. Non è un caso che le grandi aziende investono costantemente nella formazione dei propri dipendenti.

E' stato provato statisticamente che un'azienda, a seguito di un congruo programma di formazione messo in atto a favore dei dipendenti, triplica gli introiti l'anno successivo.

Per tale motivo, se le aziende multinazionali utilizzano questa strategia con chiari risultati, è la strada opportuna da seguire per tutti.

- ✓ La formazione è la base della tua conoscenza.
- ✓ La conoscenza è alla base del tuo reddito e del tuo flusso di denaro.
- ✓ Il successo è un'arte che si impara.

Il notaio, l'avvocato, il commercialista, il medico, rapportano il loro guadagno alla quantità di studi e specializzazioni conseguite nel tempo.

- ✓ **Più specializzazioni = più guadagno.**

In un'era dove il titolo accademico è passato in secondo piano, non importa più essere avvocato, commercialista o ingegnere per ottenere laute ricompense. Non importa più avere alle spalle anni ed anni di università coronati con la laurea.

Oggi, puoi divenire un esperto del tuo settore, focalizzandoti SOLO sul tuo obiettivo, senza alcun titolo accademico che ti sottopone ad anni di studi dove sono incluse, tra l'altro, una serie di materie che sono ben lontane da ciò che vuoi conseguire realmente.

Quando presenzi a corsi di formazione, cosa apprendi materialmente? Semplice:

apprendi la sapienza del docente.

Stai apprendendo le conoscenze e il bagaglio culturale che l'esperto ha creato prima di te e adesso ti vende per facilitare la tua specializzazione in quel campo.

Più aumenta la sua conoscenza, più i suoi corsi divengono costosi, ricercati e ben remunerati.

Cosa ha realizzato materialmente il formatore?

Nulla di irraggiungibile, se non la realizzazione di un piano formativo focalizzato su un obiettivo specifico e su un settore di riferimento.

Durante il corso, insegna nozioni che ha semplicemente imparato prima di te.

La sua conoscenza ha un potere enorme. E' un flusso milionario.

Probabilmente, mentre i suoi amici si divertivano, giocavano o chattavano sui social network, lui stava imparando e si stava specializzando nel suo settore in maniera concreta e costante.

Oggi raccoglie i frutti di ciò che ha creato nel tempo.

Oggi è lo specchio della sua formazione.

Oggi tu sei lo specchio della tua formazione, così come lo è la tua condizione finanziaria.

La conoscenza è potere. In tutti i sensi. Un potere milionario.

La conoscenza presenta un risvolto sostanziale:

ABBATTE LA PAURA.

Se ti proponessero di misurarti in una gara di investimenti finanziari o di carte su un tavolo da gioco, con tanto di scommessa diretta del tuo capitale, avresti il terrore concreto di perdere i soldi.

La scarsa formazione in quei settori ti mette nella condizione di poter perdere il tuo capitale e quindi, con molta probabilità, rinunceresti preventivamente. *La tua scarsa conoscenza diviene un limite.*

Immagina per un attimo di essere un esperto di fotografia creativa, in quanto è il tuo hobby e la tua passione da sempre.

Se ad un tratto la prova su cui scommettere fosse: "premio alle migliori fotografie creative", probabilmente ti lanceresti all'impazzata iscrivendoti per primo.

La paura è svanita nel nulla. *Sai di poter vincere.* Sai che non ti batteranno. Sei consapevole che la tua conoscenza nel settore è così alta che puoi gareggiare con chiunque.

La tua forza è dirompente, la tua adrenalina esplosiva.

Ed ecco la conseguenza....

Il segreto che aspettavi.

✓ *La tua paura è determinata da ciò che non conosci.*

La tua condizione finanziaria è direttamente connessa con le tue conoscenze e con le tue paure.

Hai timore dei mercati finanziari, perchè non li conosci.

Perchè rischiare un percorso non adeguatamente padroneggiato? Meglio delegare la propria banca o evitare.

Stessa cosa per gli investimenti, per gli immobili, per i modelli innovativi, per il marketing, per le nuove idee di business on-line.

La tua scarsa conoscenza, determina inesorabilmente il tuo futuro finanziario e il tuo destino.

Ma una volta conosciuto il segreto, l'antidoto, si può percorrere la strada diretta verso la risalita.

Adesso sai di essere *padrone solo di ciò che conosci*, e ti trovi nella condizione di fuggire dinnanzi a ciò che ignori.

Il tuo antidoto:

Inizia SUBITO a specializzarti nel tuo settore. Più leggi e più ti accorgerai che il 90% delle persone non sanno e non vogliono sapere. Una grande opportunità per te, visto che con qualche libro in più, sarai nella condizione di insegnare, proporre, sperimentare, creare reti, seguaci, clienti e dipendenza dai tuoi prodotti e servizi.

> *Inizia a costruire i tuoi sogni prima che qualcun altro ti assuma*
> *per costruire i suoi.*
> Jim Rohn

L'incompetenza aumenta la paura.

Se non sai, sarai costretto a comprare i costosi corsi degli altri, i costosi servizi, .. in altre parole, *a comprare a caro prezzo la loro conoscenza*.

La conoscenza, costa molto cara a chi non la ha.

Coincide nella tua vita con la perdita infinita di ingenti risorse finanziarie. Un'emorragia di denaro pressoché vitalizia.

Hai compreso l'indotto di marketing efficace per vendere il tuo prodotto? L'hai imparato certamente grazie alla tua formazione. Pensa solo se avessi pensato a formarti dieci o venti anni prima...

Non ti faccio notare questo fattore per i soldi che avresti potuto guadagnare.. *ma per quelli persi!*

Rifletti: la tua incompetenza finanziaria quanto ti costerà nel corso della tua vita?

Certamente si parla di un numero di zeri incalcolabile.

Sfrutta da subito il tuo potere milionario.

Hai capito bene: questo potere parte da te e dalla tua conoscenza.

Più conosci, più abbatti la paura.

Mira all'eccellenza. Più sei bravo e più guadagni. Più cresce la tua competenza nel tuo settore e più cresce il tuo reddito. In maniera esponenziale.

Chi altro vuole salire sulla prossima carovana di denaro in transito?

Se nei prossimi dieci anni leggerai un libro al mese riguardante la tua attività, con quei 120 libri diventerai uno dei più grandi esperti che esistono nel tuo campo.
Jim Rohn

Voglio consigliarti un'arte che funziona da sempre e funzionerà ancora: **vendi informazioni**. Si tratta di una moda che non passa mai. Specializzati su un settore con la tua formazione e punta a vendere informazioni in quel settore. Cambia in meglio la vita delle persone con la tua conoscenza.
Saranno centinaia le persone pronte ad acquistare a qualsiasi prezzo gli insegnamenti di cui hanno bisogno.
Crea il bisogno delle tue informazioni attraverso il tuo processo di marketing.
Già migliaia di dipendenti hanno realizzato la vendita delle proprie professionalità attraverso svariati canali.

IL RAPPORTO 1 A 3 DELLA FORMAZIONE

In più situazioni ti ho parlato dell'effetto leva, o meglio dell'artificio attraverso il quale si amplifica il tuo potenziale di generare denaro.

Per raggiungere la tua indipendenza finanziaria, l'effetto leva è l'elemento portante.

Anche nell'aspetto formativo è utile mostrarti quanto sia determinante l'effetto leva.

Abbiamo compreso che solo pochi soggetti partecipano ai corsi di formazione più approfonditi, a causa dei costi elevati.

Doveroso comprendere le esigenze familiari di ognuno, ma molto spesso ho incontrato persone che non partecipano ai corsi per pura ostilità, ritenendo di poter spendere quel denaro in svaghi più divertenti.

Un corso di formazione approfondito, ti può far risparmiare anni di studi.

Esistono corsi che hanno la potenzialità, in soli tre giorni intensivi, di far penetrare nel tuo bagaglio formativo nozioni drastiche di cambiamento che altrimenti richiederebbero anni di apprendimento e fatiche.

Molto spesso questi corsi vengono tenuti da soggetti molto esperti di un determinato settore, che hanno già lavorato applicando strategie imprenditoriali e di marketing per grandi aziende in prima persona.

Per non contare il concreto fattore motivazionale che ne puoi generare.

Il primo fattore importante, è *l'effetto leva* che puoi generare con una simile formazione intensiva.

Partecipando ad un corso, moltiplichi per tre i risultati che puoi ottenere.

1. In primo luogo realizzi una formazione profonda che oltre a portarti una notevole crescita personale, ti cambia la vita, la mentalità, il sistema da applicare e le strategie attuative che certo sono già state testate.

2. In secondo luogo, le nozioni apprese, le applichi da subito nella tua idea o nel tuo business, ottenendo una svolta imponente ed immediata. Determinante risulta la consapevolezza attuativa che prima non conoscevi e non impiegavi. Apprendi quindi un sistema efficace da attuare fin da subito.

3. In terzo luogo, la tua formazione, presumendo che tu abbia partecipato ad un corso che interessa direttamente le tue passioni o i tuoi interessi, *è esportabile*. La puoi insegnare a tua

volta divenendo gradatamente un esperto di quel determinato settore.

Proprio per queste motivazioni, la spesa sostenuta ha effetto leva 1:3.

Ti porta infatti: maggiore formazione, maggiori introiti per il tuo business o la tua idea, e la possibilità di formare altre persone divenendo un'autorità del settore di interesse formando un altro business.

Un effetto leva potenzialmente illimitato.

Ancora convinti che un corso sia troppo costoso?

La formazione costa? L'ignoranza è il vero costo, ha un prezzo altissimo che viene pagato per tutta la vita.

Il "sapere" può costarti qualche decina di euro di libri o qualche centinaio per la frequentazione di corsi.

Ma *il non sapere* esteso in ogni settore, ti costerà migliaia di euro e, probabilmente, milioni. Non tanto per ciò che potresti guadagnare, ma piuttosto per ciò che *non* guadagni sicuramente, attuando progetti di cui non sei consapevole appieno.

L'ignoranza è la vera perdita di soldi. Concreta e sicura.

Se l'istruzione costa cara, prova a vedere quanto costa l'ignoranza.
Benjamin Franklin

STORIE DI BUSINESS

Mario, si è formato diventando un "beauty mental coach".

Aiuta le persone nell'ambito della crescita personale.

In particolare ha una specialità: aiuta le persone che si sottopongono a cure oncologiche in ospedale, come chemioterapia o radioterapia.

Si tratta di persone affette da patologie importanti.

Il suo nuovo mestiere, attraverso alcuni sistemi scientifici, migliora il benessere mentale delle persone affette da certe patologie, persone che spesso non accettano il cambiamento fisico dovuto alla terapia che devono affrontare.

Mario insegna la concettualità di "bellezza" a queste persone insegnando loro come vestirsi, utilizzare parrucche, trucco e rivalutare la bellezza interiore.

La particolarità della sua idea, è sfociata in un grande business colmato da un elevato rapporto etico.

Aiutare in primis le persone in difficoltà attraverso sistemi che producono vero benessere.

Un'idea, un risultato.

Vuoi sapere come raggiungere tutti i tuoi obiettivi in breve?
La soluzione a tutto la trovi nel prossimo capitolo.

Forse non ti sei accorto, ma la tua vita scorre come un fiume impetuoso.
E non si volta indietro a vedere dove sei rimasto.
Massimiliano Acerra

13. OBIETTIVI E AZIONI.

Le persone dedicano più tempo a pianificare la loro vacanza
che a pianificare il loro futuro.

Come dare una svolta alla tua condizione finanziaria?
Come cambiarla drasticamente?
Come partire?
Con un piano.
Tra breve ti svelerò come progettarlo e metterlo in atto.

Puoi diventare ricco *essendo* dipendente?
La risposta è no. Lavorando come dipendente, vivi una vita progettata dal sistema per impoverirti gradatamente nel corso degli anni. Anche se riesci a risparmiare molto denaro ogni mese, non potrai mai diventare ricco.

Puoi invece diventare ricco *partendo* da dipendente?
La risposta è si! Elaborando un piano.
E ricorda: se credi di potere *puoi*.
Se credi di non potere, probabilmente hai ragione.

COME RAGGIUNGERE TUTTI I TUOI OBIETTIVI

Ti ho parlato degli obiettivi, dell'importanza di averli e attuarli nella tua struttura finanziaria.
E' arrivato il momento di mettere in atto quanto appreso.
ATTENZIONE: questo capitolo ha un grande potere. E' la radice e lo specchio di ciò che sarai da oggi in poi.
Tra breve ti svelerò come strutturare i tuoi obiettivi con schemi e modalità.

Se hai un obiettivo, lo persegui con tenacia e lo raggiungi, sei un soggetto vincente.

La tua condizione finanziaria ne trarrà giovamento drastico e immediato.

Immagina di realizzare tutti gli obiettivi che scrivi mensilmente. Come sarebbe la tua vita tra un anno? E tra cinque?

E la tua condizione finanziaria?

La risposta è pressoché scontata. Avresti un cambiamento drastico.

Ogni obiettivo raggiunto è un tassello nel percorso di realizzazione che avvicina alla meta.

Come strutturare gli obiettivi? Come metterci nella condizione di raggiungerli?

Non avere obiettivi, è una delle limitazioni più forti in cui incorre un individuo nel suo percorso finanziario e di vita.

Giorno dopo giorno la mente sogna, genera idee, valuta pensieri ed opportunità. Ma cosa succede dopo?

I grandi sogni finiscono nel dimenticatoio, sobbarcati dagli impegni, dalla frenesia, dalla mancanza di convinzione e soprattutto dall'elenco di difficoltà da superare.

Per ogni opportunità che nasce, vengono generate una serie di difficoltà che la mente crea ancor prima che possano verificarsi.

Un saggio diceva: *"ho avuto più problemi nella mia vita, di quanti me ne siano in verità capitati"*.

La mente crea sempre, continuamente, e le nostre convinzioni hanno il duplice potere di:

- ✓ aprire le porte a risultati straordinari
- ✓ abbattere drasticamente l'evoluzione del sogno, sferrandoci sopra due pensanti martellate che ne schiacciano lo sviluppo.

Nel mio percorso ho incontrato una moltitudine di persone con grandi idee e ottime possibilità di realizzazione. Nel 95% dei casi i progetti venivano abbandonati sulla strada.

Ritrovavo alcuni di essi dopo del tempo chiedendo novità sulle loro realizzazioni e costantemente ascoltavo risposte del tipo: *"Il mio progetto? Ci sto ancora pensando, sto ancora valutando, ma non ho avuto tempo"*.

Come ovviare a questo?

Scrivendo ogni obiettivo. Sembrerà assurdo, ma i sogni durano poco, le idee svaniscono dopo un breve frangente.

Avrai notato che in un pomeriggio spesso non ricordi la buona idea che era balenata nella mattinata stessa.

Da qualche anno, ho l'abitudine di spostarmi con al seguito un taccuino con penna, per scrivere ogni idea, ogni sogno, ogni bozza nel preciso istante in cui la stessa viene concepita.

Grande la soddisfazione di vederla poco tempo dopo depennata una volta che è stata alacremente raggiunta o superata.

Fissare un obiettivo significa stabilire lo scopo di un'azione: se sai qual è il fine su cui devi orientarti, riuscirai ad utilizzare le tue iniziative in modo concreto anziché disperderle.

Ma come fare per fissare un buon obiettivo? Nel definire gli obiettivi dovremmo ricordare che essi devono essere S.M.A.R.T., acronimo che sintetizza il metodo descritto da Peter Drucker nel suo libro The Practice of Management (1954).

SMART significa che gli obiettivi devono essere:
- ✓ **S**pecifici
- ✓ **M**isurabili
- ✓ **A**ttuabili
- ✓ **R**ealistici
- ✓ **T**emporizzati

Specifico nel senso di chiaro e concreto. Ad esempio: "voglio diventare ricco" non è un obiettivo specifico, ma molto generalizzato senza uno schema preciso. Diverso è dire: "voglio diventare ricco aumentando le vendite del mio prodotto e imparando da subito a investire per sfruttare i mercati finanziari". In questo caso l'obiettivo è specifico.

Misurabile nel senso che deve essere confacente con il risultato che si vuole raggiungere. Devi poter misurare quanto hai realizzato con quanto vuoi raggiungere in termini numerici.

Attuabile nel senso che deve essere attuato con un percorso di crescita e sviluppo graduale e realizzabile nel tempo, che porti al risultato finale, che sia confacente con le abilità e le possibilità degli individui che lo perseguono.

Realistico nel senso che deve essere reale. Inutile dire: "con la mia nuova idea voglio realizzare dieci milioni di euro in due mesi".

Temporizzato, la parte che ritengo predominante. *Significa che devi obbligatoriamente e drasticamente dargli un tempo*, una scadenza di realizzazione entro la quale attuarla.

ATTENZIONE: struttura i tuoi obiettivi sempre in positivo. Mai al negativo. E progettane gli step progressivi di risultato.

Mai scrivere un obiettivo negativo del tipo "non voglio più lavorare in quel posto". Significherebbe prendere in giro te stesso.

Il *"non "* non viene adeguatamente "letto" dalla nostra mente che mira a non considerarlo, tanto che ogni frase che inizia con un "non", finisce poi per generare le azioni corrispondenti a quella frase con il "Non" escluso.

Attenzione quindi, perché il tuo "non voglio più lavorare in fabbrica", espresso in questa maniera, senza un obiettivo vero, si trasforma in una certezza: *lavorerai in fabbrica certamente*, almeno finchè non deciderai veramente cosa fare.

Realizzare gli obiettivi regolarmente significa accrescere poderosamente la propria autostima.

E adesso?

Prendi un foglio, dividilo in tre colonne di cui quella centrale più grande delle altre e quella di destra più piccola.

1. **Nella prima colonna**, denominata OBIETTIVI, scrivi l'obiettivo che vuoi perseguire. Ad esempio: "voglio aprire un Bar".

2. **Nella seconda colonna** denominata AZIONI, scrivi le azioni conseguenti che attuerai *da subito* per raggiungere il tuo obiettivo. Ad esempio: per aprire un bar, contatterò il proprietario del locale per conoscere il costo dell'affitto, contatterò fornitori per la merce, gli addetti all'arredamento, la banca per gli stanziamenti e andrò alla camera di commercio per informazioni sulla realizzazione fiscale.

3. **Nell'ultima colonna**, denominata TEMPO, scrivi, *immediatamente* la data entro la quale realizzerai queste prime azioni e

il progetto. Entro il... inserisci una data che sia realistica ed imminente.

4. Esiste la quarta colonna, quella del RISULTATO. Immetti il risultato che vuoi ottenere, anche un risultato intermedio che DEVI raggiungere entro un termine.

Risultato? Il tuo cervello si azionerà: se non hai una scadenza, la mente è naturalmente abituata a procrastinare o ad essere invasa da altri pensieri statisticamente più semplici. La mente, se non stimolata, poltrisce o comunque preferisce attuare situazioni semplici demandando le più difficili a tempi successivi ed indeterminati.

Ti è mai capitato di dover attuare in una giornata una serie di azioni e di ritrovarti la sera a non aver attuato le più importanti che corrispondono alle più difficili? Le azioni difficili vengono differite finchè non sopraggiungono ad una condizione di urgenza che ci spinge a realizzarle in fretta.

Una contingenza comune.

Risolvi questo problema, con il sistema degli obiettivi.

Se gli obiettivi sono plurimi, appena li hai scritti, prendi l'abitudine di **numerarli in ordine di importanza**. Nella prima colonna.

Metti al primo posto quelli che portano realmente ad un risultato concreto e quindi da realizzare *subito*, indipendentemente dalla difficoltà.

Se gli obiettivi più cospicui, seguendo questa sequenza, *vengono attuati per primi*, la tua realizzazione sarà costantemente su un trampolino di lancio.

OBIETTIVO	AZIONI	TEMPO
		Entro il...

Inizia *subito, da oggi*, ad attuare i tuoi obiettivi segnandoli in questo schema. Sarà eccezionale rivedere questo documento dopo del tempo e verificare quanto è stato attuato concretamente. Ti meraviglierai di te stesso! Sarà straordinario vedere la quantità di obiettivi portati a termine e la drastica impennata della tua vita finanziaria e della tua serenità, mentre prima il 98% delle tue idee si disperdeva nel tempo senza alcun risultato.

Inizia *da questo momento* a compilare il tuo nuovo documento, concedigli del tempo, scrivi i tuoi obiettivi, temporizzali e raggiungili entro il termine.

Questo schema funziona con tutto, relazioni, sentimenti, soldi, salute e quant'altro.

Appena hai scritto, è come se avessi potenzialmente acceso il motore. E la macina si aziona.

Aggiungi nel campo centrale del foglio la legge del *"come"*, il magico effetto che genera ogni soluzione.

Quando scrivi un obiettivo, crei un'area magnetica, un campo di forza. La massa vive nel nulla, critica gli altri mentre guarda la televisione senza muovere un dito, aspettando solo la manna dal cielo del 27 del mese per riscuotere.

Tu, al contrario, sarai incuneato in un imbuto magnetico con un'unica uscita sicura. Quella della tua realizzazione.

La tua vita cambierà. Assicurato. Da subito.

E' nel momento delle decisioni che si plasma il tuo destino.
Anthony Robbins

Solo il 10% delle persone ha obiettivi, e solo il 3% li scrive. E' stata fatta una statistica: coloro che hanno scritto i loro obiettivi con la tecnica che ti ho segnalato, hanno raggiunto risultati straordinari.

Il 97% di questi, guadagnano attualmente dieci volte in più di coloro che non hanno scritto i loro obiettivi.

E' eccezionale!

In America usano fare il Brainstorming, una tempesta di idee di gruppo che ha un potere indefinito di trovare soluzioni ai problemi. Certe persone si riuniscono in gruppo e cercano risoluzioni e determinazioni utilizzando la legge del "come".

Il mondo è suddiviso tra coloro che fanno piovere in gruppo grandi idee e coloro che criticano l'innovazione deridendola, e nel mentre afferrano il telecomando per guardare il programma della serata in TV.

Ricorda: se scrivi i tuoi obiettivi sul documento che ti ho segnalato, questi sono obiettivi veri. Se non li scrivi, hai solamente in testa una *"lista di desideri"* che nel 97% dei casi non si realizzeranno mai.
La realizzazione si divide tra chi ha agito e chi non ha agito.

Qualunque cosa vogliate fare fatela oggi. I domani sono contati.
Michael Landon

SUPERA I BLOCCHI DI PARTENZA.

ESERCIZIO: Se hai un obiettivo, una possibilità, ma sei bloccato da una serie di problematiche ipotetiche che ti frenano, scrivi su un foglio diviso a metà, gli obiettivi e le azioni nella parte sinistra.
Quindi scrivi tutte le problematiche ipotetiche che potrebbero sorgere nella parte destra. Tutte. Adesso.

Strappa quindi il foglio in due parti, tieni da parte il lato sinistro, con le azioni vincenti e accartoccia *subito* la parte destra con le problematiche, facendola sparire completamente dalla tua vista. Strappala in mille pezzettini sempre più piccoli. Puoi anche bruciare quel lato, focalizzandoti adesso, solamente sul lato vincente.

Scrivi il tuo obiettivo e attaccalo in bella vista al muro, in un luogo dove sia ben visibile ad ogni tuo passaggio.
Il tuo cervello si aziona solo visionando ogni giorno l'obiettivo da raggiungere senza perderlo di vista. Aziona e raggiungi il primo step entro il termine che hai scritto nella colonna di destra.

Il segreto: preparati nel minor tempo possibile, agisci subito e poi correggi il tiro lungo il cammino. Il progetto non deve essere giusto alla perfezione prima di partire, ma deve essere "abbastanza buono" per poi migliorarlo strada facendo.

Quando un progetto viene lanciato, comunque viene ritoccato più volte lungo il percorso per perfezionarlo.

Quindi è inutile arrivare alla spasmodica perfezione.

Chi cerca la perfezione prima di partire, non realizza mai il proprio obiettivo.

Chi pondera a lungo prima di fare un passo, passerà la vita su una gamba sola.
Anthony De Mello

La realtà è lampante: il mercato dà un responso obiettivo solo *dopo* aver lanciato il progetto. Una volta partito, correggi in corsa e ti allinei gradatamente alle esigenze sopraggiunte, ripartendo dall'unica certezza:
ciò che non è andato bene.
Non puoi fare peggio. *Ma solo e certamente meglio.*
L'azione vince sempre sull'inerzia. Se inizi, significa che sei in corsa, e si possono aprire porte fino a quel momento sconosciute. Se non parti, di certo non ci saranno mai sorprese.

Sbagli sicuramente il 100% dei colpi che non spari.
Se spari, alzi la percentuale di riuscita.
Massimiliano Acerra

Quando ti muovi nella direzione dei tuoi obiettivi, niente ti può fermare.

Trasforma il piombo dello star fermo nell'oro del successo.

Ti servirà per scoprire un mondo eccezionale, ricco di gioie e realizzazioni in qualsiasi campo della tua vita.

Raggiungere degli obiettivi in se per se non vi renderà mai felici a lungo termine; è chi diventerete che vi può dare il senso più profondo e duraturo di realizzazione.
Anthony Robbins

Ricordo di aver letto tempo fa la storia del famoso attore Sylvester Stallone.

Aveva scritto la sceneggiatura del suo primo film, "Rocky Balboa" ispirato ad un incontro di boxe al quale aveva assistito, nel quale un giovane pugile sconosciuto aveva rischiato di mettere al tappeto il grande Cassius Clay.

Trascorse notti intere a scrivere la sceneggiatura. Aveva una tale bramosia di finire il lavoro, che prendeva spesso pillole di caffeina per restare sveglio più a lungo.

Rinunciò a tutto per il suo obiettivo. Niente e nessuno lo avrebbe mai distratto.

Propose la sceneggiatura a delle case cinematografiche. Ottenne un'offerta per la cessione dei diritti del copione. I redattori avevano già immaginato il film interpretato dai grandi divi di Hollywood.

Non accettò. Il vincolo assoluto era uno: *doveva essere lui* a tutti i costi il protagonista del film.

Venne quadruplicata la posta per la cessione dei diritti. Ma lui non accettò. *Doveva* essere lui il protagonista.

Trascorse del tempo, finchè la sua proposta venne accettata, ma al prezzo della prima offerta. La più bassa. Voleva essere protagonista? La paga sarebbe stata scarsa.

Oggi il film "Rocky Balboa" è un successo planetario. Quella storia rispecchia la vita del protagonista, che parte dal nulla ed ha in mente un solo unico obiettivo da perseguire, giorno dopo giorno, corsa dopo corsa.

Fino alla vittoria.

Ho sbagliato più di 9000 tiri nella mia carriera. Ho perso quasi 300 partite.
26 volte, mi hanno dato la fiducia per fare il tiro vincente dell'ultimo secondo e
ho sbagliato. Ho fallito più e più e più volte nella mia vita.
È per questo che ho avuto successo.
Michael Jordan

OBIETTIVI: LA STRATEGIA DEI PICCOLI PASSI

Molti dipendenti, nel tempo, hanno manifestato la difficoltà a realizzare gli obiettivi o a portarli a compimento entro un termine prefissato.

Il segreto per sopraggiungere sempre e comunque al raggiungimento di obiettivi sfidanti, è quello di penetrare nel progetto a piccoli passi.

Personalmente ho sempre cavalcato le onde con tutte le energie e la piena focalizzazione, ma in certi casi è interessante ed opportuno entrare comunque nel contesto gradatamente.

Pertanto, se hai difficoltà a iniziare con vigore, inizia a impiegare due ore al giorno per la realizzazione dei tuoi obiettivi.

I tuoi obiettivi sono un tunnel con un'unica uscita. Se ancora non sei pronto a penetrarci, fallo per sole due ore al giorno.

Trattandosi di tuoi talenti, della realizzazione di ciò che più ti piace, la conseguenza più logica sarà che automaticamente dedicherai sempre più ore alla tua realizzazione ed il tempo di attuarle sorgerà da solo.

Dividi sempre gli obiettivi in sotto-obiettivi temporizzati.

Ad esempio: non dire solo che tra tre anni lascerai il lavoro, ma segnala gli step evolutivi che ti trasporteranno a questo obiettivo. Quindi: cosa attuerai entro tre mesi per il primo step, poi entro i successivi tre, attuando azioni conseguenti.

Il tuo obiettivo suddiviso per step di conseguimento, ti porta a monitorare costantemente gli esiti conseguiti e ad esaltarli gradatamente sempre di più, fino al raggiungimento di risultati straordinari.

SOLUZIONE MILIONARIA

Hai un obiettivo? Scrivilo sotto forma di domanda, e scrivi sotto 20 soluzioni possibili di realizzazione.
SFORZATI. Tra quelle soluzioni c'è quella vincente.
Il cervello è come un muscolo, se non lo alleni si atrofizza.

Non paghi il prezzo del successo, ma paghi il prezzo dell'insuccesso.

> *Ti godi i benefici del successo.*
> *Zig Ziglar*

Per sviluppare la tua idea di business, estrai il meglio dai seguenti punti:

1. Cerca idee di business che siano compatibili con le tue capacità migliori.
2. Cosa sai fare bene?
3. Cosa sai fare meglio degli altri?
4. Quale cosa sai fare che migliora la vita degli altri?
5. Quale problema delle persone sai risolvere?
6. Pensa a uno o più sistemi per automatizzare la tua capacità.

Se hai pochi soldi significa di certo che hai molto tempo disponibile. Tempo da dedicare fin da subito alla realizzazione del tuo progetto.

> *Non aspettare. Il tempo non sarà mai giusto.*
> *Napoleon Hill*

LE 10 REGOLE DA ATTUARE PER RAGGIUNGERE OGNI TRAGUARDO

In questa sezione hai già compreso come raggiungere i tuoi obiettivi e l'importanza che detiene la relativa strutturazione.

Adesso ti fornisco 10 regole riassuntive da attuare subito per raggiungere qualsiasi traguardo tu voglia intraprendere. Da oggi correrai sempre tra i primi. Tra i vincenti.

Si tratta delle stesse regole che attuo io ogni giorno e ogni minuto e attuano i dipendenti che hanno raggiunto grandi successi finanziari.

E il successo *non viene mai per caso*.

1. Stabilisci gli obiettivi. Gli obiettivi ti danno la direzione. Devi sapere ciò che vuoi realizzare in modo da poter pianificare ciò che devi fare per raggiungerlo. Obiettivi forti e ben defi-

niti faranno trasformare le tue giornate vuote e malinconiche in grandi istanti di gloria e rinnovata volontà.

2. Gli obiettivi non sono fissi e infiniti. Durante il tuo cammino devi continuare a metterli a punto. Non è il mercato che deve adattarsi alle tue esigenze, ma *tu* devi adattarti alle evoluzioni. Se apri il tuo negozietto all'angolo, non devi intestardirti a farlo andare avanti fino alla pensione anche quando il mercato si è spostato su altro, arrabbiandoti con il mondo che non va o con la politica. *Tu segui le evoluzioni del mercato,* **semplicemente perchè il mercato non ti seguirà mai.**

3. Una volta raggiunto un obiettivo, focalizzati sul secondo. Un grande corridore non si ferma quando ha raggiunto un traguardo, ma sfida il traguardo successivo. Solo così raggiungerai il successo. Pietro Mennea non correva per raggiungere lo step della sufficienza, ma correva per vincere, per raggiungere il nuovo record, per la medaglia d'oro. Sempre.
Lascia stare chi dice che non ti accontenti mai. Solitamente lo affermano coloro che si accontentano di ben poco.

4. Un obiettivo deve essere sempre legato a una tua passione. Solo le passioni e le emozioni ti fanno raggiungere obiettivi eccezionali. Ciò che un uomo può essere deve essere. Scegli sempre ciò che ti appassiona veramente e romperai i tuoi limiti. Avrai voglia di raggiungere l'obiettivo ininterrottamente. Anche di notte.

5. Decidi immediatamente QUANDO raggiungerli. Gli obiettivi senza una data di realizzazione sono una lista di desideri. Una di quelle liste condite dalla rassegnazione, destinate a rimanere nell'archivio ingiallito della tua mente.

6. Non avere timore di realizzare grandi obiettivi. La maggioranza delle persone ha obiettivi troppo piccoli e troppo lontani. Più grande è l'obiettivo e più grande è la realizzazione. Non averne timore. Punta al primo posto, non alla sufficienza.

7. Scegli di realizzare obiettivi che veramente vuoi, non quelli che *dovresti volere* perchè imposti da qualcun altro o prescritti dalla socialità. Fai sempre ciò che vuoi TU.

8. Dividi i tuoi obiettivi in più step scritti di realizzazione. Obiettivo a tre mesi, a sei mesi, a un anno, a tre anni e visualizza la tua vita come sarà se realizzerai tutti questi intenti.

9. Scrivi un piano di azione giornaliero, settimanale e mensile di tutte le azioni che porrai in essere per il raggiungimento dei tuoi obiettivi. Depennali ogni volta che li raggiungi, soprattutto quelli giornalieri. Numerali in ordine di importanza e *attua sempre i primi*.

10. La regola più importante da attuare. Quella imprescindibile che genererà il tuo futuro finanziario e il tuo successo. Regola n. 10: prendi tutto ciò che hai appreso in questa sezione e.. **INIZIA ADESSO!**

La grande e unica differenza nel risultato che hanno le persone sta solo tra chi ha agito e chi non ha agito.

ZONA DI SICUREZZA

Il 95% delle persone, non raggiunge i propri obiettivi.

Da questo momento apprenderai in maniera definitiva la motivazione concreta di un simile risultato.

Ho compreso con il tempo cos'è la cosiddetta "zona di confort".

Trattasi di un pesante recinto, un'aurea imponente difficile da valicare. Una palizzata radicata su paure, insicurezze credenze.

La somma di queste genera: la condizione di *sicurezza*.

Non è un bel mondo, non è una superficie di felicità, ma detiene la sicurezza di sapere dove ci si trova, la tranquillità dei confini. Fuori da quel contesto, vige l'incertezza.

Esiste anche la realizzazione, il successo, ma è al di fuori di quest'area. Esporre il capo al di fuori, è ritenuto rischioso.

Perseguire i tuoi obiettivi significa uscire dalla zona di sicurezza. Ricorda: è solo la tua zona di confort, non zona di felicità o realizzazione.

La massa si lamenta della propria condizione finanziaria, ma non ne uscirebbe mai, anche dinnanzi ad una concreta opportunità di successo. Chi vive ancorato alla sua zona di sicurezza, difficilmente *vedrà* le opportunità che transitano giornalmente.

Il cambiamento è spaventoso. Blocca la riuscita, sbarra la ricchezza. Dentro al recinto si è più sicuri.

Se ne esci, *"sai quello che lasci ma non sai quello che trovi"*, un vecchio detto inculcato nel pensiero comune del quale personalmente vorrei conoscerne l'autore e giustiziarlo, per quante generazioni è riuscito a rovinare con poche e semplici parole.

Per 38 anni, la mia zona di confort è stata l'irrealizzazione.

Sapevo quello che *non* volevo: una vita comune priva di risultati.

Certo non conoscevo ciò che volevo realmente, quale fosse il mio obiettivo, il mio percorso, la mia attitudine.

Non identificando a dovere me stesso, non ho identificato di conseguenza i miei talenti, le mie genialità, la mia propensione, quello che potevo e dovevo essere.

Ho tentato con la realizzazione in vari settori, con un approccio sconsiderato e senza criterio, ma potenzialmente mettevo la testa fuori dal recinto per poi rintanarmi di nuovo dopo il primo passo, insicuro dei miei movimenti, quasi certo che ogni percorso potesse essere quello sbagliato.

Una condotta molto comune.

L'area di confort, è un recinto materno contraddistinto da condizioni superiori di oscurantismo mentale.

Nell'area di confort, trovano la naturale dimora l'inerzia, la stessa condizione di sempre, la medesima idea che aveva la tua famiglia, lo stesso investimento del passato e tutto ciò che di conseguenza non va bene.

Ma ti assicuro: una volta uscito da questo labirinto, una volta estratto l'ultimo piede rimasto impigliato nella tagliola, partirai spedito ricreando una nuova zona superiore che andrà a contraddistinguere la fase successiva, quella della realizzazione finanziaria e personale.

Basta poco.

Il segreto sta nell'identificare il potere delle decisioni e predisporsi immediatamente al nuovo, all'evoluzione, al cambiamento.

> *Abituati al nuovo, abituati a rischiare un pò, a conoscere nuove persone, ad ampliare i contatti, al network.*
> *Ogni persona ti porterà un arricchimento perenne.*

> *Abituati a fare a meno di programmi e soprattutto di garanzie e sicurezze. Abbi solo obiettivi.*
> *Vivere è un continuo intrufolarsi, curiosare ed arricchire.*
> *Prova fare qualcosa e correggila in corsa.*
> *Datti un obiettivo e buttati.*
> *Sarà straordinario, meraviglioso meravigliarsi di ciò che è stato fatto e scoperto.*
> *Arrenditi subito ed estirpa il comodo e sicuro dalla tua quotidianità.*
> *Lasciati vivere.*

STORIE DI BUSINESS...

Stefano, mi ha contattato per regolarizzare un secondo lavoro. Era molto ferrato nel video-editing e aveva alcune richieste di utenti che gli avevano commissionato dei lavori.

Durante la chiamata, percepii la delusione di Stefano. Quel lavoro gli piaceva enormemente e lo avrebbe voluto far suo, invece di alzarsi ogni mattina per recarsi a svolgere il lavoro di commesso in un "Fai da Te" che non lo aggradava per nulla.

Mi raccontò che ogni giorno guardava l'orologio attorno alle 17.00, quando ancora mancavano tre ore alla chiusura del negozio, e si rammaricava di un'altra giornata che il cielo portava via estraendo dalla sua vita gioia e realizzazione.

Affermava che il lavoro di video-editing, nonostante giungessero alcuni incarichi occasionali, non era abbastanza richiesto tanto da trasformarlo in una fonte di reddito concreta.

Io stesso avevo necessità della sua professionalità e percependo la sua enorme preparazione, gli trasferii un'idea.

Avevo notato la crescente fame di realizzare video per le attività di business e imprese, e che molti cercano di realizzarli in casa con gli strumenti del web.

Gli proposi di realizzare quattro video informativi gratuiti nei quali presentava la possibilità di realizzare video sfruttando i comuni software di massa, da Word, a Power Point, a Paint.

In altre parole, il piano consisteva nell'aiutare le persone a creare video di alta qualità per lo sviluppo di business, abbattendo i costi di realizzazione e rendendo questa procedura semplice e alla portata di tutti.

La mia assistenza si trasformò da legale a pratica.

Gli strutturai un veloce piano di marketing per lanciare i 4 video gratuiti che spiegavano le basi di questi facili concetti.

Intanto Stefano aveva creato, su mia precisa direttiva, due videocorsi completi e dettagliati su come realizzare video di altissima qualità in maniera semplice e immediata, da casa propria senza avere conoscenze o investire denaro e tempo in difficoltosi software.

In un solo mese, Stefano fu sovrastato di richieste.

Già dopo il secondo video, senza vedere gli altri, gli utenti gli chiedevano un corso completo o una consulenza diretta per imparare fin da subito.

Stefano ha poi fatto tutto il resto, imparando e formandosi sulle strategie comunicative da applicare ai video creati per il business, divenendo un guru del settore.

Il tutto, partendo da dipendente, sfruttando solamente le sue abilità e portandole all'eccellenza.

Ha utilizzato il suo talento, senza spese, senza investimenti, senza una sede, un ufficio, una scrivania.

Ha generato clienti senza limiti.

L'attività che non *poteva generare sopravvivenza*, ha in realtà generato oltre un milione di euro.

Stefano ha solo cambiato il sistema.

Il mondo è cambiato.

Adesso è il tuo turno. Fai del tuo talento l'attività della tua vita.

Genera il sistema vincente. Ti manca solo quello.

Non so quale strada prenderai nella tua vita, ma so questo: se su quella strada non troverai un modo per servire, non sarai mai felice.
Albert Schweitzer

La nuova era dei fast-food è iniziata. Da molto tempo in America, i fast food più famosi sono in calo di fatturato in quanto i prodotti messicani stanno avendo successo crescente. Hanno pietanze innovative e soprattutto si adattano alla cultura locale di ogni nazione, senza il prodotto preconfezionato dalle catene comuni che presentano prodotti similari in ogni paese.

Lo ha capito Marino, che ha creato un fast-food messicano senza aggregarsi ad alcuna catena, sbaragliando nella sua zona la concorrenza di colossi come MC Donald e Burger King.

Come ha fatto? Aveva letto sul "Sole 24 ore" la notizia che il cibo messicano stava da tempo mettendo in difficoltà le catene di fast food americane. Immediatamente si è interessato al settore realizzando il suo ristorante.

Un successo immediato, anticipando la nuova moda.

Stefania, attraverso il suo semplicissimo blog, vende lezioni one-to-one di inglese. Segnala in primis gli step evolutivi del suo percorso formativo, per poi transitare alle lezioni dirette attraverso skype. Ne ha creato la sua fonte primaria di vita, lasciando in breve il posto precario da dipendente. Ha utilizzato la leva del web, raggiungendo migliaia di utenti che altrimenti, nel suo piccolo contesto, non avrebbe mai potuto raggiungere.

Dario e Andrea hanno creato il primo sistema aziendale per generare clienti targettizzati per ogni tipologia di Business.

Con il loro sistema divieni un "esperto diretto" e impari come realizzare tu stesso le medesime strategie.

Ogni loro idea sviluppata sul web genera un flusso infinito di denaro e clienti.

14.

I "DISTURBATORI" DEL SUCCESSO.

In questo capitolo comprenderai una delle più consistenti catene che bloccano il tuo successo.

Sarà per te illuminante e ti servirà per dare un ulteriore spinta vincente al tuo processo di realizzazione finanziaria.

Quando parlo di blocco del tuo successo, non parlo di una catena esile acquistata a basso costo, pronta a cedere al primo strappo.

Intendo una catena di portata superiore, con anelli d'acciaio spessi e consistenti come la pietra, con in fondo un enorme palla di piombo collegata e praticamente irremovibile.

I tuoi pari.

Chi sono i pari, i "disturbatori" del successo? Facile: gli amici, i conoscenti più vicini, i parenti, i genitori, la moglie così come il marito, i colleghi di lavoro e tutti coloro che gravitano nel tuo sistema di vita.

Tempo fa ho partecipato ad un corso di crescita personale, e mi fu chiesto di scrivere su un foglio le rendite finanziarie medie dei miei pari, di amici e parenti.

Una volta compilato il foglio e confrontato con gli altri partecipanti, emerse immediatamente un fattore comune quanto mai bizzarro: i nostri pari avevano tutti il medesimo reddito!

Fu straordinario notare per tutti che se lo stipendio medio di un soggetto era di 1500 euro, tutti relativi conoscenti o parenti gravitavano entro quella cifra, o al massimo al di sotto.

Compresi quel giorno il perché la natura ha creato le specie. Il perché ha generato nel mondo categorie di esseri viventi che usano vivere in comunità tra simili.

Compresi perché avevo sempre visto volare in cielo stormi di uccelli tutti uguali. Compresi perché nella savana i leoni stanno con i leoni e le tigri stanno con le tigri, così come le galline vivono tutte insieme tra loro formando un pollaio.

Perché una gallina non vola con un falco?

Per un semplice motivo: se vuoi essere un falco, devi volare come lui.

Chi vuoi essere nella vita? Un'aquila? Allora frequenta le aquile, sii come loro e volerai insieme a loro.

Quel giorno compresi che siamo noi ad attirare i nostri simili, in ogni campo, compreso quello finanziario. Voliamo con chi ha i nostri medesimi problemi finanziari ed esistenziali, con chi sa comprenderli e condividerli.

Ci sentiamo come loro e quindi ci coccoliamo insieme in un ambiente agiato e consono al nostro stato.

Coloro che attuano una vita differente, vengono inquadrati come dei pazzi sovversivi, contestatori della vita consueta ed estremisti del pensiero imperfetto.

In realtà sono solo soggetti che volano con altri stormi.

Abbiamo il cattivo difetto di inquadrare il branco diverso dal nostro, come scorretto ed inadeguato.

Miriamo ad estraniare i diversi.

La realtà che ho compreso è una sola: i nostri pari, proprio perché gravitano nella nostra consueta cerchia di pensiero, sono il nostro più grande impedimento. Sono i "disturbatori".

Il nostro accordo è fragile e precario. Corriamo tutti sulla stessa onda finché la pensiamo alla stessa maniera.

Nei periodi della mia irrealizzazione, non a caso i miei pari erano soggetti che si lamentavano in maniera continua di tutto, della politica, dell'economia, dei rapporti sentimentali ed affettivi, del lavoro, dei colleghi e di tutto il circolo di personaggi che fanno parte della loro sequenza di vita.

Molti di noi sono incuneati tremendamente in questo indotto spietato. Un mondo senza opportunità, senza strade alternative, dove ogni grande proposta più conveniente viene di fatto smontata da una sequenza indefinita di svantaggi e pregiudizi tradizionali e popolari.

Se continui sulla strada del correre in comune, ti priverai delle energie vitali per sviluppare l'efficienza della tua vitalità.

I nostri pari ci fanno sentire bene proprio perché rispecchiano la nostra volontà e la nostra corrente di pensiero.

Ma prova per un attimo ad innalzare le tue aspettative e ad identificare opportunità laddove gli altri individuano un'incognita.

Ecco la rivoluzione.

Immediatamente sorge un conflitto e il tuo gruppo di pari detiene l'innato potere occulto di disfare ogni tuo desiderio di rivoluzione, di rinnovamento, di trasformazione, ponendoti dinnanzi il consueto elenco di problematiche irrisolvibili che ti incitano a lasciar perdere.

La legge del "come " non rientra mai nel vocabolario comune.

Esiste sempre il *"perche farlo?"* piuttosto del *"perché no?"*.

Quando ho iniziato a parlare di libertà ed indipendenza economica, di piano finanziario, ho notato un'avulsa reazione. Molti dei miei conoscenti, invece di essere entusiasti di imparare le strategie di realizzazione che stavo mettendo in atto, stranamente hanno iniziato a guardarmi con un occhio diverso. Inizialmente hanno smesso di fermarsi a parlare con me, ancora più spesso mi hanno evitato quando mi incontravano.

La mia strada era ormai tracciata. Avevo deciso dove volevo arrivare e niente e nessuno ha demolito il mio intento.

Ma ho perso molti dei vecchi amici.

Oggi godo un'immensa trasformazione: ho molti nuovi amici, e sono falchi, quelli che volano più in alto di tutti, nella vita, nella realizzazione personale e finanziaria.

Ecco in cosa si dividono gli individui.

1. Molte persone cercano il benessere, l'appagamento, il miglioramento, il risultato.
2. Altre cercano solamente di evitare il dolore, l'incognita, il rischio di perdere il lavoro o di perdere la sicurezza.

Queste certezze le ho acquisite con il tempo, ma ricordo ancora quando il primo dipendente che conobbi e che poco dopo lasciò il lavoro avendo raggiunto l'indipendenza finanziaria, mi disse di star lontano dai miei pari, di cambiare la cerchia di conoscenze ruotando dal selettore "lamentele" al selettore "stimoli". Affermò che i miei pari sarebbero stati il più grande ostacolo energetico. I "disturbatori" del successo.

Ricordo quando mi disse: *"Cerca nuove amicizie. Finchè frequenterai le solite, sarai come loro. Giorno dopo giorno succhieranno le energie vitali di ogni tua nuova iniziativa.*

Se seguirai la loro onda, sarai come loro, incolpando dei tuoi insuccessi i tuoi genitori, i tuoi amici o parenti che ti bloccano, lo Stato, il governo. E non crescerai, non farai nulla per te. Imparerai soltanto ad essere molto abile a cercare pretesti di ogni genere per restare esattamente dove ti trovi".

> *Mai discutere con un idiota, ti trascina al suo livello*
> *e ti batte con l'esperienza.*
> Oscar Wilde

Nella mia vita, ho affrontato mille processi di crescita e generato altrettanti obiettivi. Ne ho raggiunti molti. Ogni singolo obiettivo era partito in collaborazione con altri individui altrettanto motivati, perduti per strada all'atto di porre in essere il primo processo decisivo per la realizzazione di un obiettivo: *l'azione*.

Da anni mi dilettavo a suonare la chitarra con amici o in piccoli gruppi. Ricordo quando, dopo belle serate trascorse a suonare decidemmo, con un mio amico e collega di lavoro, di creare un duetto per suonare ai matrimoni e alla feste private. Decidemmo piani e strutturammo sogni. Un giorno andai dal mio collega con una determinazione decisiva: da domani iniziamo.

Lui avrebbe dovuto portare la sua strumentazione. La prima volta affermò di essersi dimenticato, la seconda volta di non aver avuto spazio in macchina. Alla terza compresi la realtà: era stato bello sognare, ma l'azione è fattore delegato solo ad una minoranza di persone.

Io divenni un piano-barista professionista, e anni dopo suonai al matrimonio proprio del mio collega. Fu una grande festa.

Anni dopo mi trovai a scrivere il libro "Prestazioni Occasionali". Un dipendente fu entusiasta di questo progetto. Lo valutò un'ottima idea e decise di seguirmi. Voleva imparare la materia come me. Si iscrisse al mio forum offrendosi di rispondere gratuitamente agli utenti in mia assenza e di collaborare al progetto e alla realizzazione.

Mi contattava tutti i giorni. Poco dopo le sue chiamate iniziarono a diradarsi. Trascorsero poche settimane e sparì.

Ad oggi non ne so più niente.

Mi ritrovai per l'ennesima volta da solo a spaccare muri di sordità assoluta.

Oggi "Prestazioni Occasionali" è divenuto il libro Best sellers del settore.

Ancora una volta, è utile evidenziarti cosa significhi la caparbietà, la volontà assoluta e concreta di realizzare un obiettivo.

Dopo il libro iniziai il progetto del sito internet. Volevo realizzare il nuovo portale di riferimento sul "doppio lavoro", un portale straordinario dove tutti i dipendenti potessero trovare riferimenti e guide. Un punto strategico.

Iniziai con due amici. Uno era molto più bravo di me, e certamente avrebbe realizzato un grande progetto. Ricordo che mi presentò una bozza di home page.

Gli descrissi la mia idea, ciò che poteva essere strutturato insieme e migliorato. La sua mail di risposta non arrivò. Intanto io iniziai a strutturare le pagine imparando da zero i trucchi sulla realizzazione di pagine web.

Mi rispose dopo alcune settimane affermando di aver avuto problemi familiari e che si sarebbe impegnato per la realizzazione del progetto.

Fu l'ultima volta che lo sentii. Realizzai il primo sito, poi il secondo.

Oggi il mio blog è il punto di riferimento nazionale del settore.

Potei continuare, ma concludo dicendoti:

i "falchi" li identifichi al volo. Ti accorgi subito quando parli con uomini capaci di cambiare l'evoluzione, che detengono una determinazione solenne, che non si fermano davanti a nulla.

Aggrappati a loro quando li incontri. Sono pochi e rari. Non farli scappare, perchè corrono velocemente.

Ama i tuoi cari, ma frequenta i tuoi pari.

GLI AMICI ECCELLENTI

Quali saranno i tuoi nuovi amici?
Scegli di intraprendere una nuova strada finanziaria, quella lontana dal pensiero comune imposto dalle tradizionalistiche strutture del nostro tempo.
La tua scelta ti costringerà a cambiare amicizie.
Non sarà semplicemente desiderio, ma un bisogno superiore. Ti accorgerai di sentire la necessità fisica e mentale di avere accanto persone positive, ambiziose, ricche di talenti che esprimono il meglio di se stessi ogni giorno.
Persone con obiettivi inflessibili. Caparbie, risolute.
Ti accorgerai per inerzia di sentire il bisogno di star lontano da soggetti che smontano con negatività e lamentele ogni desiderio di sviluppo e sperimentazione.
Chi persegue obiettivi che persona è?
Ti assicuro che chi persegue traguardi e finalità importanti è una persona che cresce ogni giorno, migliora ogni momento, apprende ogni istante. Non è migliore ne peggiore. *Pensa* solo in maniera migliore.
La vita non è suggestionata dal risultato, ma dominata dal cammino, dal viaggio di apprendimento.
Certe persone più apprendono, più diventano straordinarie, più coltivano la loro genialità.
Io stesso, un tempo, quando incontravo persone di successo, mi allontanavo in silenzio. Adesso corro insieme a loro. Mi aggrappo con le unghie.
Esistono persone che trainano palazzi correndo con una catena legata al collo. Sono infrenabili, mastodontici. E mentre i "disturbatori" restano a correre da soli, io mi aggrappo e tengo ben stretta la presa.
Decidi di volare con i falchi. Non lo pensare, non lo sognare. Decidi.
Che conformazione hanno i falchi?
Li riconosci subito. Le persone che hanno obiettivi sfidanti, che pongono in essere azioni temporizzate per realizzarli, che si chiedono *"come posso"* e corrono trasformando gli ostacoli in opportunità, sono persone ben riconoscibili nella massa.

Presentano sguardo penetrante, petto in fuori, andatura volitiva, positività, carica, risolutezza, sorriso. Manifestano in altre parole determinazione, caricandoti ogni volta che decidono di aprire bocca per offrire il loro pensare.

Li riconosci. Sta a te coglierli.

Aggrappati con le unghie e scegli di volare insieme a loro.

I nuovi amici, non si sentono mai delle vittime in niente, semplicemente perché non sono passeggeri... Sono piloti.

Comandano loro la traiettoria. Non puoi essere vittima delle onde quando sei tu a reggere il timone.

I nuovi amici, quando è necessario cambiare qualcosa che non funziona nella loro vita o nel settore finanziario, *agiscono in prima persona*, senza preoccuparsi degli altri. Non aspettano nessuno.

Sanno perfettamente che il risultato di domani è costituito da ciò che fanno oggi in prima persona e non certo da ciò che qualcun altro potrebbe fare per loro.

Quello che per altri è il *"prima o poi farò..."*, per loro è: ADESSO.

Conoscono tre verbi: voglio, faccio, sarà.

Dinnanzi al tuo orizzonte, adesso, stanno per prendere il volo i falchi. Sono pochi e partono subito. Non aspettano.

Dall'altra parte del campo, c'è il gruppo di piccioni. Resteranno li, tutti insieme a brucare gli avanzi.

Da che parte vai?

> *C'è solo un modo per evitare le critiche: non fare nulla,*
> *non dire nulla, e non essere niente.*
> *Aristotele*

LO SCATTO VINCENTE

Come partire con lo scatto vincente? Come bruciare già alla partenza tutti i concorrenti?

Ecco il segreto: **inizia da te.**

Le persone si trovano nell'area di sicurezza, dove non si sta benissimo, ma si vive. Una zona dove probabilmente non aleggia la felicità contornata da un prato fiorito, ma una condizione in cui *"non si sta male"*, in attesa di sviluppi, novità, sorprese.

Un'area dove non c'è benessere o piacere, ma dove si evita il peggio. Un luogo meno agiato ma che almeno appare sicuro.

E' chiaro che se permani seduto sulla sedia dell'attesa, difficilmente si verificheranno opportunità positive ed evolutive che la vita gentilmente ti dona.

Scavalca il muro.

Varcarlo significa: scivolare più volte, sbucciarti le mani e le ginocchia, rischiare di cadere ancora. Proprio come quando, da bambino, cercavi di imparare ad utilizzare la prima bicicletta senza le "ruotine" laterali di supporto.

Cadevi continuamente. Spesso avrai meditato di abbandonare l'attuabilità del tuo progetto ciclistico fanciullesco.

Ma ti rialzavi.

Ti incitavano a provare, a non mollare, a continuare imperterrito. Pian piano, pedalata dopo pedalata, riuscivi a rimanere sempre più in equilibrio. Fino alla riuscita, lenta e costante.

E dopo? Dopo non torni più indietro. Troppo bello il mondo nuovo di scoperte e di evoluzione. Dopo pedali all'impazzata. Verso nuovi orizzonti.

Eppure saltare quel muro, pare sia un'impresa ancora più difficoltosa che andare in bicicletta o imparare una nuova concezione. E i "disturbatori" di certo non ti incitano a permanere nel tuo stato di grazia.

"Sai quello che lasci, ma non sai quello che trovi". Ecco cosa sentirai quando parlerai di nuove opportunità.

- ✓ Per molti la nuova concezione finanziaria significa un nuovo mondo, una grande svolta.
- ✓ Per altri è un'incognita con nebulosi contorni di indeterminazione.

Per questo, nonostante si viva una vita appena sufficiente, spintonati dalla consuetudine, scalciati dagli eventi, e schiacciati da una imperturbabile routine, ci accontentiamo di un destino e un fattore finanziario già prescritto in partenza senza sobbalzi importanti.

L'area di confort corrisponde al settore dell'assuefazione, o più dannosamente: della rassegnazione.

"Ormai sono così, mi trovo in questa situazione. Potrei fare altro è vero, ma ormai è troppo tardi…"

Le frasi di chi resta ancorato dalla parte cupa del muro, iniziano con un malinconico *"ormai"*, abbattuto dalla pesante scure della rassegnazione.

Salta il muro! Troverai una sorpresa dall'altra parte.

Sarà come l'esperienza della bicicletta. E sarà solo l'inizio.

Scoprirai un mondo nuovo, ricolmo di persone motivate, straripante di carica ed energia.

Immagina di aver sempre vissuto in una baracca di legno, esposto al freddo, alle intemperie, alla fame.

Ed immagina di vivere ad un tratto in un appartamento lussuoso, con vista mare, con tutti i confort e la tranquillità che meriti.

Non avviene *mai* il passo indietro.

Quando scopri il mondo migliore, quello che fa per te, quello che hai voluto intensamente, quello che hai pensato e sognato, continuerai a crescere vivendo in lui.

Ti piacerà essere una persona nuova.

Salta il muro. Inizia da oggi. Non ascoltare nessuno.

I "disturbatori" spariranno restando al piano terra e liberandoti finalmente di quel fardello di negatività che la tua vita non merita nemmeno di concepire.

Quando entri nel nuovo mondo stimolante, contornato dalla positività, costellato dalle opportunità, non torni indietro.

E' una linfa carismatica che ti accompagna nello sviluppo dei tuoi talenti, nella tua crescita.

Salta il muro subito senza esitazione.

La zona di sicurezza è una stazione intermedia riservata alla massa.

Eleva la tua posizione. Adesso.

Se vuoi avere successo devi fare quello che le persone di successo hanno fatto per ottenerlo.

IL GRUPPO "MASTER MIND"

Aggrappati a coloro che hanno risultati. Chi ha avuto risultati finanziari imponenti, di certo ne sa più di te.

Il successo non viene mai per caso. Ricordalo sempre.

Le persone di successo non sono più intelligenti, sono solo partiti prima di te.

Questa è la tecnica che mi hanno insegnato nel mio percorso i vincenti che sono diventati ricchi e facoltosi partendo da dipendente.

Aggrappati a loro, alla loro energia vitale. Ascolta quando parlano, probabilmente pensano in maniera totalmente diversa da te.

Incontrali almeno una volta a settimana o comunque più volte che puoi, anche se avete attività diverse. Ricorda che gli esseri viventi vivono in gruppi della stessa specie e scala sociale.

Eleva la tua. Vola insieme ai falchi. Ascolta le loro letture, i loro obiettivi, crea tu stesso dei nuovi gruppi che scambino stimoli e positività. Più frequenti persone negative, più peggiori la tua situazione scaricando la tua energia vitale.

Cerca e attaccati a colui che coglie la strada, che ce l'ha fatta, che è fortemente motivato a farcela e abbatte gli ostacoli mentre prosegue nella sua corsa incessante. Se ti aggrappi a un vincente, all'inizio sarà lui a correre per te, a rompere soprattutto i tuoi limiti emotivi, le tue paure, le tue perplessità.

Avere una guida che sta in cima, è la strada più veloce per scalare una montagna.

Dimmi con chi vai e ti dirò se vengo anche io.

COME AVERE UNA STATUA IN CITTA'

Nessun soggetto che critica chi ricerca costantemente la realizzazione finanziaria, avrà mai una statua in città.

La statua è certamente elevata, storicamente, a chi viene criticato. Quindi: non preoccuparti delle critiche altrui.

I conoscenti ridono quando notano che sei un diverso e parli di realizzare i tuoi obiettivi?

E' cosa normale. Succede e succederà ancora.

E' la storia che si ripete. Per questo devi lasciarli sghignazzare alle tue spalle senza farti condizionare.

Hai convinzioni e sogni di realizzazione fuori dal contesto comune? Preparati a ricevere critiche e scherni.

Molte persone, per non farsi ridere alle spalle, restano dove sono, preferendo essere considerati al pari della massa, umili come loro.

Sentirsi come gli altri, fa sentire meglio. Non ne dubito.

Sarà dura non cadere nella tentazione di seguire la massa per avere il loro accredito. *Ma non porterà ad alcuna realizzazione.*

> Ricorda: alla tua realizzazione finanziaria, se non ci pensi tu, non ci pensa nessuno, tantomeno i tuoi conoscenti che costruiranno comunque la loro vita senza preoccuparsi di dove vai a finire tu.

La massa cambia così come cambia il vento, senza una loro direzione specifica.

Ricordo quando un formatore mi mostrò un video di una festa campestre. Tutti i partecipanti erano seduti a mangiare con la musica che proveniva dalle casse in sottofondo.

Ad un tratto un ragazzo mezzo nudo e probabilmente ubriaco si alza ed inizia a ballare come un pazzerello allucinato. Tutti si girano, guardano e ridono. Gli scherni si moltiplicano. Tutti sono allibiti dalla stupidità di quel soggetto. Il tempo scorre, la musica continua, e mentre la gente guarda ridendo, quel giovane continua a ballare fregandosene altamente di ciò che sente o vede attorno a lui.

Ad un tratto un altro giovane si alza e inizia a ballare. I suoi amici lo seguono. Altri gruppi iniziano ad alzarsi, a seguire il ritmo, a divertirsi, proprio quegli stessi soggetti che poco prima avevano schernito quel giovane.

Dopo un'ora gran parte delle persone si trova in mezzo al prato a ballare. Adesso la stranezza è che sono "i ballerini" a guardare con incredulità i soggetti rimasti seduti, che ad un tratto sono divenuti "i diversi" dalla massa, ormai colti da imbarazzo e disagio.

Ecco il polso della critica:

> Ricevi assenso ed approvazione ad ogni cosa che dici o che fai? Probabilmente devi riflettere, perchè potresti non essere sulla strada adeguata di realizzazione finanziaria.

> Ricevi al contrario critiche su ciò che pensi e che fai? Probabilmente potresti essere sulla strada giusta.

La storia si ripete e si ripeterà.
Quando Cristoforo Colombo voleva partire per andare a scoprire grandi e nuovi mondi sconosciuti, esisteva un enorme gruppo che lo criticava pesantemente per le sue idee strampalate ed assurde.
Oggi mi è facile ricordare Cristoforo Colombo, eroe degli oceani, protagonista dei libri di storia, soggetto di statue, busti e monumenti. Non si ricorda nulla di coloro che criticavano. Nemmeno un nome.

Galileo Galilei, con la sua assurda ed inammissibile teoria che non fosse il sole a girare attorno alla terra, ma fosse la terra a ruotare attorno al sole, fu inquisito. I critici lo condannarono, lo esiliarono per la vita, lo costrinsero ad abiurare.
La sua idea era unica in mezzo a quella della massa *e pertanto giudicata inconcepibile.*
Non ricordo niente dei critici e degli inquisitori, proprio niente. Ricordo piuttosto che Galileo è considerato oggi il padre della scienza moderna, colui che combatté per le proprie idee contro tutti. La sua figura è impressa e rimarrà nella storia. Per sempre.
Le sue immagini, il suo volto, il suo busto, i suoi monumenti, i suoi scritti, sono pezzi pregiati nei musei.

Giuseppe Garibaldi, dovette combattere contro grandi scuole di pensiero avverse alle sue, a cominciare da quelle del padre che lo voleva avviare sulla sua medesima strada.

Ma Garibaldi non ascoltò nessuno: Le critiche furono pesanti, i suoi progetti di esplorazione e conquista furono combattute dai benpensanti.

Non ricordo nulla di loro, proprio nulla, ma oggi so che Giuseppe Garibaldi ha contribuito alla storia con le sue imprese. Oggi vedo che Giuseppe Garibaldi ha una statua eretta in ogni città, come l'eroe indelebile di tutti i tempi.

Ai suoi critici, al contrario, non è stata dedicata nemmeno una vecchia fotografia relegata negli archivi ingialliti delle biblioteche.

I più grandi della storia, quelli che hanno combattuto per i loro sogni, quelli che sono morti fucilati dai loro censori, hanno statue devolute in ogni città, nomi scolpiti nelle piazze, strade intestate al loro ricordo, libri, cenni e ricordi.

Dei loro critici, ancora adesso, non si ha notizia.

Ricordo quando iniziai a scrivere il mio primo libro "Prestazioni Occasionali" che tratta le modalità giuridiche per regolarizzare il lavoro "alternativo" che possono esercitare i dipendenti statali.

Quando iniziai a scriverlo, le persone a me vicine mi condannarono pesantemente. Venivo giudicato un sognatore aggrappato alla malsana dote dell'irrazionalità.

La compagna che frequentavo al tempo, quando seppe che nessun editore mi avrebbe pubblicato in quanto ero un autore sconosciuto e che su mia decisione, avrei personalmente finanziato la stampa del libro, mi lasciò, senza pensarci due volte. Ammise drasticamente che avrei dovuto pensare a cose realmente importanti, e non essere legato ai sogni irrazionali degli adolescenti.

Lasciò che continuassi il mio cammino da solo.

Oggi, in TV, sui giornali nazionali più importanti, negli articoli, nelle citazioni, nelle immagini, nei convegni su rete nazionale, non si ricorda nulla di tutti coloro che al tempo avevano ritenuto che i miei sogni fossero fantasie fanciullesche.

Ma il libro "Prestazioni Occasionali" è divenuto un best seller, il primo testo di riferimento nel settore su rete nazionale. Il mio nome e il mio volto sono impressi su locandine, giornali, articoli ed immagini e ha varcato le soglie di ogni città.

Di coloro che criticavano, non si ricorderà mai niente.

Il povero si sente superiore. Preferisce dare il consiglio conveniente e assoluto piuttosto che ascoltare quello giusto.
Massimiliano Acerra.

IL TUO PROSSIMO FUTURO FINANZIARIO

La tua vita cambierà. Scegli di rincorrere l'indipendenza finanziaria e uno stile di vita orientato alla positività e al raggiungimento costruttivo dei tuoi obiettivi di vita, che siano sentimentali, finanziari o lavorativi.

I "disturbatori", resteranno indietro.

Costituiscono il tuo limite primario, soprattutto se cerchi di farti capire e di portarti dietro gran parte di loro.

Non ti seguiranno.

Le persone *vogliono* rimanere ancorate alle congetture tradizionalistiche della società.

Non cercare di cambiarle e di farti capire a tutti i costi.
Non capiranno.

Quando inizi il tuo cammino, parli una lingua nuova, proponi obiettivi sfidanti, identifichi percorsi ed opportunità che gli altri non riescono a vedere.

Non comprendono, non intuiscono ciò che tu cerchi di far capire, semplicemente perché non *"vedono"* ciò che tu hai davanti.

Da questo momento coglierai treni in transito che prima avresti costantemente perso.

Ma loro non ti seguiranno.

Preparati a questo.

Quando ho iniziato a parlare del mio programma finanziario per raggiungere la pensione in via indipendente, per amici e colleghi, *sono diventato un diverso.*

Loro continuano ad evidenziare i problemi della società, della crisi mondiale infinita e io parlo di immense opportunità da cogliere al volo.

Due mondi diversi.

Ben presto i miei pari si sono allontanati, permanendo in un un'orbita comune dedicata al loro contesto.

Devi essere preparato a questo. Non intestardirti a proporre loro le soluzioni che non vogliono sentire.

Resterai solo all'inizio, con le tue idee, la tua convinzione, la tua determinazione e il tuo piano.

Ops... Hai trovato le parole capovolte? Tranquillo. Non è un errore di stampa.

Io non seguo le mode, creo la mia, indipendentemente da ciò che si pensa di me.

Le cose che sono giuste per tutti gli altri, potrebbero non essere giuste per me.

Per molto tempo le persone che mi stavano accanto volevano che facessi *"ciò che era giusto universalmente"*.

L'ho fatto per molti anni. Ma i risultati sono stati scadenti.

Oggi faccio ciò che è giusto *per me*, prima di ritrovarmi a fare ciò che è giusto per gli altri. E i risultati sono eccezionali.

Quando parlerai dei tuoi progetti e del cambiamento che intendi dare alla tua vita uscendo dallo schema comune, penseranno che sei impazzito.

Proprio come adesso. Qualcuno passando potrebbe vedere che hai il libro capovolto. Penserà che sei ammattito a leggere un libro come questo e a leggerlo al contrario.

Succederà la stessa cosa con il tuo nuovo percorso.

Ma ecco la grande notizia. Prima resti solo e prima sei nella giusta direzione.

Immagina di essere un maratoneta, un grande velocista con grandi talenti e potenzialità. Purtroppo corri con una pesante palla di piombo incatenata ai piedi che ti costringe a rimanere sempre dietro al gruppo dei vincenti.

Immagina se ad un tratto, mentre ti sforzi di farcela, mentre spremi ogni energia vitale per trascinare la tua bramosia di realizzazione, questa catena venisse spezzata. Schizzeresti come un razzo con una spinta propulsiva tale da spazzare via il vento.

Quando spezzi quelle enormi catene, sei inarrestabile e soprattut-to... Trovi sul tuo cammino quelli del gruppo di testa.

Gente che corre sempre al massimo dei giri. I tuoi nuovi amici. I fal-chi. Ti assicuro che fioccheranno in massa.

E sarai tu stesso ad attirarli, perché hai bisogno di loro. Hai urgenza di condividere le loro nuove idee, la loro brillantezza. Hai fame della loro energia.

Ti accorgi di voler accanto persone cariche, positive, ricche di valori e che hanno tanto da raccontare e da trasmettere.

Ti senti un bambino che impara ogni giorno. Impari a *scambiare sa-pienza* e non a commentare in comunella tutti i problemi universali del mondo senza mai trovare una soluzione.

Hai bisogno di loro ed avviene il processo inverso. Sei tu stesso a non aver più desiderio di frequentare i tuoi vecchi conoscenti, pro-prio perché sai che hanno il potere di distruggere la tua forza, di de-capitare la tua energia vitale.

Le cose che sono giuste per tutti potrebbero non essere giuste per te.
Hai sempre quello che è giusto per te, altrimenti ti ritroverai
a fare ciò che è giusto per gli altri.
Massimiliano Acerra

LE PERSONE DA SCARTARE

Questo capitolo detiene importanza vitale. Ti aiuta a escludere subi-to in via definitiva i "disturbatori" del tuo successo, a saperli identifi-care ed allontanare con gentile accomodamento. Prendendo atto del fatto che rispetto a loro tu hai un piano finanziario personale, ti chiederanno in cosa consiste, come è strutturato e come poterlo re-plicare.

Se appena descritta la strategia, noti immediatamente l'esposizione del consueto elenco infinito di lati negativi, hai a che fare con perso-ne che cercano il tuo consiglio ma lo sormontano con un loro pen-siero precostituito non accettando una possibilità di crescita, abban-dona immediatamente la conversazione.

Quando offri una soluzione o un'opportunità e ottieni affermazioni del tipo: *"tutte fantasie"*, *"non funziona"* *"tu parli facile"* *"ma io come posso fare, è difficile"* *"ciò che dici non è possibile"* e frasi del genere, stai perdendo il tuo tempo.

Quella persona non vuole un consiglio, non è pronta a cambiare il suo convincimento e partire con una nuova struttura di pensiero.

Quella persona accetta solo LA SUA struttura di pensiero e non quella di altri.

Molla la conversazione, stai perdendo tempo.

In realtà queste persone vogliono restare come sono.

Chi cerca un tuo consiglio, ma in realtà accetta solo il suo, ti sta facendo perdere tempo. E il tuo tempo è veramente prezioso. Molla la conversazione.

Se è un amico o una persona che non puoi fare a meno di frequentare, proponi un'argomentazione diversa più affine a passioni che avete in comune.

Chiunque ti risponde: *"Io so già"*, *"Lo volevo fare anch'io, ma non è buono"* *"l'ho già fatto"* *"so già tutto di quel settore"* *"anche io sono molto forte in quel settore"* abbandona la conversazione per un semplice motivo: è un cane che si morde la coda, ricorda sempre.

Chi non sta crescendo contestualmente sta retrocedendo.

Chi ha l'ultima parola, ha decisamente *l'ultima* semplicemente perché non ne seguono altre dopo. La sua impostazione è chiusa a priori. Non accetta di sapere ancora di più, di formarsi di crescere.

Sa già tutto.

Inutile sarà verificare il fattore finanziario di quello specifico soggetto. In quale condizione si trova?

Il suo fattore finanziario attuale a che livello è?

Posso anticiparti che certamente sarà una condizione finanziaria molto precaria, molto negativa.

Certamente permarrà incuneato ancora per molto molto tempo a quel livello.

Tempo indefinito.

```
┌─────────────────────────────────────────┐
│              IL RAPPORTO                  │
│   Il rapporto è indicativamente 1/10.     │
│  Una persona negativa, per ogni idea od opportu-│
│  nità che proponi, ti smonta con 10 problemi con-│
│                 nessi.                     │
│   PROBLEMI PER LUI IRRISOLVIBILI.          │
└─────────────────────────────────────────┘
```

Ci sono persone che sognano il successo,
e altre che restano sveglie per ottenerlo.
John Davison Rockefeller

Vuoi riconoscere un "disturbatore"?

Semplice: mettiti al tavolino e parlaci, fai delle domande e ti accorgerai di queste differenze... Appena hai identificato questi punti.. Fuggi il più presto possibile, altrimenti la zavorra ti risucchierà nelle sabbie mobili dell'insuccesso e della precarietà.

Le persone che stanno nel lato del 95%, nel lato dei "disturbatori", sono facilmente identificabili. Guarda lo schema seguente:

PERSONE DI SUCCESSO	DISTURBATORI
Leggono tutti i giorni. Libri e scritti per migliorarsi	Guardano la TV tutti i giorni giustificandosi che sia per tenersi informati.
Si rallegrano con le persone e del successo degli altri.	Criticano le persone. Dicono che il successo è solo fortuna o è stato "rubato"
Accolgono con entusiasmo e positività i cambiamenti	Hanno paura dei cambiamenti. meglio poco ma sicuro e certo. Garanzie e sicurezze.
Perdonano gli altri.	Nutrono continui risentimenti per gli altri. A distanza di tempo continuano a parlare di fatti negativi avvenuti anche molto tempo prima.
Parlano di idee e grandi obiettivi	**Parlano sempre di altre per-**

	sone. Criticano altre persone.
Imparano in continuazione. Cercano di elevare al massimo la loro conoscenza. Con umiltà.	**Pensano sempre di sapere già tutto, e che a loro non serve sapere di più.**
Si assumono la responsabilità dei loro fallimenti e lavorano per migliorarli.	**Danno la colpa sempre ad altri per i loro fallimenti.** (ad altre persone o in mancanza, allo Stato, governo ecc..)
Sviluppano piani di vita e obiettivi da raggiungere	Non si pongono mete, sono barche in avaria trascinati dalle circostanze

Li hai riconosciuti vero?
Adesso sai da che parte devi stare.

LO SCOPO.

"Qualcosa che va' oltre il denaro...non e' piu' solo quello. Una visione del mondo totalmente diversa.

Perche' se non si ha uno scopo, allora non si e' mai vissuti al 100%.

Il successo e' la conseguenza di una forte motivazione nel realizzare qualcosa.

Trova uno scopo e fa' che questo sia grande, immenso...quasi irrealizzabile... e solo li' scoprirai che tutto e' possibile.

Qualità di vita, amori incredibili, viaggi inaspettati,... il sentirsi veramente vivi e appagati... tutto dipende dallo scopo che dai alla tua vita.

Sogna in grande perchè i sogni piccoli non hanno potere.....

Le preoccupazioni lasciale a chi resta al palo.... Impara a trovare le soluzioni.

Condividi il tuo sogno con chi naviga nella tua stessa direzione e butta giu' dalla nave cio' che e' zavorra.

Tutti vorrebbero un mondo migliore, ma senza far nulla per cambiarlo...allora, sii il tuo mondo. E sarà bello di certo.

Elimina intorno a te le persone che oziano, i disturbatori.

Sono la zavorra.

Prendine spunto... osservale... studiale... impara dai loro errori.

Non cambiare, ma diventa semplicemente il miglior te stesso.

Studia cio' che realmente serve. Impara ogni giorno qualcosa di nuovo. Leggi molto. Evolviti.
Il futuro, e' realmente la conseguenza delle scelte che farai".

"se gli eventi avessero sempre lo stesso potere, finirebbero per distruggere tutte le persone allo stesso modo. Il fatto che il medesimo accadimento sia buono per alcuni e cattivo per altri, prova che il bene o il male non è insito negli eventi stessi, ma solo nella mente di colui che li vive."
James Allen

Hai iniziato a mettere da parte i "disturbatori"?
Allora passa al capitolo prossimo. Scoprirai un'altra fabbrica di soldi che forse non conosci abbastanza.
Eppure è proprio lì.. vicino a te...
Successivamente cambierai la vita attuando una ad una le strategie vincenti che ti svelerò.
Scoprirai il segreto di come diventare una persona di successo e le 25 regole da applicare subito.

Registrati subito, ADESSO su
https://www.massimilianoacerra.it/risorselibri/
Scarica le risorse gratuite che messe a disposizione dei lettori.
Troverai:

- la lista delle migliori azioni sulle quali investe Max (aggiornata) con la guida per gestirle.
- La checklist con le nozioni operative per investire in immobili partendo da zero
- Un'intera guida sulla gestione delle tue finanze, con ebook, video e software dedicato
- E tanto altro..

Accedi alla pagina e scarica le risorse a te dedicate.

In più accedi ai vari canali, su Telegram, You Tube e il gruppo chiuso su Facebook "Mipai, in pensione quando vuoi tu", dove vengono inseriti aggiornamenti, spunti, opportunità condivise di investimento, pensieri e l'autore è periodicamente in diretta Live con gli utenti per interazione, domande e risposte.

15. NETWORK MARKETING.

LE VERITA' DI UN SISTEMA VINCENTE E UTILIZZATO MALE.

I migliori mercati moderni sono: la vendita di notizie e informazioni, il marketing on-line, licenze e brevetti e il network marketing o net-working.

Questi sistemi hanno cambiato e continueranno inesorabilmente a cambiare il mondo.

Il network marketing, o marketing multilivello, è una particolare struttura attraverso la quale tutti i soggetti che entrano in un circuito hanno l'effetto potenziale di duplicarsi all'infinito.

Molti lo amano molti lo odiano, soprattutto perché il network marketing è una strutturazione commerciale che molti abbinano solamente ad alcune famose industrie di prodotti di consumo, prodotti per la bellezza o integratori alimentari.

Non esiste solo questo.

In realtà il marketing multilivello è la struttura rivoluzionaria di una rete commerciale *applicabile a molti settori.* Chiunque per il proprio settore utilizza una strutturazione di network multilivello, è destinato ad arricchirsi e duplicare la propria rete commerciale all'infinito.

Qualsiasi sia il prodotto, il servizio o l'investimento.

ATTENZIONE: ti ripeto: la vera essenza del MLM **è il networking**. Applicalo tu, in ogni tuo settore e aprirai la strada verso la ricchezza.

Molto diverso da quello che fan tutti, o meglio connettersi ad aziende molto famose che ti prendono come distributore e ti promettono mari e monti di successo.

Un successo che poi non raggiunge realmente nessuno, se non pochissimi soggetti che comunque dopo un po' sono costretti a trovare attività alternative. Per una carenza strutturale del sistema.

Ricorda: finché vivi della compravendita di altri, avrai solo gli avanzi.

In certi casi di più.. certi casi di meno, ma sarà sempre l'azienda a guadagnare veramente sui grandi numeri. E tu guadagnerai piccole percentuali, lontane dai sogni che ti sono stati venduti.

Quindi attenzione, perché nel 90% dei casi in cui ti verrà proposto il network marketing, si tratterà di questo. E questo io non lo utilizzo nella mia struttura di vita e nemmeno lo consiglio.

Potrei spendere parole infinite dietro a questo argomento, ma da sempre (e per sempre) il network marketing che realmente funziona è solo quello che **tu metti in atto per tuoi prodotti e servizi** e non certo l'affiliazione ad aziende classiche di integratori, benessere e altro ancora.

Prendi il controllo.

Quindi escluderei tassativamente i vari: herbalife, amway, tapperware, stanhome e tutto il resto anche se millanteranno il contrario e ti caricheranno a molla affermando che chiunque dice il contrario non ha cognizione di causa.

Se tu hai un prodotto o un servizio e utilizzi il sistema del MLM, allora le cose cambiano.

In cosa consiste il network marketing al quale mi riferisco?

E' come andare a mangiare nel ristorante consigliato da un amico. Se il suo feedback è positivo certamente è un ristorante che sarà utile visitare.

Anche tu puoi applicare questo metodo per la tua azienda, i tuoi prodotti o il tuo business. Pensaci seriamente.

Potresti vendere i tuoi prodotti o servizi fisici o multimediali con un sistema di network o affiliazione.

Immagina se quel ristorante, una volta venuto a conoscenza del fatto che il tuo amico lo ha consigliato, gli mandasse un coupon con una cena regalata. Questo verrà ripetuto ogni volta che lui manderà un nuovo cliente.

Il coupon regalo si trasforma presto in una rendita in denaro.

Ecco creata la struttura di un network multilivello, dove tutti inesorabilmente sono destinati ad un guadagno.

Questa strutturazione commerciale presenta infiniti vantaggi:
- ✓ abbatte le spese di pubblicità
- ✓ nessun a spesa ne iniziale ne gestionale
- ✓ nessun debito
- ✓ nessun magazzino
- ✓ non servono dipendenti
- ✓ non serve una segretaria
- ✓ puoi lavorare ovunque, qualsiasi nazione, qualsiasi città, qualsiasi stanza. Anche in automobile.
- ✓ produce reddito passivo e pensionistico
- ✓ completa organizzazione della propria vita e gestione del proprio tempo

"La ricchezza si ha quando un piccolo sforzo produce grandi risultati. La povertà si ha quando grandi sforzi producono piccoli risultati".

Continua a leggere e ti svelerò come imitare gli esempi dei dipendenti che hanno raggiunto il successo finanziario attraverso il network marketing e il networking. Sarà straordinario.

COME DIVENTARE MILIONARIO CON IL NETWORK MARKETING

Dimentica il network marketing di un tempo dove i distributori dei vecchi network avevano le cantine piene di prodotti da vendere e dovevano pressare amici e parenti fino allo spasimo per liberarsene.
Oggi puoi e devi applicare una nuova strutturazione rivoluzionaria.
Niente più magazzino.
Oggi si offre un vantaggio alle persone, si offre benessere.
Attenzione: non ho scritto *"si vende"*, ma: *si offre*.
Si offre crescita, benessere sviluppo personale e finanziario.

Purtroppo lo ripeto: il network a cui faccio riferimento non è quello di prodotti classici o integratori di aziende famose.

Quanto piuttosto identificare un prodotto o servizio che potrebbe non essere tuo, ma sai che può far breccia in un grosso nucleo di persone che conosci.

Il network è il mezzo, la struttura attraverso la quale raggiungi il tuo obiettivo.

Sei un "procacciatore di affari" che sfrutta una struttura commerciale innovativa.

Ti faccio un esempio: io sono l'autore principale in Italia di programmi dedicati al raggiungimento della pensione raggiunta anticipatamente, con un programma finanziario autonomo, senza banche, assicurazioni o Inps.

Oggi potresti identificare questi prodotti come rivoluzionari.

Perché crearne di simili senza avere le competenze?

Potresti piuttosto contattarmi (o contattare la relativa società editoriale) e chiedermi di poter vendere o presentare questi prodotti e servizi a fronte di un riconoscimento economico.

E potresti sfruttare la tua rete di conoscenze e networking per sviluppare il tutto non solo nel tuo circondario, ma anche in altre regioni o altre nazioni.

E questo per altre centinaia di prodotti.

Spesso non è il prodotto o servizio che conta, *ma la capacità di fare network, networking e di conseguenza: marketing*

In questa maniera avviene ciò che ho spiegato all'inizio di questo capitolo: divieni tu il "padrone" del network, la prima linea, al pari ad esempio del proprietario e della prima linea di herbalife.

CREA TU il tuo network se vuoi avere davvero successo.

Non essere parte del network marketing classico di altri, che in qualsiasi momento possono con un click staccare la spina o cambiare le cose.

Pensa a una provvigione di un programma "High Ticket" (e non di basso costo come i soliti MLM), moltiplicato per centinaia di persone che fanno parte di una rete di networking che hai o che puoi creare con gli innovativi sistemi moderni.

E pensa che potresti trovare persone che sotto di te divengono a loro volta dei venditori o presentatori di un determinato programma o servizio.

Perché preferire questa ad altre attività lavorative?
Un dubbio di facile risposta. Hai mai provato ad aprire un'attività classica? Certamente avrai affrontato investimenti iniziali, burocrazia, tempistiche, spese, tasse dipendenti e altro.
In questo caso hai a disposizione vantaggi infiniti.

- ✓ Investimento iniziale limitatissimo
- ✓ Lavori da casa in piena indipendenza
- ✓ Ricerchi nuovi consumatori e volendo anche nuovi affiliati.. senza   tasse.
  Hai a disposizione "operai" che lavorano per te, senza che dipendano da te e che comportino spese infinite indipendentemente dal loro lavoro. Lavorano per te ma non sono tuoi dipendenti.
- ✓ Nessuna scorta di merce. Tu e i tuoi acquirenti ordinate la merce direttamente dall'azienda.
- ✓ Gestione della merce o del servizio gestita dall'azienda, non da te.
- ✓ Nessuna responsabilità. L'azienda risponde dei suoi prodotti, non tu.
- ✓ Orari flessibili e gestiti in autonomia.
- ✓ Spese e tasse contenute (e ottimizzabili)
- ✓ Possibilità di generare profitti passivi.
- ✓ Nessun dipendente da pagare o seguire. Zero costi di gestione.

Una valanga di lati positivi senza precedenti. Qualsiasi azienda che tu possa generare non ne presenterebbe così tanti.
Inoltre non devi pensare più a spese assicurative assistenziali, gestioni fiscali, gestione dei dipendenti. Nulla di tutto questo.
Una "leva" finanziaria incontenibile su cui è bene riflettere e far riflettere coloro che fanno parte della tua lista di contatti.

Dubbio 3: cosa serve per avviare l'attività?

Non devi effettuare studi infiniti, conseguire titoli accademici, specializzazioni o fare tirocini. Inizi subito dopo un periodo formativo molto stretto e concentrato.

Non devi avere un magazzino, ma solo volontà di condividere un prodotto o servizio che utilizzi con altre persone.

Quanto impegno devi mettere? Il mondo è popolato da oltre sette miliardi di persone. Riesci a trovare due soggetti al mese disposti a condividere e utilizzare i prodotti o servizi che tu pubblicizzi?

Adesso ti chiedo:

Hai più fonti di reddito tra le tue entrate mensili?

Il tuo reddito cresce costantemente anche quando *non lavori*?

Ogni ora di lavoro genera entrate a tuo favore da più parti?

Le tue fonti continueranno a produrre reddito anche quando smetterai definitivamente di lavorare?

Se la tua fonte primaria di reddito cessasse, continueresti a vivere in tranquillità economica?

Se le risposte che hai generato contemplano un secco NO da segnare al termine di ogni domanda, è ora che tu sappia che con il network marketing tutto questo è possibile.

Così come è possibile con tutte le altre strutturazioni finanziarie contemplate in questo libro.

E' come se trascorri un'intera vacanza a risparmiare sulle escursioni da fare per poi accorgerti alla fine che erano comprese nel prezzo e le hai perse tutte.

Partecipa al mondo delle opportunità, Adesso sai che esiste.

Allora pensa a incrementare il TUO guadagno senza pensare ad altro.

Anche nel tuo lavoro da dipendente certamente qualcuno ti sta fornendo uno stipendio e in proporzione sta guadagnando più di te.

Capita sempre ma non è questo il tuo problema.

Mira al *tuo* guadagno, alla *tua* scalata.

Altrimenti sarebbe come ottenere una grande proposta di lavoro e declinarla con la motivazione di non voler arricchire colui che te la propone.

Pensa sempre al TUO guadagno, al tuo vantaggio e inizia a crearlo.
In una buona opportunità, si guadagna tutti.

COME SCEGLIERE LA SOCIETA' GIUSTA

Ti ho già parlato del fatto che esistono molte aziende che utilizzano questa struttura commerciale per la loro espansione e che puoi usarla anche tu nel tuo settore. Qualunque esso sia.
Valuta comunque tre aspetti primari:

1. I prodotti o servizi dell'azienda
2. La società, numeri e proiezioni. La sua dirigenza il suo stato patrimoniale nel tempo
3. La struttura remunerativa prevista per gli affiliati o promotori.

Deve trattarsi di un'azienda leader, con anni di storia e risultati alle spalle, per garantirti un futuro di certezze.
CONSIGLIO: sceglila tu, non entrare in una società perché ti ha motivato un'altra persona, come spesso succede.

SCELTA DEI PRODOTTI

Scegli sempre e solo prodotti che piacciono a te.
Se il prodotto lo provi e ti piace, lo utilizzi costantemente, funziona e hai intenzione di continuare ad utilizzarlo, avrai entusiasmo naturale quando ne parlerai. Diverrà un hobby più che un lavoro. Esternerai benessere ad ogni parola che pronuncerai sul prodotto.

Devi scegliere prodotti che le persone utilizzeranno sempre, giornalmente o periodicamente e per molti anni.
Quindi la "tipologia" di prodotto o servizio è determinante.

Deve essere un prodotto essenziale che l'acquirente deve acquistare con regolarità.

Il prodotto di largo consumo, di cui le persone hanno reale *bisogno,* le induce a servirsene con regolarità. Più hai clienti regolari nell'utilizzo, più il tuo business cresce.

LA SCELTA DELLA STRUTTURA RETRIBUTIVA

Informati come prima cosa sul piano compensi proposto dalle aziende. Esistono varie strutture, più moderne o meno moderne.

Raffronta adeguatamente le strutture. Scegli quella che con meno persone in struttura riesce a offrirti migliori risultati.

Non ti concentrare su strutture complesse che non navigano sul tuo lavoro e controllo diretto, ma dipendono dal fatto di portare altri promotori all'interno, tipo i network marketing classici.

Evita queste strutture. Non funzionano, anche se te le vendono bene.

Altrimenti il tuo lavoro non sarà più quello di proporre grandi soluzioni alle persone, ma quello di "rompere le palle" in maniera pressante ad altri affinché portino avanti l'attività.

Cosa ben diversa e con mille lati negativi che transitano da una bassa professionalità al fatto di perdere realmente il controllo dell'attività.

In quel caso, come già più volte successo, l'azienda per la quale fai network in tempi di magra ti toglie tutte le qualifiche che hai conquistato nel tempo, e tutto il lavoro fatto nel tempo svanisce con uno schiocco di dita.

Quando tu sei padrone e sfrutti non il sistema "network marketing" ma il sistema "networking" con un prodotto concordato con il produttore (oppure il produttore sei tu..) tutto cambia.

Ricorda. Una volta compresa questa distinzione, hai dinnanzi un modello vincente e scalabile che può darti delle opportunità davvero infinite.

Come raggiungere un traguardo? Senza fretta, ma senza sosta.
Johann Wolfgang Goethe

E adesso: le 25 regole assolute per cambiare e diventare una persona di successo.
Da gustare dalla prima all'ultima.

16. STRATEGIE PER CAMBIARE

COME DIVENTARE UNA PERSONA DI SUCCESSO

In questo capitolo darai una svolta al tuo stile finanziario.
Da questo momento tutto cambierà. Preparati.
Carpisci ogni parola perchè ti servirà per partire e imboccare da subito la direzione vincente con il giusto atteggiamento.

1. Assumiti la responsabilità delle tue azioni.
2. Non scaricare a nessuno la responsabilità di ciò che nella vita non riesci a gestire o dei tuoi insuccessi.
3. Nella tua vita comportati come il capo dell'azienda. Se l'azienda non funziona, non è colpa degli operai.

Nella vita sei il protagonista, il capo, il direttore. Forse non lo sei nel posto di lavoro, almeno attualmente, ma lo sei nel tuo percorso personale.
Tu hai il volante in mano, anche se probabilmente finora non ne eri consapevole.
Forse sei una zattera in avaria, trascinata dalle correnti, ma da oggi sai di avere il timone proprio davanti a te.
Afferralo con forza, *impugnalo e imponi la direzione*.
Inizia a gestire le rapide, a domarle, anche se in principio sembrano travolgenti.
Sei il capo dell'azienda, della tua vita finanziaria, sentimentale, affettiva, lavorativa.
Il capo *dirige*.
Non sei l'operaio che si disinteressa della produzione, o che scarica la responsabilità all'azienda o alla politica per la sua inadeguata condizione finanziaria.

Il dipendente è passivo, attende le direttive del capo per gestire il lavoro. Fuori dall'azienda, attende sorprese o altri ordini.

In quel caso, è l'inerzia della vita con i suoi avvenimenti a dettare i risultati, non la determinazione personale.

Vuoi essere il capo di te stesso? Vuoi rendere eccellente la tua vita finanziaria? Stai partendo da dipendente?

Devi essere poco "dipendente" nelle tue nuove concezioni.

Qualcosa non va? Ricorda che *sei* il capo.

TU devi cambiare. Non attendere che qualcuno lo faccia per te.

Nessuno lo farà mai, se non sarà qualcosa di strettamente correlato a un suo vantaggio.

Molte persone identificheranno la tua determinazione come una forma di stranezza.

Affermeranno che vivi di sogni invece di focalizzarti sulle vere cose importanti.

Scoprirai presto che quelle "cose importanti" di cui ti parlano, sono quelle *ritenute tali da loro*.

L'importante sei tu, con le tue idee e la tua unica e straordinaria eccezionalità.

Fai ciò che è importante per te. Sempre.

Forse non lo hai notato, ma gli altri fanno sempre ciò che è importante per loro in primis.

Tu sei il capo della tua vita, il direttore, *e da oggi sai* ciò che per te fa la differenza.

> Concentrati su dove stai andando, sul cammino da percorrere e pensa *come arrivarci* per la maggior parte del tuo tempo.
> Per questo le persone di successo si sentono più ottimisti, pieni di energia e più creativi.
> Sfrutta il presente al massimo per creare il futuro.
> Sarai in grado di correre più veloce.

Chi altro vuole essere una persona di successo? Tu?

Allora impara da coloro che per primi hanno avuto successo.

Metti in atto le seguenti regole. Tutte, una alla volta.

Ambizione: le persone di successo si sentono capaci di ottenerlo, hanno la forma della vittoria, sono disposte a tutto per raggiungere gli obiettivi.

Gli altri invece sono passivi, fermi, si lamentano e scaricano sempre la colpa dei loro insuccessi e del loro immobilismo.

Poi, invece di agire, leggono il giornale o guardano la TV.

Il risultato del successo, non è l'aver azzeccato l'idea giusta da perseguire, ma piuttosto l'energia scaturita, la fermezza di voler arrivare a tutti i costi, dimostrando che un corridore vincente lo è fin dalla partenza, non solo all'arrivo.

> *Ci sono sempre due scelte nella vita: accettare le condizioni in cui viviamo*
> *o decidere di cambiarle.*
> *Denis Waitley*

La "Decisione": la persona di successo è colui che ha *deciso* di raggiungere un risultato o di diventare ciò che vuole.

Prende in mano il volante e parte per la sua strada senza aspettare nessuno, senza attendere i ritardatari che restano indietro a cercare conferme o risposte.

La scala del successo è ripida, ma il lato positivo sta nel fatto di non trovare traffico.

La massa resta accalcata sul fondo in attesa di sicurezze.

I loro risultati, purtroppo, non sono gli obiettivi raggiunti, ma piuttosto i sogni smarriti durante il cammino.

Il coraggio: gli uomini di successo affrontano le paure, lavorano sulla motivazione personale e sull'eliminazione di quel famoso elenco di ipotetici problemi che blocca la realizzazione personale.

Agiscono nonostante la paura, e davanti agli ostacoli saltano e continuano la corsa, mentre altri si fermano bloccati da un turbinio di incertezza.

Sono consapevoli che molto spesso occorre fare ciò che fa più paura, *prima che sia la paura a farti fare ciò che vuole*, prima che ti sommerga e ti schiacci di problemi emersi a catena.

> *Molto spesso occorre fare ciò che ti fa più paura,*
> *prima che sia la paura a farti fare ciò che vuole.*

Impegno: le persone di successo credono in quello che fanno, nella loro idea e nelle loro attività. *Amano il proprio lavoro* e non aspettano che finisca la giornata per scappare via.

La persona di successo include il lato emozionale nel proprio lavoro semplicemente *perché lo ama* così come gli altri aspetti della vita.

Per questo ha un'energia e una marcia in più.

La forza nasce dall'unione di queste due forze straordinarie.

L'emozione.

La persona che non ha realizzato le proprie aspettative, solitamente tende a relegare il lato emozionale al di fuori del proprio lavoro. Cerca altre cose interessanti. Buie strade alternative senza direzione.

Professionalità: certe persone sono esperte del loro settore.

Alcuni non sono laureati e non presentano insigni titoli accademici. Ma sono profondamente formati nel proprio settore, sono specializzati, *e continuano a formarsi costantemente.*

Apprendimento continuo: la persona di successo, sviluppa apprendimento continuo del suo settore. Frequenta corsi, video-lezioni, corsi in aula.

Legge libri e ascolta audio specialistici nei tempi morti della sua giornata, anche quando viaggia in macchina.

(Ricordo i miei amici. Ridevano quando si accorsero che ascoltavo audio-corsi guidando la mia vettura! Ma al termine di ogni viaggio uscivo rinforzato dal potere della conoscenza)

La persona di successo non molla la presa, semplicemente perché apprende ciò che gli piace, con entusiasmo.

Non è superficiale o improvvisata, in quanto sa che l'incompetenza prima o poi... batte sempre cassa.

Ogni nozione appresa è un'esaltante avventura.

Anche tu hai un talento che probabilmente non è adeguatamente emerso.

Sviluppare i propri talenti significa vivere esperienze esaltanti e mirare all'eccellenza.

La tua ricchezza finanziaria, sposata con determinazione e specializzazione, diviene un cammino verso il successo.

Orientamento positivo. Le persone di successo tendono a non criticare, ad avere un orientamento di vita rivolto al positivo. Sempre.

Non ascoltano molto coloro che si lamentano, in quanto sono consapevoli che certe persone risucchiano tonnellate di energia per il solo fatto di averle accanto.

Lamentano sempre qualcosa che non va, hanno troppo caldo, troppo freddo, vestiti non idonei, ce l'hanno con la politica, con la società, con il mondo, con lo Stato.

Le persone di successo cercano inesorabilmente di ripulire le loro conoscenze da soggetti negativi, per non correre una corsa gravata da una pesante palla di ferro legata ai piedi che alla lunga può drasticamente rallentare la corsa al successo.

Più fonti di reddito. La persona di successo ha più fonti di reddito. Oltre a contornarsi di "generatori di reddito", *coltiva alimenta e verifica costantemente i "tre pilastri del potere"*.

Mentre il dipendente ha l'unica fonte di vita determinata dallo stipendio mensile, la persona di successo crea più rendite:

- ✓ Rendita da lavoro
- ✓ rendita da portafoglio titoli in mercati finanziari
- ✓ investimenti in "generatori di reddito"
- ✓ attività collaterali
- ✓ immobili
- ✓ collaborazioni o partecipazioni in attività di altri
- ✓ royalty per proprie opere
- ✓ software
- ✓ libri
- ✓ invenzioni brevettate
- ✓ corsi e seminari da effettuare
- ✓ licenze.
- ✓ referral da networking
- ✓ affiliazioni
- ✓ e molto altro...

Valuta possibilità di investimento e cerca nuove aziende che entrano sul mercato dalle quali acquisire azioni al portatore.

Generando più fonti di reddito, *ha entrate costanti da più direzioni*.

Risultato: un singolo progetto che potrebbe volgere verso una direzione negativa, non va a sconvolgere comunque la rendicontazione finanziaria.

L'immagine: La persona di successo cura la sua immagine in maniera costante. E' consapevole che oggi *il mercato acquista e valuta ciò che sei e CHI sei,* non il prodotto che hai.

Avere un'immagine e una reputazione forte sul mercato, colmata da professionalità sicurezza e fiducia in te, nel tuo marchio, nel tuo nome, significa poter cambiare mille prodotti nel tempo, senza mai perdere i tuoi clienti.

La tua reputazione resta contro tutto, se hai agito con onestà e con metodo attuando il giusto sistema.

Per questo il prodotto o l'idea hanno una rilevanza limitata nell'era moderna. Da oggi anche tu ne sei consapevole.

La mission: le persone di successo sono focalizzate sulla cosiddetta "mission".

Nel mercato moderno la persona di successo è colui che si concentra sul dare valore alle persone, sul risolvere le problematiche, sull'aiuto incondizionato. Tanti più servizi o prodotti per tante più persone.

Quando offri un grande valore, i numeri arrivano di conseguenza.

Colui che è concentrato sul fare fatturato senza offrire valore, non chiude il cerchio della mission, e i risultati non rispecchieranno le aspettative.

Fortuna: la fortuna è un risultato, non una coincidenza casuale ed inattesa. La persona di successo ne è consapevole. Certe persone *cercano* la fortuna, la creano.

La formazione, la specializzazione, la competenza e la reputazione, portano nuove conoscenze, nuovi contatti.

Cercando nuove fonti di reddito, arrivano nuove esperienze, nuovi consigli, nuove idee, nuovi progetti e nuove persone alle quali aggrapparsi per crescere ancora.

Chi cerca trova.

Le persone di successo sono coloro che cercano costantemente la strada, che perseguono obiettivi e la "fortuna" di raggiungerli è null'altro che un *risultato* di una ricerca costante.

La fortuna è sempre degli audaci, di chi la persegue.

Attendendo seduti alla TV in attesa che la prosperità piova dal cielo, difficilmente la fortuna busserà alla porta.

E sono proprio costoro che, notando alla TV una persona di successo, affermano che si tratta di uno che *"ha avuto fortuna"*…

IL TEAM MILIONARIO

Non potrai arricchirti se non arricchisci altri.

Non puoi detenere tutte le specializzazioni del mondo per te stesso, ma puoi fare in modo di ottenerle ugualmente nel tuo progetto.

Un progetto vincente è spesso un progetto condiviso.

Molto spesso l'errore di chi parte dal basso, è quello di voler fare tutto da solo pensando di essere l'unico in grado di portare avanti un'idea o un obiettivo.

In questo capitolo scoprirai un segreto fantastico.

E' la squadra la tua reale fonte di ricchezza.

Il vero leader, non è colui che sa fare tutto da solo, ma colui che è in grado di gestire una serie di persone, ognuno specialista nel proprio settore.

In altre parole il leader è colui che sa gestire i soggetti più bravi di lui.

Questo risulta un fattore difficile da far comprendere ai normali utenti e a chi parte da dipendente, in quanto troppo spesso si è abituati a vantarsi per una singolarità che abbiamo in più rispetto ad altri ed è consuetudine comune che colui che raggiunge i risultati sia in realtà un soggetto bravo in più settori e che sappia eseguire tutto da solo.

Questa forma mentale è attribuibile proprio a chi parte dal basso, a chi muove i primi passi partendo da dipendente o da piccolo lavoratore autonomo.

Utile considerare invece che la strada da attuare in realtà sia ben altra e cioè quella che viene attuata dai soggetti con spiccate doti manageriali, proprio coloro i quali sono, non a caso, contornati da grandi persone, specialisti in vari settori che vengono opportunamente gestiti in modo che siano in grado di fornire il meglio delle loro capacità e non siano "un po' brave in tutto".

Il potere di un uomo che agisce in solitudine, sarà sempre molto limitato, in quanto manca l'effetto leva che permette di abbattere perplessità, carenze di formazione e dubbi.

Manca la carica di chi si è formato prima di te.

> *Ti serve un team per realizzare il tuo sogno. Il successo non è mai un progetto solitario.*
> Robert G. Allen

Vuoi creare un prodotto, un'azienda, un'impresa? Vuoi che questa sia vincente? Non pensare di fare tutto da solo. Dentro un'idea vincente ci sono più persone, ognuna delle quali esperta di un determinato campo che tu non avresti tempo di studiare e determinare in tempi consoni.

Condividi il tuo progetto con altre persone.

Il suddividere gli introiti in certi casi non è una spesa, ma un guadagno, in quanto altrimenti nel tempo, per fare il salto di qualità, dovresti comunque trovare altri specialisti esterni da pagare profumatamente. Dipendenti che non lavorano al tuo progetto, ma *per* il tuo progetto, per poco tempo, al solo scopo di percepire uno stipendio indipendentemente dal risultato, dal prodotto o dal servizio.

Essere soli può essere opportuno per chi apre il negozietto tradizionale all'angolo del quartiere, non certo per ampi progetti di sviluppo.

> *Preferirei raccogliere l'uno per cento delle fatiche di cento persone anzichè il cento per cento delle mie fatiche.*
> J. Paul Getty

DIVENTA MILIONARIO CON IL TUO NEGOZIO E I TUOI PRODOTTI SENZA AVERE UN NEGOZIO E SENZA AVERE PRODOTTI.

L'era dell'informatizzazione e della comunicazione ha cambiato il mondo e gli stili di vita delle persone, così come ha rivoluzionato il modo di comunicare, il commercio, il marketing e il business.

E' nato storicamente prima il negozio fisico, che ha una sede, un magazzino, una vetrina con i prodotti, paga tasse e spese e ha un bacino utenti limitato alla zona in cui risiede.

E' nata poi la possibilità di vendere on-line, di trasformare lo stesso negozio, in vetrina virtuale. Ha il lato positivo di far risparmiare i costi e le spese del negozio fisico, ma ha sempre comunque bisogno di un magazzino, fornitori, stoccaggio merci e spedizioni. Alcuni anni fa era nata la moda del sito internet aziendale, dove si vendevano i prodotti.

Adesso che il sito internet e l'indicizzazione sono sostanzialmente divenuti obsoleti e non ripagano più se non con un corposo sistema di web marketing strategico, anche questa seconda modalità ha iniziato a perdere il proprio appeal finanziario.

Qual'è quindi la strategia vincente? Avere un negozio, anche se virtuale, deve comportare sempre e comunque la problematica di gestire le merci, i fornitori e gli avanzi di magazzino risultati invenduti?

Da oggi non più.

Hai sentito bene. Puoi avere un negozio... senza averlo. Puoi vendere i prodotti senza averli, senza avere magazzino, senza cataste di merci che non riesci a vendere e restano a marcire presso la tua sede.

La nuova rivoluzione si chiama "Drop Shipping"

Si intende un modello di vendita grazie al quale il venditore vende un prodotto ad un utente finale, senza materialmente possederlo.

Il venditore, una volta ricevuto l'ordine, lo trasmette al fornitore il quale spedirà il prodotto direttamente all'utente finale.

In questo modo, il venditore si preoccupa esclusivamente della pubblicizzazione dei prodotti, senza le relative incombenze legate ai processi di imballaggio e spedizione che invece sono a cura del fornitore.

Questa nuova modalità di intendere il commercio, accontenta tutti, dal venditore, al fornitore, all'utente finale offrendo svariati vantaggi.

Vantaggi per il venditore:

- ✓ Possibilità di crearsi un'attività di vendita senza necessità di investire capitali, senza avere sedi, prodotti e merce invenduta.
- ✓ Non necessita di magazzini o dipendenti.
- ✓ Può vendere sia personalmente che attraverso siti internet di commercio elettronico o di aste online.

Vantaggi per il fornitore:

- ✓ Aumento della propria di rete vendita.
- ✓ Maggiore capillarità di penetrazione dei mercati sia tradizionali che online.
- ✓ Possibilità di concentrarsi solo sulla produzione e la qualità del prodotto
- ✓ Piano di marketing completamente delegato al venditore

Il fornitore, raggiunge così mercati e utenti che non raggiungerebbe mai con la sua sede fisica e può concentrarsi solo sulla produzione risparmiando spese pubblicitarie.
Il venditore trattiene alla fonte la sua percentuale sulle vendite concordata anticipatamente con il fornitore.

Vantaggi dell'acquirente? Risparmio, ancora risparmio, qualità dei prodotti e accesso a produzioni multimarca e di ogni categoria e settore.
Il Drop Ship può essere applicato in qualsiasi settore del commercio. Molto frequente l'abbinamento con i portali più famosi di aste online ed e-commerce, sui quali si può liberamente aprire un proprio negozio virtuale e pubblicizzare i prodotti che fanno parte del proprio circuito.
Moltissimi dipendenti hanno messo in atto questa strategia in più settori, dal tecnologico, alle calzature, agli accessori per la casa o i cellulari, o per ricambi di auto e moto.
Il mercato è ampio e può essere sfruttato in settori ancora vergini, in quanto l'Italia è ancora molto indietro in certe strategie rispetto ad

esempio all'America che è stata la nazione pioniera di questa straordinaria struttura di commercio.

Rifletti bene. Puoi utilizzare questo sistema anche per la tua idea.

I siti più famosi sui quali appoggiarsi per avere un negozio già pronto, sono ad esempio Ebay o Amazon.

Il drop ship è una delle strategie migliori per fare soldi... senza averne. Senza avere niente.

> *Qualunque cosa tu possa fare, qualunque sogno tu possa sognare, comincia.*
> *L'audacia reca in se genialità, magia e forza. Comincia ora.*
> *Johann Wolfgang von Goethe*

STORIE DI BUSINESS

IL PRIMO NEGOZIO DI PRODOTTI TIPICI ITALIANI.

Mirco, un mio amico dipendente che per svariato tempo ha collaborato con me in grandi programmi, un giorno mi ha espresso la volontà di cimentarsi in un'attività di vendita di prodotti tipici. Voleva portare i più grandi prodotti Italiani in tutte le regioni e in tutta Europa.

Voleva che la mozzarella di bufala casertana, piuttosto che le orecchiette pugliesi o altri prodotti tipici di alcune regioni Italiane, potessero divenire alla portata di tutti, con un semplice click.

In breve tempo, senza praticamente investire soldi, servendosi di un software gratuito di libera utilizzazione, ha costruito il primo portale di vendita di prodotti tipici in collaborazione con un suo amico, altro dipendente con stipendio fisso e tanta voglia di fare il salto di qualità.

L'idea è stata quella di avvalersi del sistema di "Drop Shipping", già utilizzato nel tempo da giganti come Amazon.

Materialmente Mirco e il suo socio, non hanno in casa alcun prodotto.

Coloro che ordinano i prodotti presenti nel loro negozio, ricevono la merce direttamente dai fornitori, in maniera veloce, fresca e a prezzi realmente vantaggiosi.

Non più i prodotti del supermercato che hanno ben poco di tipico e sono idonei perlopiù per la grande distribuzione, ma prodotti di alta qualità, provenienti direttamente dalle aziende agricole produttrici.

Un sistema di scambio, di collaborazione generato con grande intelligenza tanto da essere divenuto il più esclusivo del settore.

FARE BUSINESS COME AFFILIATO AMAZON

Matteo, un dipendente, collabora con la moglie che ha aperto un semplice sito dove pubblicizza vari prodotti che periodicamente vengono collocati sottocosto.

Matteo non ha prodotti in casa, non ha responsabilità, non ha spese di gestione. In questo caso: nemmeno un contatto con i fornitori!

Si è affiliato in Amazon. Ha aperto un sito attraverso i portali che offrono la realizzazione di siti prestampati a basso costo.

Pubblicizza i migliori prodotti che Amazon inserisce sul mercato a prezzo scontato.

Chiaramente offre un servizio migliore: sui siti delle case produttrici dei prodotti, estrae la descrizione completa del prodotto con tutti i vantaggi e le caratteristiche. Servizio che Amazon non propone.

Il link dell'acquisto è diretto ad Amazon. Lui come affiliato guadagna una percentuale consistente sugli acquisti.

Senza prodotti, senza magazzino, senza spese, senza contatto con fornitori, senza responsabilità.

Esistono centinaia di programmi di affiliazione, e sono tutti molto interessanti da valutare.

Il denaro c'è ma non si vede: qualcuno vince, qualcuno perde. Il denaro di per sé non si crea né si distrugge. Semplicemente si trasferisce da una intuizione ad un'altra, magicamente.
Gordon Gekko

LA DIFFERRENZA RECONDITA TRA RICCO E POVERO

In questo capitolo comprenderai l'indole radicata *nei pensieri* difformi che differenziano una persona di successo dalle altre.

Alcune differenziazioni sono già state citate in questo percorso insieme, ma le ritroverai riassunte in maniera dettagliata in questi punti fondamentali.

Passo dopo passo scoprirai tutte le differenze sostanziali di atteggiamento, di condotta, di maniera di pensare e di agire.

Identificando le differenziazioni, agisci di conseguenza, allineandoti con il pensiero vincente.

Inizia il tuo percorso. Pensiero e azioni.

Laddove ti accorgi di essere ancora radicato nel pensiero "da dipendente", agisci con maggiore determinazione.

La concettualità di "povero" che viene espressa nei punti seguenti, si riferisce strettamente ad una condizione mentale.

- ✓ Il ricco controlla costantemente i suoi introiti.
- ✓ Il povero se ne preoccupa solo a fine mese appena arriva lo stipendio, per poi alterarsi per le spese incombenti che lo decapitano dopo pochi giorni.

- ✓ Il ricco lo diventa nel tempo, con un piano d'azione, con uno schema, con un sistema temporizzato.
- ✓ Il povero vuole tutto subito, come quando gioca alla lotteria. Se non vede profitti immediati afferma che tutto è inutile.

- ✓ Il ricco calcola il rischio pianificando fin dal principio: prima cerca di formarsi per conoscere al meglio l'opportunità, poi calcola il rischio e agisce.
- ✓ Il povero non rischia mai nulla e se si muove, lo fa per "*non perdere*" con la concezione del: "meglio poco ma sicuro".

- ✓ Il ricco studia le normative fiscali, le impara facendosi coadiuvare da professionisti della sua squadra, per pagare meno tasse rimanendo nella legalità.

- ✓ Il povero non vuole studiare ne imparare niente. Si concentra sul criticare chi ha più di lui senza cercare soluzioni.

- ✓ Il ricchi hanno un piano a lungo termine, gratificazioni differite nel tempo e usano a loro vantaggio il potere del tempo e della conoscenza.
- ✓ I poveri hanno visione a brevissimo termine, vogliono gratificazione immediata, non hanno conoscenze specifiche e non ne vogliono avere. Il loro tempo libero viene sprecato con futili attività.

- ✓ I ricchi cercano sempre un parere, uno scambio per migliorare, ascoltano con interesse chi sa più di loro, cercano di imitare con umiltà chi ha avuto successo.
- ✓ Il povero non accetta consigli, affermando le sue convinzioni. Accetta solo consigli di chi la pensa come lui, consigli che vengono avvalorati dalla medesima condizione mentale. Il pensiero similare, non fa arrabbiare. Preferisce inoltre essere superiore, dare il consiglio giusto piuttosto che ascoltarlo.

- ✓ Il ricco trova sempre una strada di realizzazione.
- ✓ Il povero trova sempre una scusa. Il pretesto più appropriato per restare seduto sul medesimo divano.

- ✓ Il ricco acquista beni che sono destinati ad aumentare il loro valore.
- ✓ Il povero acquista beni che tolgono denaro mensilmente e sono destinati a perdere costantemente il loro valore.

- ✓ Il ricco fallisce finchè non ha successo.
- ✓ Il povero fallisce.

- ✓ Il ricco controlla i rischi, concentra gli investimenti, aumenta i debiti per generare reddito sempre maggiore.
- ✓ Il povero non rischia, diversifica investimenti per guadagnare un punto in più, e minimizza il debito sacrificandosi di più

per pagarlo in minor tempo possibile e alleviare le sue passività.

✓ Il ricco si fa pagare per la professionalità e la conoscenza.
✓ Il povero si fa pagare per le ore lavorate.

✓ I ricchi pagano altri per avere più tempo. Sfruttano ogni attimo libero per imparare, anche con audio lezioni in automobile.
✓ Il povero ha molto più tempo che denaro. Difatti baratta il tempo per pochi euro.

✓ Il ricco investe attraverso le imprese minimizzando costi e tasse legalmente.
✓ Il povero investe in prima persona pagando tutte le tasse dovute.

✓ Il povero vuole avere un elevato reddito e poche spese.
✓ Il ricco, al contrario, vuole avere un reddito molto basso e molte spese.
(Ecco perché il ricco compra sempre più beni con la sua azienda e utilizza auto di lusso mangiando spesso al ristorante senza controllare il prezzo dei cibi.
Maggiori spese significano meno tasse da pagare).

✓ Il ricco sfrutta il potere del denaro che lavora al posto suo.
✓ Il povero sfrutta l'esile forza delle sue braccia e del suo tempo.

✓ Il ricco si congratula con chi ha successo e scambia un contatto per nuove idee e collaborazioni.
✓ Il povero critica pesantemente chi ha successo e chi mira all'eccellenza con commenti bruschi in merito alle sue capacità cercando sempre di mettere in cattiva luce chi esce dalla massa.

✓ Il ricco non crede di aver ragione, si mette in gioco ogni giorno per imparare ciò che non sa in ogni occasione.

✓ Il povero ha ragione e vuole la ragione su tutto. Soffre di un complesso di inferiorità.

(Risultato: il povero ha ragione. Il ricco è ricco).

✓ Il ricco frequenta corsi di formazione per la crescita e lo sviluppo personale e della propria attività. Mai conosciuto un soggetto benestante che non abbia partecipato a certi seminari. Rispetta i venditori.

✓ Il povero pensa che la formazione sia tempo perduto. Odia e critica chi frequenta determinati corsi inquadrandoli come soggetti snob. Odia inoltre i venditori che propongono i loro prodotti.

✓ Il ricco crea aziende e società, dove percepisce tutti gli introiti *prima* delle tasse, gestisce e paga le imposte legalmente solo *dopo*.

✓ Il dipendente prende soldi al netto, quando la mannaia dello Stato è già passata al setaccio. Più lavora, più tempo impiega, più paga tasse.

Il dipendente è focalizzato solo sui diritti del posto fisso, e solo su quelli. Spesso esercita un lavoro che non lo aggrada attendendo giorno dopo giorno l'ora di scappare. Guarda spesso l'orologio in attesa della conclusione del turno.

Il tempo non passa mai.

Le sue attenzioni sono rivolte agli incentivi stipendiali che non arrivano, alla quantità di ferie, di contributi e diritti da acquisire.

Si incunea in guerre sindacali per ottenere un innalzamento periodico di stipendio che solitamente, dopo battaglie infinite, non supera qualche decina di euro di aumento.

L'attività che svolge non detiene per lui interesse. L'interesse è sulla sicurezza e i diritti da acquisire.

Il ricco, non ha questi problemi e al contrario, cerca di sfruttare al massimo il suo tempo che vola via veloce e non è mai abbastanza.

Nonostante questo cerca di sfruttarne ogni singolo minuto. La sua focalizzazione è la sua attività, che viene esercitata con desiderio, bramosia e sempre rinnovata brillantezza.

Il ricco è pronto a lavorare, a creare un sistema con il lavoro, una strutturazione che negli anni genera ricchezza finanziaria.
Il povero vuole i soldi subito.
Certe volte mi meraviglio quando parlo di progetti finanziari di investimento da condividere.
Se mostro un progetto con una rendita immediata e veloce anche se minima, certi soggetti, quelli con un fattore finanziario molto basso, sono molto attratti.
Ma se presento un'opportunità dove le percentuali di guadagno sono potenzialmente altissime, con la condizione di dover realizzare il tutto nel corso di anni di lavoro e strutturazione di un sistema, vedo storcere il naso.
L'interesse cala e vengo congedato con un "ti farò sapere".
Ecco una differenza sostanziale che detiene rilevanza fondamentale tra un ricco e un dipendente.

Il dipendente vorrebbe lavorare di meno e guadagnare di più nel breve periodo.
Ma nel lungo termine, finisce per lavorare molto di più e guadagnare molto di meno.

> *Gli sciocchi aspettano il giorno fortunato, ma ogni giorno è fortunato per chi sa darsi da fare.*
> *Buddha*

COME INIZIARE.

LE 25 REGOLE DEL SUCCESSO DA ATTUARE

NELL'ERA MODERNA.

I dipendenti costantemente mi chiedono cosa materialmente devono attuare, come partire e con quale modalità.

In altre parole mi sento spesso chiedere il pacchetto "chiavi in mano" per il successo.

In questo capitolo ti presento le 25 regole da attuare subito, per intraprendere la tua strada verso la ricchezza finanziaria partendo da dipendente.

I punti e le idee di business o investimento, le puoi estrarre e amalgamare dalle esperienze degli altri dipendenti, ma la radice principale da coltivare è situata nella tua mente e nella tua volontà.

La strutturazione di ciò che hanno realizzato decine di altri dipendenti, è utile per visionare esempi, idee, opportunità collaterali, spunti ed iniziative. Ma il capostipite di partenza dipende dall'individuazione dei tuoi talenti.

Oggi potrei offrirti grandi opportunità di business, molto remunerative, ma ognuna di esse potrebbe essere lontana dal tuo desiderio di realizzazione.

Ricorda sempre: *ciò che un uomo può essere deve essere.*

Non sono io a doverti dare l'idea di business. Ti offrirei quella che *per me* è più conveniente, in base al mio pensiero, alla mia propensione e soprattutto... in base a ciò che amo fare.

In questo libro trovi spunti e iniziative da cogliere, amplificare, perfezionare.

Ma l'idea di business *deve* essere la tua e di nessun altro.

Semplicemente perchè è connessa al *tuo* desiderio, alla *tua* realizzazione, al *tuo* talento, ai *tuoi* sogni.

Quindi: da dove partire?

Identifica ciò che rientra nei tuoi desideri, e connettici la strategia di pensiero appropriata, le esperienze degli altri dipendenti.

Adesso conosci i pilastri del tuo potere finanziario e sai da dove ripartire.

In più, metti in atto *tutte* le seguenti regole.

1) Ascolta audio guide, o cerca le video guide di ciò che ti interessa. Formati anche mentre guidi. Ti piacerà, ti strabilierai di ciò che stai imparando.

Mentre gli altri guardano la televisione o giocano a Play Station, tu impara. Ti prenderanno per matto, ma alla lunga i risultati parleranno per te.

2) Appena identifichi una persona che ha avuto successo, che ha cognizione e motivazione di raggiungere degli obiettivi sfidanti, aggrappati a lui: impara, aspira il mestiere, l'arte dell'ambizione e della positività.

Non fare come la massa che quando ascolta persone che hanno successo, dopo un po' si allontanano annoiate o criticano. Vanno via capisci?

Tu aggrappati ai falchi e vola con loro.

Fai in modo che trovino un po' di tempo per te.

3) Esci dalla zona di sicurezza

Pensa che l'obiettivo è aggiungere uno zero al tuo reddito e successivamente due zeri.

Chiediti subito: *come?*

Poniti come obiettivo quel risultato.

Vai in un posto isolato, da solo, senza fidanzata, compagno, figli moglie. Da solo e in silenzio.

Scrivi su un foglio tutte le idee che ti piovono in testa, tutte le opportunità che potrebbero farti raggiungere quell'obiettivo, anche le più stupide. (o quelle che ritieni stupide, visto che sembrano stupide *oggi* perchè ancora non hanno preso forma).

E poi parti…

Ma non partire vedendo e focalizzandoti sul fondo, sull'arrivo. Focalizzati solo su ciò che vuoi raggiungere a piccoli step.

Ad esempio: il risultato sarà aumentare il proprio reddito, ma verrà attuato in vari step progressivi. Intanto devo per i primi due mesi attuare la prima cosa.. poi attuare la seconda, poi la terza…

4) Fai il primo passo. L'indipendenza finanziaria è un percorso che si crea camminando, non un biglietto della lotteria che ribalta la vita in un giorno.

Se ribaltassi la vita in un giorno non avresti ancora acquisito le doti ne tantomeno la maturazione e l'educazione di saperla mantenere e gestire su quel tenore.

Ma con il primo passo, poi il secondo, poi il terzo, puoi al contrario raggiungere l'obiettivo gradatamente e contestualmente imparare, formarti, crescere giorno dopo giorno, acquisire competenza, educazione. Giorno dopo giorno crescerai e sarai in grado di aumentare, gestire un crescente sviluppo e conseguente aumento di reddito.

5) Impara a leggere i conti aziendali. Ti servirà sempre in qualsiasi campo tu voglia approcciarti, che sia un'attività autonoma ma anche per investimenti, partecipazioni e quant'altro.

Impara la struttura che usano i ricchi e mettila in atto.

6) Impara a gestire il tempo. Ogni giorno il cielo ti accredita 1440 minuti, quindi 86.400 secondi a disposizione da utilizzare proprio come vuoi. Sei libero. Ma esiste una condizione: al termine della giornata tutto il tempo che non hai sfruttato al meglio viene azzerato e non riportato al giorno dopo.

Quei minuti, quei secondi, non tornano più.

Organizza al meglio il tuo tempo e sfrutta ogni secondo, ogni minuto per il raggiungimento dei tuoi obiettivi. Ogni mattina scrivi sul tuo blocchetto gli impegni della giornata. Numerali.

Al primo posto sempre le urgenze o comunque le cose che, attuandole, daranno grandi risultati.

Non perdere il tuo tempo e soprattutto non farti condizionare da coloro che hanno tempo da perdere e rubano inesorabilmente il tuo.

Non scordare mai: il tuo tempo ha una scadenza.

7) Impara a gestire il denaro. Non importa se ne hai poco o tanto. Gestiscilo, altrimenti sarà il denaro a gestire te. Cosa preferisci?

Schematizza entrate e uscite già nella gestione familiare. Ti meraviglierai del risultato ottenuto.

E quando avrai la tua azienda, la tua attività, sarà un gioco da ragazzi continuare il lavoro già iniziato.

Di seguito troverai la guida completa per gestire le tue risorse fin da subito!

8) Impara a tirare fuori il meglio dagli altri.

Ogni persona ha buoni talenti. Coinvolgili nei tuoi obiettivi. Se non puoi pagarli per i loro servizi, fai in modo che collaborino con te.

Alle persone piace spesso essere guidate se non hanno obiettivi personali. In tal caso saranno felici di seguire i tuoi soprattutto se da questo ne consegue un'attività nella quale possono dare il meglio del loro talento.

9) Pensa in grande e assumiti rischi calcolati.

Non iniziare MAI pensando in piccolo. E' una classica mentalità da dipendente.

Richard Branson, che partendo da dipendente fondò la casa discografica multinazionale "Virgin", recita quanto segue: "Il mio interesse deriva dal pormi enormi, apparentemente invincibili sfide e provare a superarle".

Non partire mai per creare il negozietto all'angolo dal quale estrarre il misero stipendio mensile. Al primo giro di mercato, resteresti indietro e se hai estratto solo lo stretto necessario per vivere, sarai in gravi difficoltà. Questo è il vero rischio.

Il mondo cambia alla velocità della luce al mondo d'oggi, così come le mode del momento, le attività e tutto il resto.

Mira ai grandi numeri.

Ricorda sempre: tanti più beni e servizi per tante più persone.

Qual è il tuo bacino utenti? Chiediti *sempre* come ampliarlo.

Fai in modo di non crearti mai un limite di utenti da raggiungere.

Non cercarne alcuni.. Cerca di raggiungerli TUTTI.

In ogni parte del mondo.

Oggi, con i mezzi moderni puoi farlo. Con poco sforzo e limitati investimenti.

10) Non farti condizionare dagli altri. Ricorda che il 90% delle persone è focalizzata sempre sui problemi e non sulle opportunità. Non ti puoi confrontare con loro.

Allontana i "disturbatori". Dedica tempo a te e alle cose che sono importanti per te.

Loro metteranno comunque in atto ciò che è importante per loro.

11) Aiuta le persone.

Dai sempre tanto senza aspettarti niente. Il rapporto di reciprocità funziona sempre nella vita.

Esporta le tue conoscenze al mondo. Ti accorgerai: sono molte le persone che sono pronte a pagare per ottenere ciò che non sanno o comunque un aiuto.

Più dai per primo, più ottieni. E' scontato. Si accorgeranno da soli del tuo valore rivalutando la tua posizione.

12) Credi sempre a una ricetta semplice, e cioè: che puoi farcela.

Fai un tuo piano finanziario, dagli un tempo di realizzazione, creati più asset e più fonti di reddito suddivise tra attività e investimenti di vario genere.

Una volta stilato il piano d'azione, inizia da subito a lavorarci.

Trucchi strategie, azioni, impara ciò che ti manca da sapere su quella materia e su come perseguire il tuo obiettivo. Ora sai che tutto è stato già scritto e pubblicato. Hai l'arma per imparare tutto ciò che ti manca partendo da zero.

13) Lavora ogni giorno instancabilmente segnando obiettivi giornalieri da raggiungere e mettere in atto. Formati focalizzandoti solo su ciò che devi raggiungere. Cerca nuove conoscenze che siano anch'esse focalizzate sull'obiettivo.

Chi ha un piano, è già ricco in partenza e diventa ricco ogni giorno sempre di più.

Soprattutto, durante il cammino, diventerai sempre più carico di autostima, di talento, di benessere.

Il cammino è eccezionale e ti arricchisce giorno dopo giorno, arrivando anche ad arricchire la condizione finanziaria.

E' il percorso di crescita la vera ricchezza che ottieni attuando il tuo piano. La ricchezza economica è solo una conseguenza del benessere che genererai su te stesso e chi ti sta attorno.

Le persone che conoscerai, saranno come te, cariche e determinate.

Inquadra, scrivi e temporizza il tuo obiettivo e parti immediatamente lavorandoci alacremente giorno per giorno.

Immagina: se tra cinque anni tu avessi raggiunto tutti i tuoi obiettivi di oggi, come sarebbe la tua vita?

14) Impara ad essere un buon investitore, un soggetto che sa valutare opportunità e le sa gestire in *prima persona*.

Non lasciare questa grande incombenza al tuo banchiere o al tuo promotore.

Gli altri ti prenderanno come esempio e saranno lieti di sfruttare le stesse opportunità e investire in ciò che tu stesso proponi o hai attuato per primo.

Quando hai generato un "posizionamento" autorevole della tua figura, le persone saranno felici di investire i loro soldi e seguirti nei progetti.

Io sono stato il primo a perseguire questa strada, sulla scia di altri dipendenti che mi hanno fatto conoscere i loro "generatori di reddito". Li ho conosciuti per primo e, successivamente, sapevo di potermi fidare nel seguire le loro orme utilizzando spesso le opportunità che mi proponevano.

15) Corteggia gli appassionati: sono i migliori clienti. Comprano in fretta e spesso e portano il loro risultato agli altri appassionati.

Sfrutta le passioni della gente in ogni campo e in ogni settore. E' sempre l'arma vincente.

Offrigli servizi e opportunità di cui non possono fare a meno. Se hanno poco bisogno.. crea tu il bisogno, attraverso le strategie di marketing.

16) Crea e inventa un marketing o una pubblicità che generi dipendenza. Identifica un beneficio che i consumatori possono ricevere solo da te e da nessun altro.

Lavoraci subito. Ricorda che non conta più l'idea. Conta il sistema vincente. Quindi anche un prodotto o un servizio già esistente può essere la tua chiave di svolta.

Offri sempre qualcosa che nessun altro può dare.

Se non sei il primo del tuo settore, *inventa il modo o una nuova categoria* per essere il primo.

Devi essere il primo *nella mente* dei tuoi clienti.

17) Sfrutta la leva del network e delle collaborazioni.
Ti metteranno in contatto con appassionati, con nuovi database in una catena pressochè infinita.
Non fare come i piccoli che nascondono il progetto per paura che gli venga portato via restando soli e poco organizzati nel percorso.
Non concentrarti sulla concorrenza, ma sulla collaborazione.

18) Regala sempre qualcosa. Una guida, un libro, un e-book, un corso, un tuo servizio o prodotto, uno sconto a chiunque si accorga di te. Manterrai i clienti che ti stimano.
Non continuare ad attendere di ricevere per poi dare.
Dai sempre per primo.
Guarda "Groupon". Ha realizzato un successo mondiale offrendo semplicemente sconti introvabili alle persone.
La legge della prosperità comune è inversa a ciò che ti hanno insegnato. E' cambiata con gli anni. Oggi devi prima dare e poi come conseguenza naturale riceverai.
Ricordo la mia esperienza personale con il "doppio lavoro". Ho coadiuvato centinaia di dipendenti senza mai chiudere nulla in cambio. Oggi sono loro a cercarmi e acquistare i miei prodotti. E sono clienti affezionati.

19) La ricchezza oggi si crea in quattro aree fondamentali: investimenti finanziari, mercato immobiliare, impresa privata e web.
Perchè non avere un piede su tutti i fronti?
Il web è l'effetto leva vincente per qualsiasi attività tu voglia intraprendere.
L'effetto leva è la forza esponenziale che devi utilizzare in tutti i campi e in tutti i settori.
Significa: diventare milionario partendo da dipendente.
Per raggiungere la ricchezza devi valutare fattori intrinsecamente connessi: atteggiamento personale, leva, network e relazioni, marketing strategico (meglio ancora se network marketing).

20) Genera sempre molteplici fonti di reddito.

Per giungere all'indipendenza finanziaria servono più colonne che sorreggano la tua impalcatura.

Lavoro, impresa, commercio, immobili, investimenti, network, mercati finanziari, royalty, licenze, diritti d'autore e ciò che ritieni opportuno per la tua realizzazione e il tuo talento.

Più fonti hai, più esci dal contesto del dipendente che detiene solo una fonte di reddito (lo stipendio) alla quale aggrappa tutta l'impalcatura della sua vita con la speranza che duri per sempre. Il suo, è il rischio più grosso.

21) Alimenta *sempre e poi sempre* i tre "pilastri del potere", crea generatori di reddito, possibilmente senza toccare il primo grande potere: il capitale. *Utilizza le rendite, mai il capitale.*

Impara a pescare il pesce ed allevarlo, non a comprarlo.

Il trucco è creare imprese che producono e detengono "generatori di reddito"

22) Cura costantemente la tua *immagine* e il tuo *network*.

Sono i cardini della nuova era.

Due parole magiche cha aprono le porte dell'infinito.

Il tuo Brand, già nel piccolo, è alla base del tuo successo, soprattutto nel mondo moderno dove le persone passano gran parte del loro tempo sui social network.

Devi avere un'identità. Oggi non conta il prodotto, anche se questo sia il migliore del momento. Conta "chi sei".

Le persone comprano chi sei, la sicurezza che porta la tua immagine.

E il network è il più grande effetto leva del mondo.

23) Dai risposte e soluzioni. Le persone cercano le soluzioni ai propri problemi. Quando vanno sui motori di ricerca, cercano di risolvere qualcosa. Non cercano il tuo prodotto.

Sei tu che devi metterlo in vetrina, proponendo il grande risultato che può offrire a coloro che cercano di risolvere o alleviare un problema.

La tua soluzione deve essere semplice ed efficace, di facile e veloce applicazione.

Se sei in grado di offrire questo, allora gli utenti saranno con te.

Molte persone non solo cercano soluzioni, ma cercano di alleviare il proprio dolore.

Verifica e impara ciò che fanno gli altri. Molto spesso il dolore viene volutamente evocato proprio dai mass media o dai programmi di marketing sui prodotti, per farlo sfociare nella risoluzione, trasformando il dolore in appagamento ed energia.

24) Dimenticati di te e del tuo prodotto quando prepari la tua campagna comunicativa. Alle persone non interessa chi sei o cosa fai nè tantomeno la tua storia.

Nel tuo blog, nella tua vetrina, preoccupati solo di *lui*, del suo dolore, del suo bisogno, dei suoi problemi, del suo divertimento e di tutto ciò che cerca LUI.

Scrivi sempre ciò che vuole l'utente finale, non ciò che tu ritieni sia giusto. L'utente cerca prodotti e servizi veloci, non si ferma a guardare la tua autopromozione personale.

25) Impara a vendere. È fondamentale. Il tuo successo è direttamente proporzionale alla tua capacità di vendere. In tutti i campi.

Devi affinarla, migliorarla. Non devi solo vendere prodotti, ma te stesso, la tua immagine, la tua comunicazione.

La vendita è il fattore n. 1 da migliorare, da far crescere. Fai corsi, affiliati a gruppi tipo network marketing che fanno formazione sulla vendita e comunicazione persuasiva.

La vendita è un'arte che si acquisisce. Non ti buttare sul mercato senza una tecnica. Migliora oggi per vincere domani.

Puoi rendere la vita unica, oppure puoi aspettare e sperare che qualcosa accada.

Essere passivi nell'attesa non porta a nulla.

Chi non fa niente non si aspetti niente.

Sfrutta il tuo tempo libero o qualche fine settimana, guarda un film in meno la sera per iniziare a porre le basi del tuo miglioramento, qualsiasi esso sia.

La passività non crea niente.

Sono le cose semplici quelle che cambiano il mondo.

Come puoi vedere in questo libro, le persone di successo hanno attuato semplici idee o semplici cambiamenti di abitudini, ad iniziare dai loro pensieri.

Ovunque tu volga lo sguardo, anche in tempi di incertezza economica, un crescente numero di persone sta festeggiando all'incredibile banchetto della prosperità, mentre gli altri si accontentano delle briciole che cadono dalla tavola. Il viaggio verso l'indipendenza economica comincia nell'istante esatto in cui decidi di essere destinato alla prosperità, non alla povertà...
Basta un istante per decidere. Decidi ora.
Mark Victor Hansen

IL SOFTWARE DELLA POVERTA'.

In questo capitolo comprenderai un fattore importantissimo.
Inquadrare il tenore dei tuoi obiettivi.
Perché il dipendente quando si approccia a nuove opportunità cerca sempre e solo di arrotondare o di estrarre un giusto stipendio?
Da questo momento imparerai a partire con il piede giusto fin da subito.
Devi pensare in grande.
Attualmente nel tuo software mentale, è presente un file strutturato per far lavorare il sistema sempre alla stessa maniera ed ottenere sempre gli stessi risultati precostituiti dal sistema.
Proprio come succede nel tuo computer.
Se non estirpi questo file e non lo cambi, tu sarai materialmente sempre "programmato" per raggiungere la tua soglia ritenuta regolare, o meglio i 1.500 euro mensili di stipendio.
I dipendenti, appena notano una nuova opportunità, un nuovo investimento, una nuova attività che arriva alla loro soglia di rendita, si accontentano, perché hanno raggiunto potenzialmente il limite della programmazione del software
Il software è impostato per quel tipo di risultato *e quello darà..*
Continuo a vedere giornalmente persone che cercano nuove strade di realizzazione, di reinventare la propria vita, di essere autonomi

con un unico intento: guadagnare un buono stipendio di almeno 1.500 o 2.000 euro al mese e che detenga elevate connotazioni di sicurezza.

Questo è l'obiettivo. Appena lo raggiungono si fermano e vanno avanti così. Proprio come il computer.

Molti addirittura cambiano la propria attività da dipendente trasformandola in attività da autonomo per raggiungere il medesimo obiettivo dei 1.500 – 2.000 euro al mese solo per l'effimera consapevolezza, o incoscienza, di non avere più padroni.

Un benestante, per un'attività da 1.500 euro al mese, non si muove nemmeno.

Rompi i limiti e pensa in grande. Estirpa il tuo "software della povertà", riprogrammalo e chiediti *"come"* portare la tua idea fino ai grandi numeri. Quando pensi ad una nuova opportunità, un nuovo investimento, una nuova idea, pensa a milioni di euro, non a 1.500 euro al mese.

Se, ad esempio, devi aprire un negozio di scarpe, non pensare al negozietto all'angolo per estrarre lo stipendio mensile contro crisi, concorrenza, inflazione, tasse e burocrazia.

Pensa a negozi di e-commerce nati da poco. Molto famoso è "Zalando". Immagina.

Tra le due attività c'è molta differenza

Transiti ad un tratto da 1.500 euro al mese a milioni di euro. Transiti da un bacino di utenza di qualche migliaio di persone ridotte ulteriormente dalla concorrenza, dalle catene commerciali, dai negozi on line, dalle tasse, dalle spese.. fino ad arrivare a milioni e milioni di utenti in tutto il mondo…con spese ridotte.

Cosa cerchi nella vita? Cosa vuoi veramente?

Il "software della povertà" ti porta alla povertà.

Non ci sono dubbi, per un semplice motivo: se ti accontenti di un'attività per i consueti 1.500 euro al mese, proprio l'inflazione, le tasse, la concorrenza, eroderanno negli anni la tua potenziale ricchezza.

In realtà quello che ritieni sicuro oggi è quanto di più instabile tu possa realizzare e generare. Pensare oggi, in un'era velocissima e vertiginosamente incalzante, che l'attività creata possa durare per sempre, è un'utopia madornale.

Pensare che quei 1.500 euro al mese che hai generato offriranno sicurezze infinite per te, la tua famiglia e le tue generazioni, è una chimera e un'illusione ancora più colossale.

Pensa in grande, rifletti sui grandi numeri.

Hai un'idea? Vuoi realizzare un investimento, un'attività, un nuovo negozio? Pensa a *"come"* realizzare grandi numeri.

Un ridimensionamento in corsa è sempre possibile.

Estirpa in via definitiva dal tuo elaboratore il software della povertà. Riprogrammalo.

Conta che il 90% dei ricchi e ultraricchi è partita da dipendente. Ricordalo. Controlla le statistiche.

Solo il 10% si è svegliato con la ricchezza di famiglia.

Gli altri non hanno generato soldi con i soldi, ma hanno generato denaro con:

✓ struttura
✓ obiettivi
✓ programmazione
✓ sistema
✓ idea
✓ prodotto.

> Formatta dal tuo cervello il file dei 1.500 euro al mese.
> Reinstalla il nuovo software: quello della ricchezza.

Programmalo, per un milione di euro da raggiungere attraverso un lasso temporale predeterminato.

Sarà l'obiettivo di vita? Per niente! Troppo limitante.

In tal caso hai raggiunto il limite della tua nuova programmazione. A quel punto dovrai ancora formattare il tuo sistema e riprogrammarlo su regimi più alti.

Ricorda ancora: sfonda il limite. Pensa come penserebbe un titolare d'impresa che parte da dipendente. I 1.500 euro non esistono, esiste solo la legge dei grandi numeri. Questa è la vera sicurezza, non quella che ti hanno insegnato fino a questo momento.

Il software della povertà, è un programma istallato dentro di noi e al pari di un virus che colpisce il nostro PC, ha la facoltà di deviare le azioni dell'intero programma.

Le credenze che abbiamo, le paure, le vecchie teorie sulla sicurezza tramandate dalla famiglia, ciò che abbiamo ascoltato e vissuto da sempre sul fattore "soldi", determina il nostro pensare attuale.

Ancora oggi senti affermare: "i soldi non fanno la felicità".

Battute del genere contrastano con qualsiasi legge attrattiva universale.

Ma il vero problema sarà che questo pensiero condizionerà le vite, le esistenze familiari, sentimentali, lavorative.

Nel tempo ti accorgi che colui che ha avuto un pensiero diverso sul denaro e gli ha dato la giusta importanza, oggi vive una vita più agiata, con rapporti migliori in tutti i campi.

Certe persone riescono anche a fare beneficienza ed aiutare gli altri, con maggiore gioia e possibilità economiche.

Non per questo sono soggetti peggiori. Il fattore economico fa parte della vita, chi non ne usufruisce lascia il posto ad altri. Con più soldi si può essere ugualmente religiosi, pensare al prossimo, fare beneficienza e pensare alle bellezze della vita interiore. Anzi... si può fare meglio.

Detenere una condizione finanziaria precaria, e' una situazione temporanea.
Essere mentalmente povero, e' per sempre.

L'hai capito: spesso il limite sta nel vedere le cose sempre dal medesimo punto di vista, vedere sempre e solo lo stesso percorso e la medesima finalità. Questo libro vuole insegnarti a mettere in atto un cambio di prospettiva e di visione che si è dimostrato vincente per centinaia di dipendenti.

Questo libro ti serve per acquisire le competenze, la visione e identificare la possibilità di cambiare la tua vita.

Rispetto a ciò che molte persone affermano, non siamo in un mondo in crisi. C'è crisi per le occupazioni classiche o gestite in maniera classica, quelle dove un dipendente vuole trovare un posto senza responsabilità con l'unica preoccupazione di stipendio e diritti.

Il dipendente, nella sua concettualità mentale, vuole trovare un posto senza rischi aspettandosi sempre che qualcun altro rischi per lui.

Per la restante fetta di mercato, è al contrario l'attimo delle opportunità.

Non devi imparare il nuovo aggiungendolo al vecchio. Devi "disimparare" il vecchio. La vecchia strada, le vecchie convinzioni sono deleterie per la tua crescita.
Nel tuo Personal Computer interiore, istalla il nuovo software della realizzazione disinstallando quello vecchio.
Installare il nuovo software lasciando anche il vecchio accanto con la possibilità di accedere costantemente, è come sotterrare l'ascia di guerra lasciando fuori il manico.
Formatta per sempre il vecchio software.
Istalla da ora il programma vincente.

"Qual è la definizione di follia? E' il ripetere continuamente la stessa azione e aspettarsi un risultato diverso"
Jake Moore (Shia LaBeouf)

I SEGRETI DI UN IMPRENDITORE DI SUCCESSO

Hai compreso i punti essenziali per dare la svolta. Hai certamente iniziato a "pensare" come un'azienda e ad estirpare il tuo "software della povertà". Adesso impara ad essere un imprenditore di successo, anche partendo da dipendente.
Come diventare un imprenditore di successo?
Facendo ciò che fanno i vincenti.
Segui i passi di questo capitolo.
Ecco le caratteristiche di un imprenditore di successo.
- ✓ **Visione**: riesce a vedere quello che gli altri non vedono
- ✓ **Coraggio**: agisce nonostante i dubbi e l'incertezza della gente.
- ✓ **Creatività**: è libero di generare le sue idee

L'imprenditore di successo rimanda la gratificazione: sa aspettare e non mira a diventare ricco subito. La ricchezza si crea con l'effetto tempo. Si gettano delle basi oggi e si colgono gratificazioni dopo anni. La forza sta nel saperle aspettare.

L'imprenditore di successo investe e agisce solo in ciò che conosce profondamente.

L'imprenditorialità sostanzialmente consiste nell'identificare risorse o prodotti capaci di offrire un miglioramento concreto all'esistenza di ognuno od offrire un valore aggiunto.

Come afferma Peter Ferdinand Druker nel libro "Innovazione e imprenditorialità", il proposito dell'imprenditorialità è: *spostare le risorse da dove rendono meno a dove rendono di più.*

Difatti, il "fare qualcosa meglio degli altri", così come si sente costantemente ventilare nei corridoi, è una strategia obsoleta, che conduce presto alla rovina.

Offri piuttosto con la tua impresa qualcosa che nessun altro può dare, anche se questa sia radicata su un'idea già esistente.

Successivamente, sappi correre con i tempi e con il mercato.

Molte persone si ostinano a combattere il mercato e le mode, creando un'attività con *l'obbligo morale che sia per tutta la vita.* Non andare mai contro al trend di mercato.

I tempi sono cambiati, così come le strategie della storica rivoluzione industriale. Oggi il mercato segue delle correnti e se le sai cavalcare, puoi arricchirti molto più rapidamente di un tempo, nel giro di pochi mesi o pochi anni, invece di restare aggrappato ad un misero introito mensile con la speranza che sia emanato per sempre.

Cavalcare le onde significa saperle dominare da quando nascono a poco prima che tornano ad appiattirsi nell'oceano. L'importante, oggi, è saper transitare all'onda successiva prima che il flusso impetuoso ti possa travolgere.

Voler restare insistentemente incollato in un contesto, porta certamente ad una condizione di ristrettezze prorogate a tempo indefinito, con una corda al collo che stringe inesorabilmente e lentamente il nodo.

Matteo, un mio vecchio conoscente, era un dipendente pubblico con grandi problemi finanziari. Aveva difficoltà a sbarcare il lunario ogni mese. Lo stipendio non era sufficiente e lavorare di più non serviva a migliorare la propria condizione finanziaria.

Decise di avere di più, scelse un giorno la libertà al posto della sicurezza.

Ricordo che molti colleghi rimasero esterrefatti quando lo videro lasciare il posto fisso.

Matteo aprì un autosalone anni fa, quando la moda delle vetture ultimo modello accaparrava la benevolenza del pubblico.

Qualche anno dopo notò l'inizio della crisi e non ebbe alcun ripensamento. Chiuse l'autosalone, senza attendere che l'onda calante lo travolgesse.

Ne aprì un altro, che smerciava autovetture usate. Cavalcò in pieno la nuova moda, l'onda sempre più crescente, quella dove le persone non avevano più capitali liquidi e finanziamenti facili per acquistare vetture nuove. Le automobili usate avevano conquistato il mercato.

Non contento aprì un'officina, riuscendo, grazie al mercato on-line estero, a reperire autoricambi specialistici e introvabili a costi molto competitivi, attirando in breve la benevolenza dei clienti. La delegò a dei meccanici e ne gestì semplicemente la struttura.

Matteo aveva capito che le persone tendevano verso un nuovo filone: erano orientate a tenersi la propria vettura per carenza di capitali cercando di ripararla sino all'inevitabile.

Quindi passò a sfruttare il mercato delle riparazioni, con qualcosa che nessun altro offriva.

Un imprenditore moderno non è uno sciatore di fondo che sfida l'appiattimento della valle, ma è un surfista.

Cosa fa oggi Matteo? Il meccanico o forse ancora il rivenditore di automobili?

Nient'affatto. Ha ormai raggiunto l'indipendenza finanziaria e ha sfondato il mercato con un negozio on-line di custodie per cellulari a costi bassissimi. Le acquista in Cina, grazie a fornitori reperiti sul famoso portale "Alibaba", rivendendoli con ricarichi del 1000%.

Il negozio on-line lo deteneva su E-bay a costi mensili ridottissimi. Ha ampliato la sua proposta ad altre nazioni europee.

Matteo, in barba alla crisi, è un surfista vincente che non ha inventato niente. Nessuna idea rivoluzionaria, o innovativa.

Il suo negozio lavora in automatico, senza la sua presenza obbligata che avrebbe il potere di sradicare giornalmente il fiore del suo tempo dalle benevolenze degli affetti.

Matteo, ha lasciato l'incombenza del duro lavoro ad altri. Oggi è il suo sistema a lavorare per lui.

Ha cavalcato le mode e i trend di mercato, senza intestardirsi a cercare un'attività che lo portasse alla pensione in sicurezza.

L'imprenditore, oggi, non è più uno sciatore di fondo come un tempo, ma è un surfista che cavalca l'onda del momento.
Massimiliano Acerra

Cos'è l'innovazione nell'imprenditorialità? Molte persone attendono per una vita intera un'idea che non arriva mai.
L'idea rivoluzionaria.
Se essa non offre la benevolenza di discendere dal cielo, si usa restare nell'ambito della lamentela vita natural durante, senza porre in essere altre azioni. Il pretesto più comune.
L'innovazione non è esattamente questo.
L'innovazione nell'imprenditorialità e nella vita delle persone non è obbligatoriamente l'inventare il nuovo Google, il nuovo Facebook, la nuova Apple.
L'innovazione consiste in qualunque fattore che sia in grado di trasformare la potenzialità di produrre ricchezza dalle risorse che già esistono.
Moltissimi dipendenti che ho personalmente aiutato nel raggiungimento dei loro obiettivi finanziari e imprenditoriali, hanno applicato idee di una semplicità disarmante, che hanno ben poco a che fare con idee rivoluzionarie.
L'imprenditore moderno è costantemente focalizzato sulle cose inattese. Verifica i successi del mercato, i fallimenti, gli eventi.
Controlla inoltre le incongruenze del mercato tra ciò che si ritiene che sia e ciò che realmente è.
Verifica inoltre i problemi di sistema dove non ci sia ancora nessuno che ha fornito una soluzione.
L'imprenditore moderno valuta i cambiamenti di funzionalità di un comparto industriale o di un mercato, cercando di attuare meccanismi che abbiano la facoltà di sorprendere.
Valuta inoltre le variazioni demografiche dei territori che possono avere impatti rilevanti su imprese da creare, ma ancora di più su imprese esistenti.

Il requisito principale dell'imprenditore moderno, al contrario di ciò che si pensa, è l'umiltà.

Il cercar di crescere, sperimentare e formarsi imparando nuove strade ripartendo ogni volta da zero.

Un processo di apprendimento continuo e stimolante.

In conclusione, l'innovazione non equivale all'affare della vita o all'idea sensazionale.

L'idea crea realmente un risultato esaltante soltanto quando incontra il mercato attraverso un sistema e una struttura imprenditoriale vincente.

L'idea è un risultato economico e sociale.

L'innovatore deve comprendere il mercato e il sistema di offerta come fattore principale.

Chiediti sempre chi e come sarà utilizzata la tua idea.

La gente non acquista i prodotti, ma quello che i prodotti fanno per loro.

Ricorda: *il vero fine dell'innovazione, è procurare soddisfazione laddove manca.*

Avvinghiare il cambiamento, correre di pari passo, sperimentarlo continuamente.
E' il sistema migliore per gestire le risorse nel tempo, attuando il principio di spostare sempre le ricchezze da dove generano meno a dove generano di più.

"L'imprenditorialità non è una scienza e nemmeno un'arte. E' una pratica".
Peter Ferdinand Druker

L'imprenditore di successo è colui che agisce su un'opportunità indipendentemente dalle risorse che ha a disposizione o che possiede.

E trova *sempre* la soluzione.

Parte anche da zero, consapevole di un segreto difforme dal pensiero comune: non servono obbligatoriamente soldi per generare soldi.

In questo libro trovi tante testimonianze concrete inerenti a questa nuova inclinazione del mercato moderno.

Troppo semplice pensare di fare soldi avendone già.

Il più bravo è colui che tira fuori denaro dal nulla.

Oggi puoi realmente fare soldi senza averne in partenza.

Un imprenditore di successo è colui che crea un'impresa sulla quale molte persone desiderano investire.

E' pronto a cambiare strada, ad adeguarsi alle situazioni e alle evoluzioni di mercato.

Guarda Google. Si è evoluto con il tempo, creando servizi infiniti per il web, poi ha creato "You Tube", poi ancora il sistema operativo "Android" per entrare di diritto nell'internet "mobile" divenendo il numero uno al mondo del settore, così come ha fatto la Microsoft con Windows.

E' poi entrato nei social network , prendendosi ulteriori quote di mercato.

Eppure era nato solo come motore di ricerca e poteva restare tale.

Cavalcando un'onda, devi essere pronto a saltare sulla successiva prima che il suo impeto ti travolga.
Massimiliano Acerra.

Pensa alla storia di Apple o Samsung.

Oggi sono i più grandi produttori di "smartphone" al mondo.

L'80% della popolazione possiede queste due marche di nuovi cellulari. Probabilmente anche tu.

Ma chi erano Apple e Samsung?

Un produttore di computer e un produttore di televisori!!!

Hanno identificato alcuni anni fa il business del futuro: l'internet mobile.

Si sono fiondati con un sistema vincente sbaragliando in breve i vecchi grandi produttori di cellulari come Nokia e Motorola, che sono rimasti tremendamente indietro.

Il loro core business è diventata l'internet mobile, mentre il vecchio business di produzione di computer e televisori, è passato in secondo piano.

Potevano rimanere dov'erano, nella loro nicchia di mercato. Un'eventuale contrazione delle vendite sarebbe stata attribuita alla crisi globale. Proprio come farebbe un dipendente.

Ma hanno deciso di cavalcare la nuova onda, *che non conosce crisi*. La gente si affolla dinnanzi ai negozi appena escono i nuovi modelli di Smartphone di Apple e Samsung.

Questo significa "creare un sistema" e adeguarsi alle evoluzioni del mercato. E il successo è assicurato.

La chiave per prosperare negli affari è lavorare alla tua impresa,
non dentro di essa.
Michael E. Gerber

La migliore maniera per imparare ad avere un'attività è:
avere un'attività. La scuola più imponente la si crea sul campo, cambiando in corsa la naturale evoluzione dei trend di mercato.

I più grandi capitalisti sono coloro che vendono le proprie azioni. Non si parla solo di azioni quotate sui vari mercati azionari, ma le azioni al portatore, le cedole di carta delle S.p.A..
Ti piacerebbe materialmente avere una tipografia che stampa denaro? Certamente si! L'imprenditore di successo utilizza questa modalità legale per stampare materialmente il proprio denaro con la possibilità di deciderne il prezzo.
Il venditore di azioni, infatti, è il vero ricco, colui che crea un'impresa nella quale molte altre persone vogliono investire e la quota.
Questo è l'ultimo grande step del successo.

RIEPILOGO DEL CAPITOLO:

1. La tua attività funziona così com'è... per ADESSO. Non è detto che sia sempre così. Non ostinarti a portarla fino alla pensione. Segui le mode e il trend di mercato, prima che siano le mode e il trend a schiacciare te.

2. L'dea vincente, quella della svolta, potrebbe non arrivare mai. Non conta l'idea, ma il tuo sistema. Se il sistema è vincente

puoi sfruttare tranquillamente anche un'idea o un prodotto già presente sul mercato. Non perdere tempo in attesa dell'avvento dell'idea vincente. Inizia subito. L'idea mancante è l'alibi più corposa che hanno le persone per restare nell'inerzia.

3. L'innovazione consiste in qualunque fattore che sia in grado di trasformare la potenzialità di produrre ricchezza dalle risorse che già esistono.

17. STRATEGIA APPLICATIVA PER LA GESTIONE DELLE TUE FINANZE.

LA RICCHEZZA DEI RISPARMI

In questo capitolo scoprirai una delle più grandi leve per giungere alla ricchezza con l'aiuto del tempo.

Ogni dipendente ha questo straordinario potere a disposizione, uno dei "tre pilastri del potere finanziario personale".

Comprenderai da solo che i tuoi esigui risparmi potrebbero essere la tua fonte di ricchezza.

Ho un amico, assiduo frequentatore di bar e tabacchi. Tra colazione, aperitivi e consumazioni varie, includendo le sigarette, spende almeno 15 euro al giorno. Tradotto: 450 euro al mese, 5400 euro all'anno.

Se invece di andare al bar, per 30 anni investisse quel capitale con una semplice rivalutazione del 10% (e in questo libro noti le immense possibilità che esistono e che nessuno prende in considerazione), dopo 30 anni sarebbe proprietario di un capitale di 977.094 euro. Potrebbe campare di rendita.

Se per caso la rivalutazione annua si spostasse dal 10 al 12%, la sua "abitudine" gli porterebbe in tasca ben 1.459.580 euro.

E' una forza da poco?

Se in questo momento hai problemi di gestione finanziaria, significa che stai inconsciamente copiando un sistema sbagliato, probabilmente acquisito dai familiari o direttamente dai genitori.

Il loro sistema, o il sistema che hai imparato sin da piccolo, altro non era che il *loro* sistema. Ne giusto ne sbagliato.

Era il loro, semplicemente.

Devi pensare come un'azienda, perchè la tua condizione finanziaria, con entrate ed uscite, è di fatto una piccola azienda.

Come è possibile che una multinazionale riesca a far quadrare i conti di migliaia di filiali sparse nel mondo prevedendo ricavi e introiti con mesi di anticipo?

Ti sei chiesto invece il perché nella tua famiglia che gestiva appena un conto corrente, cinque spese, due rate e tre bollette mensili, i conti non tornavano mai?

Perchè la condizione finanziaria era stringata e piatta per un'intera vita?

Sobbarca il tuo pensiero e il software istallato nel tuo sistema, e carica il nuovo programma, quello della nuova gestione.

I tempi sono cambiati, il tuo hardware *interiore* ha necessità di aggiornare il programma finanziario.

Hai mai aggiornato sul tuo personal computer il software che utilizzi frequentemente?

Certamente si. Avrai visto grandi novità, nuove funzionalità, sistemi innovativi più veloci, più dinamici, una realizzazione semplificata che migliora drasticamente il tuo lavoro.

Gli aggiornamenti sono sempre migliorativi.

Immagina ora il tuo sistema finanziario. E' probabilmente obsoleto di molti anni.

Il nuovo software sarà non solo migliorativo, ma talmente innovativo da risultare rivoluzionario ed apportare trasformazioni e potenziamenti drastici nella tua condizione finanziaria.

Ricordo la battuta di un dipendente al quale ho prestato assistenza per un secondo lavoro. Marcello, oltre all'occupazione da dipendente, esercitava il mestiere di imbianchino nel tempo libero. Riusciva a generare a fine mese quasi un secondo stipendio. Eppure mi confidò che mentre prima di iniziare questa seconda attività aveva problemi economici, anche dopo, pur percependo un reddito pressochè raddoppiato, il denaro non bastava mai.

Lo ammonii a tenere una gestione finanziaria personale strutturata.

Con il metodo che ti propongo nel capitolo seguente, Marcello, ha migliorato drasticamente i suoi conti, riuscendo a generare un congruo capitale che ha iniziato ad investire oculatamente.

Il risultato è stato eclatante: le spese impreviste non erano più un problema, ogni mese riusciva ad un tratto a gestire imprevisti, regali e divertimenti, riuscendo nell'impresa di accantonare un ottimo capitale, organizzare vacanze e dedicare ogni mese spazio e finanze al divertimento suo e della propria famiglia.

Il benessere costa impegno. Ma i risultati fanno alla lunga la differenza.

Il futuro non si prevede... Si crea.

LE SEI STRATEGIE MILIONARIE PER GESTIRE LE TUE FINANZE

Per l'intero percorso di questo libro ti ho incitato a creare una gestione oculata delle tue finanze personali, qualsiasi esse siano e qualunque sia la loro derivazione e indipendentemente dalla loro quantità.

Adesso passiamo all'azione.

Questo capitolo ha il potere di rivoluzionare la tua vita.

Ti servirà per mettere in pratica, con un metodo infallibile che io stesso utilizzo, la tua gestione finanziaria personale.

Iniziamo con delle premesse.

Il problema della cattiva gestione finanziaria, è dovuto principalmente al fatto che nessuno insegna questa cultura.

La scuola, la famiglia, o meglio le istituzioni primarie della nostra vita, non tramandano nozioni finanziarie appropriate. Piuttosto vengono tramandate passività e perdite protratte per una moltitudine di anni.

I dipendenti, come automi, seguono l'onda tradizionalistica senza riflettere sul semplice fatto che se la condizione finanziaria familiare fosse parificata alla propria azienda reale, mai nessuno si incanalerebbe in un circuito del genere, con il rischio di far affondare la barca con tutti i marinai.

Sceglierebbe costantemente la strada dei "generatori di reddito".

Occorre calcolare mensilmente entrate, uscite, spese, investimenti, così come farebbe un'azienda. Il tutto chiaramente rapportato e proporzionato all'aspetto familiare.

Perchè un'azienda non sgarra nei conti annuali e formula previsioni di entrate e uscite che vengono costantemente mantenute?

Personalmente, negli anni, mi sono accorto di aver sperperato perennemente denaro senza criterio, chiedendomi a fine mese dove avessi dilapidato il mio stipendio in così breve tempo.

Ricordo una serie di mesi in cui dissipavo il mio stipendio nei primi quindici giorni. Avevo dei piccoli risparmi da parte dai quali attingevo mensilmente delle risorse.

Mi impoverivo sempre di più senza comprenderne la ragione. Cercavo di evitare spese inutili, uscite, cene al ristorante, ma la mia condizione finanziaria non cambiava comunque.

Ero scoraggiato e sconfortato, incuneato in un percorso di ristrettezze nel tentativo di arrivare almeno in pari a fine mese.

Mi chiedevo come fosse possibile che immense aziende multinazionali con migliaia di filiali sparse nel mondo, potessero far quadrare i conti, generare ricavi e benefici addirittura programmandoli già nell'anno precedente, mentre io con poche voci di spesa non riuscivo a cavarne una gestione decente.

Ricordo di aver acquistato il mio primo smartphone dopo molto tempo, solo per evitare spese ingenti che avrebbero condizionato le mie finanze mensili.

In quel periodo, nonostante avessi buone entrate, il denaro non bastava mai, pareva che fosse risucchiato in un buco nero senza un fondo ed un fine preciso.

Come gestire le proprie finanze? Oggi ti porto il metodo infallibile che ho messo in atto io così come centinaia di dipendenti e continuo a chiedermi incredulo quanto sarebbe drasticamente cambiata la mia vita finanziaria se un metodo del genere mi fosse stato insegnato ai tempi della scuola al posto di altre materie che oggi non apportano alcuna sostanza nella mia vita.

Perché la maggior parte delle famiglie ha problemi finanziari?
Eppure hanno entrate da lavori fissi.
E' stato statisticamente comprovato che chi vince grandi somme alla lotteria, torna al punto di partenza dopo un tempo ristretto.
Il fatto è tutto concentrato nella gestione sistematica delle proprie finanze.

Non è avere più soldi che rende più ricchi, ma saper gestire ed amministrare quelli che si hanno.

Oggi ti serve un sistema schematizzato che ti dia la possibilità di comprendere le voci di spesa che incidono di più nella tua finanza personale ogni mese.

Essere ricchi significa concentrarsi non tanto sul fare denaro, ma sul *mantenere* il denaro creato, con lo scopo di farlo correre con le dovute modalità.

Iniziamo da questo momento la tua rivoluzione.

Comprenderai *concretamente* come mettere in atto la gestione finanziaria vincente che ti porterà a risultati eccezionali solo con le tue attuali entrate.

La gestione finanziaria inizia il giorno stesso che percepisci lo stipendio o arrivano le entrate mensili dalle tue varie fonti.

Le percentuali che vedrai sono interamente personalizzabili in base alle tue esigenze.

SEGRETO N. 1
Il primo step: paga prima te stesso.
Tu sei più importante di tutto il resto.

Risparmia *almeno* il 10% del totale delle tue entrate mensili. Sempre.

In 20 anni ti possono rendere ricco grazie agli interessi composti, come hai imparato in questo libro.

TOGLI questo denaro dal tuo conto principale. Inseriscilo in un conto deposito o nel conto investimenti. Ma fallo *subito*.

Molti istituti di credito in parallelo al conto corrente offrono "conti deposito" gratuiti sui quali puoi spostare denaro in tempo reale e senza spese. Ne esistono a decine.

Se non hai possibilità, va bene anche inserire il denaro nel barattolo dello zucchero o sotto il materasso.

SEGRETO N. 2
Dedica una percentuale variabile dal 5% al 10% delle tue entrate alla formazione.

Hai ben compreso in questo libro un fattore determinante: la tua conoscenza è potere. Se non impari sarai costretto a pagare ad altri e a caro prezzo la tua inconsapevolezza.

E nel lungo termine la tua inerzia e inettitudine costerà migliaia di euro o forse milioni.

Acquista almeno un libro al mese inerente al tuo settore. Stop ai fumetti, romanzi e altro. Tienili solo per i momenti di relax.

Cerca corsi, videocorsi, e-book e quant'altro.

Il fondo che hai da parte ti permetterà di formarti senza accorgerti delle spese e senza che queste pesino nella tua gestione finanziaria.

Inserisci questa quota in un conto deposito separato.

Un giorno ci saranno persone che pagheranno per usufruire della tua conoscenza.

SEGRETO N. 3
Fondo speciale per le spese

Le aziende non sbagliano le previsioni?

Allora è sufficiente copiare ciò che fanno loro, anche nella tua gestione economica.

Fai un elenco di tutte le spese previste per l'anno. Saranno sempre le stesse e le devi conteggiare una volta sola per sempre. Aggiungi accanto a ciascuna voce la somma annuale prevista.

Un esempio delle spese annuali che ha un normale soggetto:
(personalizzale in base alle tue)

- ✓ casa spese condominio 112 al mese circa
- ✓ 400 assicurazione automobile
- ✓ 300 tassa automobile
- ✓ 1350 gas
- ✓ 490 energia elettrica
- ✓ 220 spazzatura
- ✓ 200 manutenzione autovettura (indicative)

io aggiungo circa 700-800 euro di imprevisti

Ipotizza che la somma totale delle tue spese sia: circa 4000 all'anno.

Con uno stipendio o una media entrate di 1.500 euro mensili, significa che devi accantonare nel tuo fondo spese circa 300 euro mensili per non avere MAI problemi, bollette impreviste, spese non conteggiate o riparazioni varie. Quindi circa il 20% delle tue entrate mensili. Se vuoi diminuire la somma fissa che accantoni mensilmente, usa il trucco che utilizzo io.

Quando percepisci entrate extra come la tredicesima o quattordicesima mensilità annuale, aggiungi risorse al fondo spese che sarà sempre e comunque di ipotetici 4.000 euro all'anno. Ti permetterà di abbattere l'accantonamento mensile raggiungendo comunque la soglia.

Adesso la tua gestione inizia a detenere i requisiti dell'azienda. Tutto strutturato già dall'inizio. Senza sorprese.

SEGRETO N. 4
Fondo divertimento

Ogni mese vorresti andare al ristorante o farti un fine settimana o trascorrere qualche serata di divertimento.

Probabilmente non puoi permettertele. Se estrai comunque risorse dal tuo portafoglio per il divertimento, ti senti tremendamente in colpa perchè sai che quel denaro ti mancherà.

Ma il divertimento non deve assolutamente mancare nella tua vita. Se togli il benessere estrai anche la volontà di gestire meglio la tua condizione finanziaria e prima o poi il tuo essere te ne renderà conto.

Accantona il 10% delle tue entrate mensili in un fondo speciale per il divertimento.

Spendile sempre. Ogni volta che estrarrai quei soldi non ti peserà mai, perchè la tua mente è consapevole che sono destinate per essere spese senza criterio e problematiche.

Fai in modo che questo fondo sia "libero". Spreca pure questi soldi in ciò che più di piace. Divertiti. Serate, musica, concerti.

La tua persona stessa te ne sarà grata.

SEGRETO N. 5
Fondo prima necessità.

Questo è il fondo per tutto il resto. Spesa alimentare, medicine, benzina e varie incombenze giornaliere e mensili.

Dal 50 al 55% delle tue entrate mensili restano sul conto corrente principale a disposizione per la vita di tutti i giorni.

SEGRETO N. 6
Lo schema di entrate e uscite.

Per evitare di trovarti a fine mese senza denaro e senza comprendere dove sia finito, compila un semplice schema su carta. (Adesso sono in voga anche facili software o applicazioni per smartphone gratuite che gestiscono le finanze personali).

MESE DI APRILE				
Entrate	Spesa alimentare	Viaggi e divertimento	Ristoranti	varie
Stipendio e entrate: 1.500 euro Altre: 500 TOTALE: 2.000				
Suddivisione:				
10%: LIBERTA' FINANZIARIA 10%: FORMAZIONE 20%: SPESE LUNGHE 10%: DIVERTIMENTO 50% CONTO NECESSITA' (INSERISCI CIFRE)		Benzina auto		
CASH MENSILE RIMANDENTE 000,00 EURO				

Con questo schema hai sotto controllo le tue finanze sempre. Inoltre puoi monitorare uscite anomale. Ad esempio riesci a vedere se nel corso del mese dedichi risorse eccesive a comprare la pizza al ristorante o per aperitivi al bar. Senza questo schema non ricorderesti.

Adesso hai tutti gli strumenti. Non ci saranno più imprevisti mensili, bollette più salate che generano stress in una determinata mensilità. Da ora nulla scappa e la tua gestione finanziaria è perfetta, lasciando spazio e risorse ai viaggi, al divertimento, alla tua crescita personale, senza perdere di vista i tuoi risparmi e la gestione delle spese.

Tutto senza stress. Ti piacerà tantissimo gestire le tue finanze, te lo assicuro!

Se usi un PC, tieni il conto delle rimanenze dei fondi dedicati a spese, divertimento e formazione semplicemente attraverso un file "blocco note".

Puoi accantonare le tre voci anche su un unico conto deposito. Segna nel tuo blocco note sul desktop i fondi rimanenti in questa maniera:

Fondo spese: 1000 euro
Fondo divertimento: 500 euro
Fondo formazione: 500 euro.

Ogni volta, che percepisci le tue entrate, fai i tuoi conti e aggiorna il tuo file.

Magicamente la tua struttura cambierà in brevissimo, con assoluta serenità e semplicità. Aumenteranno i tuoi introiti, le tue disponibilità e il tuo capitale.

Inizia subito preparando il tuo schema.

Adesso anche tu muovi i primi passi con la tua "azienda" personale e sai come gestirla e farla crescere costantemente nel tempo.

*Che bello il fatto che nessuno debba aspettare un momento particolare
per iniziare a migliorare il mondo*
Anne Frank

L'ULTIMO CAPITOLO

Questo è l'ultimo capitolo di questo libro che per adesso termina qua. Ma non è la fine. E' l'inizio.

L'inizio di una nuova era, di una nuova corsa, di una nuova sfida.

Probabilmente fino a questo momento sei stato un dipendente che ha attraversato il suo corso di vita così come gli è stato insegnato. Fino a questo momento forse non avevi compreso che alla tua realizzazione finanziaria... se non ci pensi tu non ci pensa nessuno.

La tua è stata probabilmente una corsa lenta come la mia.

Sei un maratoneta molto staccato dal gruppo di testa. I corridori che ti precedono certo non sono dei fenomeni o dei velocisti pazzeschi, ma sono sempre stati davanti.

Tutto questo oggi ha un senso: loro sono davanti solo perchè hanno cominciato a correre più veloce e nella maniera giusta *prima di te*. Solo per questo.

Adesso tu hai la medesima radice solida alle spalle, una corteccia robusta sulla quale permeare la tua risalita, sulla quale ancorare la tua rimonta.

Pensi che sia troppo tardi? Non lo è mai. Oggi sei lo specchio di ciò che hai creato fino a ora.

Oggi corri alla velocità per la quale ti sei preparato prima.

Pietro Mennea nel suo storico record più lungo della storia, non ha vinto all'arrivo della corsa, ma aveva vinto prima, giorno per giorno, prima di partire. La vittoria è un risultato.

Pensi di essere troppo vecchio? Non lo sei mai. Impara comunque la strada vincente e trasmetti la tua sapienza ai tuoi figli e ai tuoi nipoti, affinché possano radicare il loro futuro su basi solide e percorrere la strada più corretta da subito, sin da quando entrano nell'età lavorativa. Gli salverai la vita e l'esistenza. Ricorda.

Cambierai loro l'impostazione mentale in un mondo rinnovato, in un'era veloce, dove non esiste più il lavoro fisso, non è più di moda il lavoro sfiancante che gli aspira il tempo migliore della vita.

Come avrai capito non ci sono attenuanti, non esistono scusanti.

E' ora di partire.

Hai compreso cosa significhi creare "generatori di reddito" piuttosto che generare passività.

La strada "consueta" lasciala ai tuoi amici.

Lasciala percorrere a loro, non permettere alla tua vita e al tuo tempo di schiacciarti dentro ad un sistema pensato per estirpare la padronanza del tuo tempo.

Inizia a correre.

So benissimo che sei molto indietro nella gara.

Lo siamo tutti all'inizio.

Anche io ho iniziato a correre molto tardi. Anche io ho trascorso gli anni migliori perduto in un sistema mentale cosparso di negatività.

Ma ho iniziato a correre.

Ricorda: l'uomo di successo è colui che, dinnanzi agli ostacoli, spacca i muri a testate.

Metti in atto ciò che hai imparato in questo testo. Scegli la tua strada, incorona finalmente il tuo talento.

Inizia a correre.

Non *vedere per credere* come fanno tutti.

Ma *credi prima, per vedere dopo.*

Da oggi scoprirai qualcosa di nuovo.

Le tue gambe iniziano magicamente a muoversi con maggiore fluidità. Sento già un'aria nuova. Il fiato non manca più. L'andatura è già più volitiva, aggressiva, disinvolta, fluida.

Sul tuo volto c'è il sorriso, la respirazione è costante, crescente, risoluta.

Non senti più la stanchezza nonostante il tuo passo sia potenzialmente aumentato.

Il corpo si muove con un incedere ritmico naturale. Nessuno se ne accorge.

Forse qualcuno da lontano, sugli spalti, ritiene che tu sia troppo lontano. Gli stessi che sorridevano quando sei partito pensando che i tuoi fossero solo sogni senza fondamenta. Non si accorge che, nonostante la distanza, la tua andatura è più brillante delle altre.

C'è una nuova aria adesso. Più fresca. I fischi che ti sono stati rivolti prima, non hanno più valore.

Non ha più valore nulla delle bizzarre vessazioni della negatività quando ti trovi sulla giusta corsia della vita.

La corsa diviene incessante passo dopo passo, senza fretta.

Sai dove stai andando e sai che arriverai.

I denti si stringono e all'orizzonte scorgi la coda del gruppo.

Il loro passo è stanco. Coloro che ridevano della tua indolenza, adesso faticano, hanno il fiatone, trascinano le gambe.

Qualcuno abbandona la corsa e chi desiste è destinato a permanere nella consuetudine del tempo, un tempo che si trascina via graffiando la sua stessa indolenza.

Qualcuno si volta indietro, vedendo i tuoi occhi carichi di slancio, il tuo corpo traboccante di impeto e le tue gambe aggrappare il terreno ricolme di prestanza.

Quando sorpassi l'ultimo della coda, lo vedi ansimare, piegarsi su se stesso nel tentativo di tenere testa.

Ti accorgi ad un tratto che quella distanza che appariva inizialmente incolmabile, in realtà era solo una mediocre apparenza. Un effimero appannamento.

Percepisci ormai che il gruppo è stanco, scarico, e fatica a tenere il ritmo. Ti accorgi quella che è la realtà vera della corsa:

gli altri sono davanti solo perché hanno iniziato a correre molto prima di te. Ma non sono più veloci.

Ormai la tua andatura non ha più rivali, le tue gambe sono instancabili, il tuo cuore è una turbina incessante.

Sorpassi pian piano tutti coloro che ti precedevano.

La testa del gruppo è ancora lontana, ma in quelle gambe percepisci un'inarrestabile e perpetua forza innata che nemmeno immaginavi di avere.

Continui a sorpassare gli altri corridori e il fiato non manca mai.

Proprio adesso la mia mano che ti ha accompagnato fin dal primo capitolo di questo libro ha lasciato lentamente la presa.

Ho compreso, sento che adesso hai gli strumenti e la forza per correre da solo. Adesso so che probabilmente corri più velocemente di me ed è l'ora che io mi faccia da parte per lasciarti libero di intraprendere la tua scalata vincente.

Io mi fermo qua e ti lascio andare. Ti abbraccio perché so che oggi sei una persona migliore che darà una svolta alla sua vita e aiuterà tante persone a fare altrettanto.

Osserverò sempre la tua corsa, come un padre che ti strizza l'occhio dalla platea, sapendo che gareggerai per vincere.

Passo dopo passo, attimo dopo attimo e......

Dove arriverai?
Non devo scriverlo io.
Lo sai solo tu. Da oggi scrivi tu la tua storia nelle pagine seguenti.
Tu hai il timone in mano e *decidi* la direzione.
E certo..
Ora sai dove devi andare.

Massimiliano Acerra.

Lascia che ti dica una cosa: un viaggio di mille miglia inizia
con un solo passo.
Non avere fretta di arrivare.
Poniti un obiettivo, lavora sodo, stringi i denti, mostra di
che pasta sei fatto.
Questo è il tuo tempo!
Un campione è colui che continua ad allenarsi fino a quando
non raggiunge il suo obiettivo.
Non avrai mai fallito finchè continuerai a provare.
La gara non è qualcosa per i più veloci.
La gara è per coloro che continuano a correre.
Impara a credere in te stesso. Solo se credi di potercela fare ce la farai!
Non permettere a nessuno di dirti cosa puoi o cosa non puoi fare o cosa sia
più importante o meno.
Se davvero lo desideri puoi affrontare qualsiasi sfida.
E' il tuo destino.
Te lo chiedo un'ultima volta: dai il tuo massimo in ogni settore
e gioca come un campione.
Fino alla vittoria.

"Dopo una vita passata a fare soldi, e a osservare uomini e donne migliori di me darsi per vinti, mi sono convinto che la paura di fallire agli occhi del mondo è il maggior ostacolo nel conseguimento della ricchezza.
Fidati di me.
Se ti tiri indietro per una ragione qualsiasi, allora ti sbarri la strada.
La porta si chiude e rimarrà chiusa."
Felix Dennis, dal libro "How the Get Rich"

Ti è piaciuto questo libro?
Allora condividi più che puoi la tua grande esperienza e il cambiamento che ne hai estratto.
Se hai profili su social network, condividi al più presto la tua esperienza.

LASCIA UN COMMENTO SU AMAZON con il tuo feedback.

Renderai un grande favore ai tuoi amici, ai tuoi familiari e ai tuoi conoscenti.
Probabilmente anche loro cambieranno la loro esistenza con questa lettura e potranno condividere con te un nuovo percorso di crescita comune e di opportunità.
Non crescere mai da solo, ma cresci con chi ti sta vicino.
Coinvolgi i tuoi conoscenti.
Potrebbero diventare i tuoi nuovi partner o collaboratori di grandi progetti evolutivi.
La condivisione è la base della tua crescita.

www.massimilianoacerra.it
su facebook: Massimiliano Acerra.

NOTA BIOGRAFICA DELL'AUTORE.

Massimiliano Acerra è nato a Montecatini Terme (PT) il 02 marzo 1974.

Ha pubblicato i manuali "Doppio Lavoro" e "Prestazioni Occasionali" (TGBook editore), guide complete sulla regolarizzazione del "secondo lavoro". Libri diventati in breve tempo dei best seller di settore.

Ha collaborato in inchieste con molteplici testate giornalistiche di rilevanza nazionale, e hanno parlato di lui "La repubblica", "Libero", "Il Tempo", "Affari Italiani", "politicamente corretto" e "Il corriere della Sera".

Ha partecipato quale commentatore ed esperto di settore a trasmissioni televisive in onda sulle Reti Rai radiotelevisione Italiana. (Su Rai 1 a "la vita in diretta" ed inoltre su LA7 e Rai 3".

E' colui che ha portato in Italia il concetto di "pensione" raggiunta in maniera indipendente, con un programma finanziario autonomo ed è l'autore dei programmi specializzati che aiutano le persone a raggiungere questo obiettivo in un maniera certa e in un tempo predeterminato.
Lui stesso ha raggiunto l'obiettivo "partendo da dipendente", dopo aver fatto carriera all'interno ella Polizia di Stato.

E' autore del libro "La pensione quando vuoi tu". Come creare il tuo fondo in pochi anni ritirabile quando vuoi e 10 volte superiore alla pensione Statale. Best seller assoluto di settore tradotto in altri nove paesi al mondo. (Retirement when you want" nella versione internazionale)

E' autore del libro "Adesso basta! Vado in pensione quando voglio". Come creare in pochi anni la struttura economica capace di finanziare la tua nuova vita di prosperità e indipendenza.

E' specializzato nella creazione di fondi di investimento privati e dedicati alla pensione creata in autonomia, gestiti con una metodologia unica in Italia.

E' specializzato inoltre in protezione patrimoniale italiana e internazionale, ottimizzazione fiscale del proprio patrimonio e strutturazione di programmi finanziari per chiunque desideri dare una svolta alla propria condizione finanziaria e conoscere regole e processi attuativi.

Ha fondato il MIPAI *(movimento internazionale per la pensione anticipata indipendente)* il più grande movimento presente che permette a chiunque di raggiungere la pensione anticipata in via indipendente. L'unica vera alternativa alla pensione statale dell'inps.
Il movimento, annovera migliaia di persone e follower.

Attualmente coadiuva centinaia di persone nella creazione della propria indipendenza economica e decine di imprenditori che vogliono trasformare le loro attività da piccola impresa ad azienda milionaria con specifici processi di investimento mirato dagli utili aziendali.

Ha creato molteplici aziende di servizi e formazione sugli investimenti per privati e imprese, tutte capitanate dalla propria Holding Finanziaria, la "Value Enterprise Group".

Ha sviluppato metodi e marchi ufficialmente registrati alla camera di commercio per realizzare investimenti in maniera semplice e totalmente autogestita come "One Time Week".

Sommario

Registrati al più presto sul sito dell'autore.
Scarica uno dei corsi gratuiti presenti nell'area download.
Sono tutti corsi di alto livello per partire e cambiare drasticamente la tua condizione finanziaria.

Registrati subito, ADESSO su
https://www.massimilianoacerra.it/risorselibri/
Scarica le risorse gratuite che messe a disposizione dei lettori.
Troverai:

- la lista delle migliori azioni sulle quali investe Massimiliano (aggiornata) con la guida per gestirle.
- La checklist con le nozioni operative per investire in immobili partendo da zero
- Un'intera guida sulla gestione delle tue finanze, con ebook, video e software dedicato
- E tanto altro..

Accedi alla pagina e scarica le risorse a te dedicate.

In più accedi ai vari canali, su Telegram, You Tube e il gruppo chiuso su Facebook "Mipai, in pensione quando vuoi tu", dove vengono inseriti aggiornamenti, spunti, opportunità di investimento condivise, pensieri e l'autore è periodicamente in diretta Live con gli utenti per interazione, domande e risposte.

SCAN ME

www.ingramcontent.com/pod-product-compliance
Lightning Source LLC
Chambersburg PA
CBHW052307220526
45472CB00001B/19